KB047246

한러수교
34주년
특별판

왕초보부터 A2까지 **한 달** 완성

최신 현지
트렌드 반영

GO! 독학
러시아어
첫걸음

김애리 지음 ｜ Kaplan Tamara 감수

S 시원스쿨닷컴

GO! 독학
러시아어
첫걸음

초판 1쇄 발행 2020년 5월 8일
개정 2쇄 발행 2024년 10월 2일

지은이 김애리
감수 Kaplan Tamara
펴낸곳 (주)에스제이더블유인터내셔널
펴낸이 양홍걸 이시원

홈페이지 www.siwonschool.com
주소 서울시 영등포구 영신로 166 시원스쿨
교재 구입 문의 02)2014-8151
고객센터 02)6409-0878

ISBN 979-11-6150-834-4 13790
Number 1-541111-26269921-06

이 책은 저작권법에 따라 보호받는 저작물이므로 무단복제와 무단전재를 금합니다. 이 책 내용의 전부 또는 일부를 이용하려면 반드시 저작권자와 (주)에스제이더블유인터내셔널의 서면 동의를 받아야 합니다.

GO! 독학
러시아어
첫걸음

Здра́вствуйте, дороги́е друзья́!

안녕하세요, 여러분!

다양한 학습자들에게 러시아어를 가르치며, 본격적인 러시아어 학습에 진입하기도 전 포기하고 마는 분들을 수없이 보았습니다. 글자부터가 낯설고 암기할 것이 많아 엄두조차 나지 않는다며 힘들어하시는 분들이 많았습니다. 처음에는 조금 생소할 수 있는 끼릴 문자, 복잡해 보이는 문법 규칙에 지레 겁먹고 러시아어는 무조건 어려운 언어라고 생각하는 현실이 항상 안타깝게 느껴졌 습니다. 그때마다 '어떻게 하면 한국인들이 러시아어를 좀 더 쉽게 배울 수 있을까?', '어떻게 하면 러시아어는 어렵다고만 느끼는 인식을 바꿀 수 있을까?' 고민했습니다. 이 책의 핵심 구성, 대화문과 문법 흐름, 전체적인 어휘 레벨 등 난이도 수립, 마지막 연습 문제 한 문항까지… 집필 과정에서 저 역시 처음 러시아어를 배울 때 겪었던 시행 착오들을 떠올리며 학습자의 입장에서 꼭 알아야 할 사항들을 쉽고 친절하게 제시하고자 하였습니다.

GO! 독학 러시아어 첫걸음 교재는 무엇보다도 '친숙한 러시아어', '이해하기 쉬운 러시아어'를 전달하자는 목표를 최우선으로 합니다. 특히 아직까지는 국내에서 러시아어를 독학하기 쉽지 않은 환경을 고려하여, 멀고 비싼 학원에 가지 않고도 혼자서 충분히 이해할 수 있도록 최대한 상세하고 이해하기 쉬운 설명을 수록했습니다.

먼저 러시아어의 알파비트와 러시아어를 시작하기 전 반드시 알고 있어야 할 발음 규칙, 억양 규칙을 익혀 보세요. 본문 학습은 총 20과로 유민과 유나 남매와 여러 등장 인물들이 모스크바에서 생활하며 일어나는 에피소드로 구성되어 있습니다. 제가 러시아 현지에서 몸으로 체득한 언어 환경, 직접 경험한 다양한 상황에 비추어 정말 학습자들이 꼭 배워야 할 회화와 문법을 유기적으로 엮었습니다. 문법 흐름에 맞는 단어와 표현으로 구성된 대화문을 차근차근 따라가며 대화문 속 가장 중심이 되는 문장 구조를 익혀 보세요. 문법 사항을 체계적으로 정리하며 좀 더 심화된 보충 설명까지 내 것으로 만드세요. 이어서 연습 문제로 실력을 점검해 보고, 보다 폭넓은 어휘와 표현까지 도전해 보세요. 마지막으로 잠시 쉬어 가며 러시아 맛보기로 마무리하세요.

러시아어를 처음 공부하시는 분들에게 도움이 되고자 총 20과 중 10과까지 최대한 원어민의 발음에 가깝도록 한글 독음을 수록하였습니다. 단, 독음만으로는 러시아어 발음을 100% 구현할 수 없으므로 원어민 성우가 녹음한 MP3와 함께 말하기 연습을 하시기 바랍니다.

러시아어를 배우고 가르치며 제가 터득한 모든 노하우를 남김없이 GO! 독학 러시아어 첫걸음 교재에 담았습니다. 본서로 러시아어를 공부하시는 모든 분들께서 목표를 향해 한 걸음 내딛으시기를 응원합니다.

저자 김애리

이 책의 구성과 특징

말문 트GO!

각 Урок마다 2세트의 대화문을 수록했습니다. 등장 인물들이 러시아에서 생활하며 겪는 다양한 상황 속 대화로, 생활 밀착형 표현을 배울 수 있어요. 모르는 단어는 **Слова**에서 바로바로 찾고, 대화의 포인트가 되는 꿀팁까지 **포인트 잡GO!**로 확인해 보세요.

핵심 배우GO!

대화문 중 핵심이 되는 주요 표현을 꼼꼼히 짚고, 응용 표현까지 자연스럽게 익힙니다. 실수하기 쉬운 부분, 유의 사항까지 **Tip** 코너에서 빠짐없이 제공하니 놓치지 마세요.

문법 다지GO!

꼭 필요한 문법만 제대로 배웁니다. 한눈에 들어오는 표, 자세하고 이해하기 쉬운 설명, 딱 맞는 예문으로 차근차근 내 것으로 만드세요. 대화문에 등장한 러시아어 기초 핵심 문법을 빠짐없이 마스터할 수 있습니다.

꿀팁 더하GO!

각 Урок에서 한 걸음 더, 좀 더 심화적인 문법과 확장, 응용까지 도전해 보세요. 러시아어를 보다 꼼꼼히 이해하고 활용할 수 있도록 도와드립니다.

실력 높이GO!

각 Урок에서 다룬 모든 영역의 실력을 점검할 수 있도록 연습 문제를 제공합니다. 스스로 얼마나 완벽하게 이해하고 습득했는지 점검해 보세요.

어휘 늘리GO!

각 Урок와 관련된 주제로 좀 더 확장된 필수 어휘와 표현까지 살펴봅니다. 활용도 높은 예문과 재미를 주는 일러스트로 보다 쉬운 암기를 돕습니다.

러시아 만나GO!

러시아의 기후, 음식, 여행 명소, 에티켓, 시험 준비 안내까지 다양한 현지 정보와 문화 꿀팁을 만나 보세요.

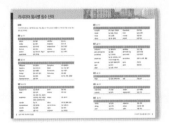

품사별 필수 단어

러시아어 말하기에 많이 쓰이는 필수 단어를 품사에 따라 익혀 보세요.

상황별 필수 문장

러시아어 말하기에 많이 쓰이는 필수 문장을 상황별로 익혀 보세요. 러-한, 한-러 말하기 훈련으로 실제 러시아인들이 많이 사용하는 유용한 표현들을 익힐 수 있습니다.

원어민 MP3 파일

언어 학습에 있어 많이 듣고 따라하기는 매우 중요합니다. 대화문과 단어, 어휘 확장 코너까지 원어민 전문 성우의 음성으로 MP3 녹음파일을 제공하니 많이 반복해서 따라하며 실력을 쌓고 나의 발음과 비교하며 점검해 보세요.

무료 동영상 강의

독학을 위한 저자 직강을 무료로 제공합니다. 각 Урок의 핵심 내용을 쉽고 간결하게 설명합니다. 무료 강의는 russia.siwonschool.com에서 확인하세요.

GO 차례

학습 구성

등장인물

주요 인물

Юми́н 유민 (한국인, 회사원)

모스크바에서 파견 근무중인 직장인입니다. 유학생인 동생 유나와 함께 생활하고 있습니다.

Юна́ 유나 (한국인, 학생)

모스크바 국립 대학교 러시아어 전공 1학년에 재학 중인 한국인 유학 생입니다. 공부를 마친 후에는 러시아어 선생님이 되는 것이 꿈입니다.

Ю́лия 율리야 (러시아인, 회사원)

유민의 직장 동료로 주말에는 유민과 함께 문화 생활을 즐기기도 합니다.

Бори́с 보리스 (러시아인, 회사원)

유나가 한국어학당에서 자원 봉사를 하며 친해지게 된 친구입니다. 유나가 러시아 생활에서 어려움이 있을 때 해결사도 되어 주는 든든한 성격입니다.

Джулиа́н 줄리안 (프랑스인, 학생)

유나와 함께 러시아어를 열심히 공부하는 프랑스 유학생 친구입니다.

Танта́н 딴딴 (중국인, 학생)

유나, 줄리안과 같은 전공으로 중국에서 온 유학생 친구입니다.

그 밖의 인물

Со́ня 쏘냐 (유나의 친구)

외교관을 꿈꾸는 러시아인 학생입니다.

Са́ша 싸샤 (유민의 동료)

여행을 좋아하며 한국에 한 번 가 보고 싶어합니다.

Ю́рий Серге́евич 유리 세르게예비치 (유나의 교수님)

지각은 용서하지 않는 엄격한 교수님입니다.

점원 (향수 가게)

점원 (향수 가게)

점원 (서점)

점원 (서점)

판매원 (기념품 가게)

점원 (기념품 가게)

점원 (식당)

점원 (식당)

직원 (호텔)

직원 (호텔)

이 밖에도 대화문에 주어진 상황에 따라
다양한 인물들이 등장합니다.

Ready!

러시아어 첫걸음을
출발하기 전,
꼭 필요한 기초부터
탄탄히 준비해 보세요.

알파비트 준비하GO!

1 알파비트의 모양과 명칭

Track 00-01

러시아어의 알파비트는 자음 21자, 모음 10자, 부호 2개 총 33자로 이루어져 있으며 인쇄체와 필기체로 나뉩니다. 책, 신문, 간판 등에서는 인쇄체가 주로 쓰이고, 사람들이 직접 글을 쓸 때에는 필기체가 주로 쓰입니다. 따라서 두 가지 모두 알고 있어야 합니다. 인쇄체는 직접 쓸 일은 거의 없으므로 눈에 익을 정도로 알아 두고, 쓰기 연습은 필기체로 하도록 합니다.

인쇄체	필기체	알파비트 명칭	인쇄체	필기체	알파비트 명칭
А а	*Аа*	아	К к	*Кк*	까
Б б	*Бб*	베	Л л	*Лл*	엘
В в	*Вв*	v베	М м	*Мм*	엠
Г г	*Гг*	게	Н н	*Нн*	엔
Д д	*Дg*	데	О о	*Оо*	오
Е е	*Ее*	예	П п	*Пп*	뻬
Ё ё	*Ёё*	요	Р р	*Рр*	에르
Ж ж	*Жж*	줴	С с	*Сс*	에쓰
З з	*Зз*	z제	Т т	*Тт*	떼
И и	*Ии*	이	У у	*Уу*	우
Й й	*Йй*	이끄라뜨까예	Ф ф	*Фф*	에f프

* 러시아어 필기체는 쓰는 사람의 습관에 따라 필체의 차이가 조금씩 있습니다. 본서에서는 원어민들이 현지에서 가장 많이 쓰는 모양을 반영하여 저자의 친필 손글씨로 수록하였습니다.

Х х	$\mathcal{X}_x$	하	Ы ы	$бı_{ъ\iota}$	의
Ц ц	$\mathcal{U}_u$	쩨	ь	$б$	먀흐끼 z즈낙
Ч ч	$\mathcal{U}_r$	췌	Э э	$\mathcal{Э}_э$	에
Ш ш	$\mathcal{U}_{w}$	샤	Ю ю	$\mathcal{HO}_{ю}$	유
Щ щ	$\mathcal{U}_{3\,w}$	쌰	Я я	$\mathcal{Я}_я$	야
ъ	$\mathcal{Z}$	뜨v뵤르듸 z즈낙			

알파비트의 명칭은 참고 정도로 알아 두세요. 알파비트를 한 글자씩 써 보며 발음까지 완벽히 익혀야 합니다. 실제로 단어와 문장에서 어떻게 발음되는지, 이제 따라 읽으며 말하기를 연습해 봅시다.

2 각 알파비트 발음 연습

모든 알파비트는 기본적으로 소리 나는 대로 읽으며, 모음을 기준으로 한 음절씩 구분해 읽습니다. 예를 들어 máма라는 단어를 읽을 땐 모음 a를 기준으로 ма가 하나의 음절로 구분됩니다. 따라서 máма는 [마마]라고 발음됩니다.

1 a 발음

모음 a는 [아]라고 발음합니다. 다른 모음과 결합하는 경우 모든 모음을 각각 읽어야 합니다. 예를 들어, aя는 [아 야]라고 읽습니다.

A a	Áнна (Ан + на) [안나] (여자 이름) 안나 / пáпа (па + па) [빠빠] 아빠 /
	красúвая (кра + си + вая) [끄라씨v바야] 예쁜, 아름다운
	Tip 자음 두개가 연달아 올 때는 앞의 자음이 모음 '으'와 결합되어 발음됩니다.
	апрéль (а + прель) [아쁘렐] 4월

② б 발음

자음 б는 [베]라고 발음합니다. 우리말 [ㅂ]과 가장 가까운 발음이며, 두 입술을 붙였다 떼면서 소리가 납니다.

| Б б | банк (бан + к) 반끄 은행 / баскетбо́л (ба + скет + бол) 바스낏볼 농구 |

③ в 발음

자음 в는 [v베]라고 발음합니다. 윗니로 아랫입술을 살짝 물었다 떼는 동시에 성대를 울려 목 뒷부분에서 나는 소리입니다.

| В в | два (два) 드v바 숫자 2 / ве́чер (ве + че + р) v베체르 저녁 |

④ г 발음

자음 г는 [게]라고 발음합니다. 우리말 [ㄱ]과는 달리 성대를 좀 더 울려서 내는 소리입니다.

| Г г | гита́ра (ги + та + ра) 기따라 기타 / где (где) 그제 어디에 (의문사) |

⑤ д 발음

자음 д는 [데]라고 발음합니다. г와 마찬가지로 우리말 [ㄷ]보다는 성대를 좀 더 울려서 내는 소리입니다.

| Д д | дверь (две + рь) 드v볘ㄹ 문 / друго́й (дру + гой) 드루고이 다른 |

⑥ е 발음

모음 е는 [예]라고 발음합니다. 우리말 [예]와 비슷하지만, 러시아어에 좀 더 가까운 발음은 йэ [이에]라고 볼 수 있습니다.

| Е е | вме́сте (вме + сте) v브몌스쩨 함께 / есть (е + сть) 예스ㅉ 먹다 |

⑦ ё 발음

모음 ё는 [요]라고 발음합니다. 우리말 [요]와 비슷하지만, 러시아어에 좀 더 가까운 발음은 йо [이오]라고 볼 수 있습니다.

| Ё ё | сёстры (сё + стры) 쑈스뜨릐 자매들 / чёрный (чё + рный) 쵸르늬 검은색의 |

⑧ ж 발음

자음 ж는 [줴]라고 발음합니다. 한국인들이 발음하기 어려워하는 알파비트 중 하나입니다. 여러 번 반복해서 연습해야 합니다.

| Ж ж | жёлтый (жёл + тый) 죨띄 노란색의 / журна́л (жу + рнал) 쥬르날 잡지 |

9 з 발음

자음 з는 [z제]라고 발음합니다. 윗니와 아랫니 사이로 혀를 빠르게 가져다 떼면서 내는 발음이며, 이 사이로 바람 새는 소리가 살짝 납니다.

З з	за́втра (за + втра) z자f프뜨라 내일 / зда́ние (зда + ни + е) z즈다니예 건물

10 и 발음

모음 и는 [이:]라고 발음합니다.

И и	игру́шка (и + гру + шка) 이그루쉬까 장난감 / и́мя (и + мя) 이먀 이름

11 й 발음

자음 й는 [이]라고 발음합니다. 모음 и와 비슷하지만 и보다는 짧게 [이]라고 발음합니다. 모음 и와 자음 й를 혼동 하지 않도록 주의하세요.

Й й	пойти́(по + йти) 빠이찌 가다 / музе́й (му + зей) 무z제이 박물관

12 к 발음

자음 к는 [까]라고 발음합니다. 된소리 발음으로, 우리말 [ㄲ]과 소리가 가장 가깝습니다.

К к	кабине́т (ка + би + нет) 까비넷 서재 / Коре́я (ко + ре + я) 까례야 한국 **Tip** к가 예외적으로 [까]가 아닌 [카]로 발음되는 경우도 있습니다. кто (кто) 크또 누구 (의문사)

13 л 발음

자음 л은 [엘]이라고 발음합니다. 우리말 [ㄹ]과 소리가 가장 가깝습니다.

Л л	ла́мпа (лам + па) 람빠 램프 / ле́кция (лек + ци + я) 렉찌야 강의, 강연 **Tip** 자음 л은 우리말에 빗대면 종성에 해당하는 발음입니다. 즉, л의 앞, 뒤 자음과 모음에 모두 영향을 끼치는 자음 이므로 л이 중간에 위치했을 때 발음에 주의해야 합니다. Ю́лия (Юл + ли + я) 율리야 율리야 (여자 이름)

14 м 발음

자음 м은 [엠]이라고 발음합니다. 우리말 [ㅁ]과 소리가 가장 가깝습니다.

М м	Макси́м (Мак+сим) 막심 막심 (남자 이름) / му́зыка (му+зы+ка) 무z직까 음악

15 н 발음

자음 н은 [엔]이라고 발음합니다. 우리말 [ㄴ]과 소리가 가장 가깝습니다.

| Н н | ночь (но + чь) 노취 밤 / заня́тие (за+ня+ти+е) z자냐찌예 수업 |

16 о 발음

모음 о는 [오]라고 발음합니다. 우리말 [ㅗ]와 소리가 가장 가깝습니다.

| О о | о́зеро (о+зе+ро) 오z제라 호수 / мно́го (мно + го) 므노가 많이 |

17 п 발음

자음 п는 [뻬]라고 발음합니다. 우리말 [ㅃ]과 소리가 가장 가깝습니다.

| П п | па́па (па + па) 빠빠 아빠 / пальто́ (паль + то) 빨또 외투 |

18 р 발음

자음 р는 [에르]라고 발음합니다. 혀떨림 소리로 우리말에 없는 발음이기 때문에 익숙해질 때까지 반복해서 훈련할 필요가 있습니다.

| Р р | рабо́та (ра+бо+та) 라보따 일, 직장 / Росси́я (ро+сси+я) 라씨야 러시아
Tip 같은 자음이 연달아 등장할 땐 하나의 자음만 발음합니다. |

19 с 발음

자음 с는 [에쓰]라고 발음합니다. 우리말 [ㅆ]과 소리가 가장 가깝습니다.

| С с | суббо́та (су+ббо+та) 쑤보따 토요일 / о́фис (о + фис) 오f피쓰 사무실 |

20 т 발음

자음 т는 [떼]라고 발음합니다. 우리말 [ㄸ]과 소리가 가장 가깝습니다.

| Т т | там (там) 땀 저 곳 / тру́дно (тру + дно) 뜨루드나 어렵게 |

21 у 발음

모음 у는 [우]라고 발음합니다. 우리말 [ㅜ]와 소리가 가장 가깝습니다.

| У у | у́жин (у + жин) 우쥔 저녁 식사 / слу́шать (слу+ша+ть) 슬루샤쯔 듣다 |

22 ф 발음

자음 ф는 [f에프]라고 발음합니다. 윗니로 아랫입술을 살짝 물었다 떼면서 발음하며, 바람 새는 소리가 납니다.

Ф ф	факультéт (фа+куль+тет) f파꿀쩻 학부 / фи́рма (фи+рма) f피르마 회사

23 х 발음

자음 х는 [하]라고 발음합니다. 우리말 [ㅎ]보다는 좀 더 목 굵은 소리가 들어갑니다. [ㅋ하]가 러시아어에 가장 가까운 발음이라고 볼 수 있습니다. 자음 х도 반드시 익숙해질 때까지 반복 연습하세요.

Х х	хорошо́ (хо+ро+шо) 하라쇼 잘, 좋아요 / хлеб (хл + леб) 흘렙 빵

24 ц 발음

자음 ц는 [쩨]라고 발음합니다. 우리말 [ㅉ]보다는 이 사이로 바람 새는 소리, 혀 차는 소리에 가깝습니다. 원어민 mp3를 듣고 따라하며 연습해 보세요.

Ц ц	цирк (ци + рк) 찌르끄 서커스 / центр (цен + тр) 쩬뜨르 중심지, 시내

25 ч 발음

자음 ч는 [췌]라고 발음합니다. 우리말 [ㅊ]과 가장 가까운 소리지만, [취] 혹은 [췌]에 가까운 발음입니다. 이처럼 우리말에 없는 발음은 익숙해질 때까지 반복해서 훈련할 필요가 있습니다.

Ч ч	ча́сто (ча + сто) 챠쓰따 자주 / врач (вра + ч) 브라춰 의사

26 ш 발음

자음 ш는 [샤]라고 발음합니다. 우리말 [ㅅ]과 가장 가까운 소리지만, [샤]에 더 가까운 발음입니다.

Ш ш	ба́бушка (ба+бу+шка) 바부쉬까 할머니 / шарф (ша+рф) 샤르f프 스카프

27 щ 발음

자음 щ는 [쌰]라고 발음합니다. 자음 ш보다 щ를 좀 더 강하게 발음하지만 들을 땐 잘 구분이 되지 않을 수 있기 때문에 주의해서 기억해야 합니다. щ도 마찬가지로 여러 번 알파비트와 단어를 말하며 연습하세요.

Щ щ	борщ (бо + рщ) 보르쉬 보르쉬 (수프) / щётка (щё + тка) 쑈뜨까 솔

28 ъ 발음

부호 ъ는 다른 알파비트와는 달리 음가가 없습니다. 명칭은 러시아어로 твёрдый знак 뜨v뵤르듸 z즈낙이고, '경음 부호'라고도 합니다. 부호는 절대 단독으로 쓸 수 없으며, 자음 뒤에만 올 수 있습니다. 부호는 자체의 음가는 없지만 자음의 소리에 영향을 줄 수 있는데, 그중 경음 부호는 자음의 소리를 딱딱하게 발음하도록 하는 기능을 합니다. 때문에 경음 부호의 영향을 받는 자음은 원래 알파비트 음가와 똑같이 소리가 나거나, 자음과 모음을 구분해서 발음하기 때문에 모음 и의 발음과 유사하게 들립니다.

ъ	съесть (съ+есть) 쓰예스쯔 먹다 / объём (о+бъ+ём) 아브욤 양, 부피
	Tip 위의 예와 같이 동사 съесть는 съе를 [쎄]라고 읽지 않고, 중간에 경음 부호가 있으므로 앞에 놓인 자음 с와 모음 е를 구분해서 [쓰예스쯔]라고 읽어야 합니다.

29 ы 발음

모음 ы는 [의]라고 발음합니다. 우리말 [으]와 [의]의 중간 발음에 가깝습니다.

ы	сын (сын) 씬 아들 / ры́нок (ры + нок) 리낙 시장

30 ь 발음

부호 ь도 ъ과 마찬가지로 음가가 없습니다. 명칭은 러시아어로 мя́гкий знак 먀흐끼 z즈낙이고, '연음 부호'라고도 합니다. 경음 부호와 마찬가지로 단독으로 쓸 수 없으며, 자음 뒤에만 올 수 있습니다. 연음 부호는 자음의 소리를 부드럽게 발음하도록 기능을 합니다. 경우에 따라 경음 부호와 비슷하게 모음 и의 발음과 유사하게 들리기도 하고, 아예 묵음 처리되는 경우도 있기 때문에 단어 자체의 발음을 기억하는 것이 도움이 됩니다. 연음 부호의 영향을 받아 자음의 소리가 부드럽게 달라지는 대표적인 경우가 바로 자음 д와 т인데, 해당 규칙은 뒤이어 수록되어 있는 연모음과 경모음에 따른 발음 규칙에서 좀 더 자세히 살펴보도록 하겠습니다.

ь	учи́тель (у+чи+тель) 우취쩰 선생님 / письмо́ (пи+сь+мо) 삐쓰모 편지

31 э 발음

모음 э는 [에]라고 발음합니다. 우리말 [ㅔ]와 소리가 가장 가깝습니다.

э	э́то (э+то) 에따 이것, 이 사람 / эконо́мика (э+ко+но+ми+ка) 에까노미까 경제

32 ю 발음

모음 ю는 [유]라고 발음합니다. 우리말 [ㅠ]와 비슷하지만, 러시아어에 좀 더 가까운 발음은 йу [이우]라고 볼 수 있습니다.

ю	ю́бка (ю + бка) 유쁘까 치마 / люби́ть (лю+би+ть) 류비쯔 사랑하다

33 я 발음

모음 я는 [야]라고 발음합니다. 우리말 [야]와 비슷하지만, 러시아어에 좀 더 가까운 발음은 йа [이아]라고 볼 수 있습니다.

я	я́блоко (я+бл+ло+ко) 야블라까 사과 / пять (пя+ть) 빠쯔 숫자 5

발음 규칙 준비하GO!

총 33자 알파비트의 발음을 연습하면서 'где 그제 어디에', 'молокó 말라꼬 우유'와 같이 원래의 음가와 다르게 읽는 경우가 더러 있었습니다. 바로 발음 규칙이 적용되었기 때문인데요. 러시아어의 몇 가지 발음 규칙으로 인해 앞서 배운 알파비트 발음 시 영향을 받는 경우가 있습니다. 러시아어에 존재하는 발음 규칙을 하나씩 알아보겠습니다.

1 강세 규칙과 모음 약화 현상

모든 단어에는 강세가 존재합니다. 강세는 항상 모음에만 존재하고, 강세가 있는 모음은 그 단어에서 가장 중요한 모음이라고 생각할 수 있습니다. 강세가 중요한 이유는 바로 강세에 따라 단어를 읽는 발음이나 억양이 달라지기 때문인데요. 강세가 있는 모음이 가장 중요하다는 것을 나타내기 위해 강세가 없는 모음에는 변화가 일어납니다. 이를 '모음 약화 현상'이라고 부릅니다. 강세 규칙은 앞으로 단어를 읽을 때 꼭 필요한 규칙이기 때문에 반드시 알고 있어야 하고, 단어마다 어떤 모음에 강세가 있는지 각각 외워야 합니다.

a	э	ы	o	y
я	e	и	ё	ю

강세는 항상 위에 등장한 모음 10자에만 존재한다는 점을 꼭 기억해 주세요. 또한 모음 ё에는 항상 강세가 존재합니다. '모음 약화 현상'에 따라 달라지는 규칙에는 어떤 경우가 있을까요?

■ 모음의 길이가 달라지는 경우

대부분의 모음(a, э, ы, y, и, ё, ю)이 이 경우에 해당되며, 강세가 있는 모음을 상대적으로 길고 강하게, 강세가 없는 모음을 상대적으로 짧게 발음할 수 있습니다.

> ① мáма 마-마 엄마 (앞에 있는 а에 강세 / 앞 음절을 상대적으로 길고 강하게)
>
> ② кудá 꾸다- 어디로 (뒤에 있는 а에 강세 / 뒷 음절을 상대적으로 길고 강하게)
>
> ③ мýзыка 무-z직까 음악 (앞에 있는 y에 강세 / 앞 음절을 상대적으로 길고 강하게)
>
> ④ кнѝга 끄니-가 책 (앞에 있는 и에 강세 / 앞 음절을 상대적으로 길고 강하게)

■ 발음이 달라지는 경우

모음 o, я, e가 이 경우에 해당하며, 강세가 있는 모음은 발음 변화 없이 상대적으로 길고 강하게 발음하지만, 강세가 없는 경우 발음이 달라집니다.

o가 강세 앞 / 강세 뒤에 위치하는 경우, o가 아닌 a로 발음

① xopoшó 하라쇼 잘, 좋다 (마지막 o에 강세 / 강세 앞의 o를 a로 발음)

② это 에따 / 에떠 이것 (처음에 있는 э에 강세 / 강세 뒤의 o를 a로 발음)

Tip 강세 뒤의 o는 사람에 따라 '어'와 유사하게 발음하는 경우도 있습니다.

я가 강세 앞에 위치하는 경우, я가 아닌 и로 발음

① язы́к 이z즼 언어 (마지막 ы에 강세 / 강세 앞의 я를 и로 발음)

② Япо́ния 이뽀니야 일본 (중간 o에 강세 / 강세 앞의 я를 и로 발음)

Tip 강세 뒤의 я는 발음 변화 없이, 원래대로 발음합니다.

e가 강세 앞에 위치하는 경우, e가 아닌 и로 발음

① сестра́ 씨스뜨라 여자 형제 (마지막 a에 강세 / 강세 앞의 e를 и로 발음)

② семья́ 씨먀 가족 (마지막 я에 강세 / 강세 앞의 e를 и로 발음)

Tip 강세 뒤의 e는 발음 변화 없이, 원래대로 발음합니다.

이외에도 아래와 같이 모음의 발음이 변하는 경우가 있지만, 예외적인 경우입니다. 가장 자주 활용되는 규칙 위주로 학습하세요.

ч / щ + a에 강세가 없는 경우: a대신 и로 발음

① час 챠쓰 시 (유일 모음 a에 강세 / 원래대로 발음)

Tip 단모음 단어는 해당 모음에 반드시 강세가 있기 때문에 강세 표기를 하지 않습니다.

② часы́ 취씨 시계 (마지막 ы에 강세 / 강세 없는 ча가 чи로 발음)

③ пло́щадь 쁠로쉬ㅉ 광장 (처음 o에 강세 / 강세 없는 ща가 щи로 발음)

강세 뒤에 я가 위치해도 и로 발음되는 경우

① де́вять 제v비ㅉ 숫자 9

② де́сять 제씨ㅉ 숫자 10

2 연모음과 경모음에 따른 발음 규칙

러시아어의 모음은 크게 연모음과 경모음으로 나뉩니다. 자음과 함께 써서 모음의 역할을 하는 부호도 마찬가지로 연음 부호와 경음 부호로 나뉩니다. 주의할 점은, 특정 자음이 연음과 함께 쓰이는지 경음과 함께 쓰이는지에 따라 발음이 달라질 수 있으므로 규칙을 잘 기억해야 합니다.

우선 연음과 경음이 각각 어떻게 구분되는지 함께 살펴보겠습니다.

연음	**я** 야	**е** 예	**и** 이	**ё** 요	**ю** 유	**ь** 먀흐끼 z즈낙
경음	**а** 아	**э** 에	**ы** 의	**о** 오	**у** 우	**ъ** 뜨v뵤르듸 z즈낙

위에서 살펴 본 연음과 경음의 영향을 받아 발음이 달라지는 자음이 2개가 있습니다. 바로 자음 д와 т입니다. 이 두 자음이 각각 연음과 경음을 만나면 어떻게 달라지는지 함께 살펴봅시다.

❶ д / т가 경음과 함께 쓰이는 경우, 발음상의 차이가 없음

да 다	**дэ** 데	**ды** 듸	**до** 도	**ду** 두	**дъ** 드/디	**та** 따	**тэ** 떼	**ты** 띄	**то** 또	**ту** 뚜	**тъ** 뜨/띠

① **дом** 돔 집 (자음 д 다음에 경음 o가 옴 / 발음 변화 없음)

② **туда́** 뚜다 거기로 (자음 т 다음에 경음 y, 자음 д 다음에 경음 a가 옴 / 발음 변화 없음)

❷ д / т가 연음과 함께 쓰이는 경우, д는 [ㄷ]이 아닌 한글 [ㅈ]에 가까운 발음으로 변화
т는 [ㄸ]가 아닌 한글 [ㅉ]에 가까운 발음으로 변화

дя 쟈	**де** 졔	**ди** 지	**дё** 죠	**дю** 쥬	**дь** ㅈ/찌	**тя** 쨔	**те** 쩨	**ти** 찌	**тё** 쬬	**тю** 쮸	**ть** ㅉ/찌

① **дя́дя** 쟈쟈 삼촌, 아저씨 (자음 д 다음에 연음 я가 옴 / [ㄷ]이 아닌 [ㅈ]로 발음 변화)

② **тётя** 쬬쨔 숙모, 이모, 고모 (자음 т 다음에 연음 ё와 я가 옴 / [ㄸ]가 아닌 [ㅉ]로 발음 변화)

институ́т 인스찌뚯과 같이 똑같은 자음 т이지만 뒤에 어떤 모음이 오는지에 따라 발음이 달라질 수 있기 때문에, 연음과 경음에 따른 자음 т와 д의 발음상의 변화에 주의해야 합니다.

한편, 대부분의 러시아어 단어는 위 규칙의 영향을 받지만 아래와 같이 몇몇 외래어는 위의 규칙이 적용되지 않는 경우가 있습니다. 예외적인 경우가 많지는 않으므로 따로 외워 두세요.

① **тест** 떼스뜨 시험, 테스트 (자음 т 다음에 연음 e가 왔으나 발음 변화 없음)

② **те́ннис** 떼니쓰 테니스 (자음 т 다음에 연음 e가 왔으나 발음 변화 없음)

3 무성동화와 유성동화에 따른 발음 규칙

모음을 연음과 경음으로 구분했다면 자음은 유성음과 무성음으로 구분할 수 있습니다. 유성음은 성대를 상대적으로 많이 울려서 내는 소리인 반면 무성음은 성대를 상대적으로 덜 울려서 내는 소리라고 볼 수 있습니다. 실제 발음 시 유성음은 목구멍 뒤쪽에서 울림을 가지고 소리가 나며, 무성음은 상대적으로 입 안과 입술 인근의 움직임 위주로 소리가 납니다.

우선 러시아어 자음을 유성음과 무성음으로 구분해 보겠습니다.

유성음	б	в	г	д	ж	з	й	л	м	н	р	-	-	-	-
무성음	п	ф	к	т	ш	с	-	-	-	-	-	х	ц	ч	щ

└ 짝꿍 자음이 있는 유성음, 무성음 ┘　　└ 짝꿍 자음이 없는 유성음, 무성음 ┘

짝꿍 자음이 있는 유성음, 무성음을 특히 주의해서 기억해야 합니다. 유성음과 무성음이 서로 영향을 끼치는 발음 규칙이 있는데, 짝꿍이 되는 자음을 알고 있어야 이 발음 규칙을 적용하고 활용할 수 있기 때문입니다. 그럼 어떤 발음 규칙이 있는지 알아볼까요?

1 유성음화 (유성동화)

무성음과 유성음이 연달아 놓였을 때, 앞에 놓인 무성음이 뒤에 놓인 유성음의 영향을 받아 '짝꿍인 유성음'으로 발음이 달라지는 현상입니다. 이때 어떤 무성음, 유성음이 연달아 오는지는 상관이 없으나 발음은 반드시 '짝꿍인 유성음'으로 바뀌는 점을 기억해 두세요.

① футбо́л f푸드볼 축구 (무성음 т 다음에 유성음 6가 옴/ [т]가 아닌 짝꿍 유성음 [д]로 발음 변화)

② рюкза́к 류그z작 배낭 (무성음 к 다음에 유성음 3가 옴/ [к]가 아닌 짝꿍 유성음 [г]로 발음 변화)

③ сде́лать z즈젤라ㅉ 하다 (무성음 с 다음에 유성음 д가 옴/ [с]가 아닌 짝꿍 유성음 [з]로 발음 변화)

2 무성음화 (무성동화)

유성음화와는 반대로 유성음과 무성음이 연달아 놓였을 때, 앞에 놓인 유성음이 뒤에 놓인 무성음의 영향을 받아 '짝꿍인 무성음'으로 발음이 달라지는 현상입니다.

① всегда́ f프씨그다 항상 (유성음 в 다음에 무성음 с가 옴/ [в]가 아닌 짝꿍 무성음 [ф]로 발음 변화)

② ло́жка 로쉬까 숟가락 (유성음 ж 다음에 무성음 к가 옴/ [ж]가 아닌 짝꿍 무성음 [ш]로 발음 변화)

무성음화가 일어나는 경우가 한 가지 더 있습니다. 유성음이 단어 제일 끝에 놓였을 때 '짝꿍인 무성음'으로 발음이 달라집니다.

① раз 라쓰 1번, 1회 (유성음 з가 단어 제일 끝에 놓임 / [з]가 아닌 짝꿍 무성음 [с]로 발음 변화)

② Париж 빠리쉬 파리 (유성음 ж가 단어 제일 끝에 놓임 / [ж]가 아닌 짝꿍 무성음 [ш]로 발음 변화)

4 기타 발음 규칙

위에서 살펴본 강세 규칙에 따른 발음 변화, 연음과 경음에 따른 발음 변화, 유성음과 무성음에 따른 발음 변화 외에도 기타 발음 규칙이 있습니다. 어떤 발음 규칙이 있는지 함께 알아볼까요?

1 자음 -тс- 또는 -ться-은 [ц]로 발음

спортсмéн 스빠르쯔몐 운동선수 / учи́ться 우취짜 재학 중이다, 공부하다

2 자음 чт / чн가 연달아 왔을 때 [шт] 또는 [шн]로 발음

что 쉬또 무엇 / конéчно 까녜쉬나 물론, 당연하게

3 자음 сч가 연달아 왔을 때는 [щ]로 발음

счáстье 샤스찌예 행복 / счёт 숏 계산서

4 자음 г가 в로 발음되는 경우

гó에 강세가 있을 때: егó 이v보 그의, 그를 / сегóдня 씨v보드냐 오늘

형용사 어미일 때: нóвого 노v바v바 새로운 / хорóшего 하로셰v바 좋은

억양도 익히GO!

🎧 Track 00-02

앞서 살펴본 러시아어의 강세 규칙이 단어의 발음 뿐만 아니라 문장 전체를 읽는 억양에도 영향을 미칩니다. 러시아어에서 억양 구조는 총 7가지가 있습니다. 그중 가장 많이 활용하는 5가지 억양을 대표적으로 살펴보겠습니다. 억양 구조는 Интонационные конструкции 인따나찌온늬예 깐스뜨룩찌이라고 하는데, 첫 알파비트만 따와서 약자인 ИК 이까라고 부릅니다.

ИК 1 (один) 이까 아진   ⎯⎯⎯⎯＼＿＿＿＿

평서문을 읽을 때 활용하는 억양입니다. 문장 내에서 가장 중요한 단어의 강세를 상대적으로 낮고 길게 발음합니다.

① Это мама. 에따 마마 이 사람은 엄마입니다.
이 문장에서 '엄마'가 가장 중요한 정보이기 때문에 ма́의 강세를 낮고 길게 읽어 줍니다.

② Это сестра. 에따 씨스뜨라 이 사람은 여자 형제입니다.
이 문장에서는 '여자 형제'가 가장 중요한 정보이기 때문에 ра́의 강세를 낮고 길게 읽어 줍니다.

그렇다면 아래의 문장에서 가장 중요한 단어는 무엇일까요?
Я изучаю русский язык. 야 이z주챠유 루스끼 이z즤 나는 러시아어를 배웁니다.

말하는 사람의 의도에 따라 я가 될 수도, 또는 изучаю나 русский язык이 될 수도 있기 때문에, 조금씩 억양이 달라질 수 있습니다. 일반적으로는 '어떤 언어를 배우는지'가 가장 중요하므로 русский의 강세를 낮고 길게 읽어 줍니다.

ИК 2 (два) 이까 드v바   ⎯⎯／＼＿＿＿＿

의문사가 있는 의문문을 읽을 때 활용하는 억양입니다. 문장 내에서 가장 중요한 단어인 '의문사'의 강세를 강조해서 읽어 줍니다.

① Кто это? 크또 에따 이 사람은 누구입니까?
'누구'에 해당하는 의문사 кто의 강세를 강조해서 읽습니다.

② Как дела? 까그 질라 어떻게 지내세요?
'어떻게'에 해당하는 의문사 как의 강세를 강조해서 읽습니다.

Tip 러시아어에서는 주로 의문문의 끝을 올려서 읽지 않습니다. 항상 묻고자 하는 단어의 강세를 올려서 읽으세요.

ИК 3 (три) 이까 뜨리 ————/————

의문사가 없는 의문문을 읽을 때 활용하는 억양입니다. 문장 내에서 가장 중요한 단어, 즉 묻고자 하는 단어의 강세를 올려서 읽어 줍니다.

① Э́то ма́ма? 에따 마마 이 사람은 엄마입니까?
이 문장에서는 '엄마'인지 아닌지를 질문하므로 ма́의 강세를 올려서 읽습니다.

② Э́то сестра́? 에따 씨스뜨라 이 사람은 여자 형제입니까?
이 문장에서는 '여자 형제'인지 아닌지를 질문하므로 ра́의 강세를 올려서 읽습니다.

그렇다면 아래의 문장에서 가장 중요한 단어는 무엇일까요?
Ты лю́бишь меня́? 띄 류비쉬 미냐 너는 나를 좋아하니?

ИК-1과 마찬가지로 말하는 사람의 의도에 따라 ты가 될 수도, 또는 лю́бишь나 меня́가 될 수도 있기 때문에 조금씩 억양이 달라질 수 있습니다. 일반적으로는 '좋아하는지 아닌지'가 가장 중요하므로 'лю́бишь 좋아하다'의 강세를 올려서 읽어 줍니다.

ИК 4 (четы́ре) 이까 취띄리 ————\\/————

부가 의문문을 읽을 때 활용하는 억양입니다. 부가 의문문은 다시 되물을 때 쓰는 의문문을 일컫는 표현이며, 불완전한 의문문이라고도 불립니다. 접속사 'а 그런데, 반면에'를 활용합니다. ИК-3와 마찬가지로 묻고자 하는 단어의 강세를 올려서 읽습니다.

① Меня́ зову́т Ари́ша. А вас? 미냐 z자붓 아리샤 아 v바쓰 내 이름은 아리샤입니다. 그러면 당신은요?
원래는 'А как вас зову́т? 아 깍 v바쓰 z자v붓 그러면 당신의 이름은 무엇입니까?'라는 질문이지만, 이름을 묻고 답하는 상황이 이미 나와 있기 때문에 가장 중요한 정보인 вас만 남겨 두고 '그러면 당신 (이름)은요?'라고 묻는 부가 의문문이 됩니다. 또한 가장 중요한 단어인 вас의 강세를 올려 읽습니다.

② Я чита́ю кни́гу. А ты? 야 취따유 끄니구 아 띄 나는 책을 읽고 있어. 그러면 너는?
원래는 'А что ты де́лаешь? 아 쉬또 띄 젤라예쉬 그러면 너는 무엇을 하고 있니?'라는 질문이지만, 무엇을 하고 있는지 묻고 답하는 상황이 이미 나와 있기 때문에 가장 중요한 정보인 ты만 남겨두고 '그러면 너는 (무엇을 하고 있니)?'라고 묻는 부가 의문문이 됩니다. 또한 가장 중요한 단어인 ты의 강세를 올려 읽습니다.

ИК 5 (пять) 이까 빠짜   _ _ _ / _ _ _ _ \ _ _ _

감탄문을 읽을 때 쓰는 억양입니다. 처음 시작하는 단어의 강세를 올려 그대로 유지하며 읽다가 마지막 단어의 강세를 낮춰 읽습니다. 감탄문은 'какóй 까꼬이 어떤', 또는 'как 깍 어떻게, 얼마나'라는 의문사로 시작합니다.

① Какáя хорóшая погóда! 까까야 하로샤야 빠고다 얼마나 좋은 날씨인지!
첫 단어인 의문사 какáя의 강세를 올려서 같은 높이로 유지하며 읽다가 마지막 단어 погóда의 강세를 낮춰 읽습니다.

② Как хорошó! 깍 하라쇼 얼마나 좋은지!
첫 단어인 의문사 как의 강세를 올려서 같은 높이로 유지하며 읽다가 마지막 단어 хорошó의 강세를 낮춰 읽습니다.

이 외에도 각 억양 구조가 하는 역할이 더 있지만, 가장 대표적이고 기본적인 억양 규칙을 우선 완벽히 숙지하도록 합시다.

문법 맛보GO!

러시아어 문법의 가장 대표적이면서 필수적인 문법 특징들을 살펴보세요. 당장 이해가 잘되지 않아도 괜찮습니다. 우선은 '이런 것들이 있구나!'하고 훑어보듯 맛보고, 본문에서 하나하나 더 상세히 공부할 거니까요.

1 모든 명사는 남성, 여성, 중성 중 하나의 성별을 가집니다.

러시아어 명사는 기본적으로 하나의 성별을 가집니다. 성별은 명사의 어미에 따라 결정이 됩니다. 간혹 외래어 중 명사 어미 규칙에 위배되는 명사가 있는데, '외래 불변 명사'라고 합니다. '외래 불변 명사'는 모두 중성 명사로 취급하고, 격 변화가 일어나지 않습니다.

남성	자음, -й, -ь으로 끝나는 명사 студе́нт 스뚜졘뜨 학생 / музе́й 무z제이 박물관 / учи́тель 우취쩰 선생님
여성	-a, -я, -ь으로 끝나는 명사 кни́га 끄니가 책 / пе́сня 뻬쓰냐 노래 / пло́щадь 쁠로쉬ㅉ 광장
중성	-о, -е, -мя로 끝나는 명사 письмо́ 삐쓰모 편지 / зда́ние z즈다니예 건물 / вре́мя v브례먀 시간

Tip 남성 명사, 여성 명사 모두 -ь으로 끝날 수 있으므로 구분해서 기억해야 합니다.

외래 불변 명사는 기본 형태가 남성, 여성 명사 어미(자음, -й, -ь, -a, -я)를 제외한 다른 모음으로 끝나는 명사입니다. 위에 언급했듯이 외래 불변 명사는 러시아어 어미 규칙과 상관없고, 격 변화도 일어나지 않습니다. 또한 대부분의 외래 불변 명사는 중성입니다.

метро́ 미뜨로 지하철 / такси́ 딱씨 택시

2 러시아어 명사와 형용사에는 격이 존재합니다.

한국인에게 생소할 수 있는 개념으로, 러시아어의 명사와 형용사에는 주격, 생격, 여격, 대격, 조격, 전치격 총 6격이 존재합니다. 격 변화는 명사를 기준으로 일어나며, 형용사는 명사를 수식하는 개념이기 때문에 명사에 따라 형태가 결정된다고 볼 수 있습니다. 기본 형태는 주격이며, 명사와 형용사의 활용 및 의미에 따라 어미 격 변화가 일어납니다. 우리말에 빗대자면 '은(는), 이(가), 을(를), 에게' 등과 같은 조사의 역할이 러시아어에서는 격 변화에 따라 이루어진다고 볼 수 있습니다. 즉 문장 성분을 구분하는 것이 바로 어미 격 변화이기 때문에 러시아어 문법에서 아주 기본적이고도 중요한 개념입니다.

◼ 6 격의 기본적인 역할

주격	주어 자리에 놓이는 격. 명사와 형용사의 기본 형태
생격	소유(~의)를 나타낼 때 쓰이는 격. 격 중에 활용도가 가장 높음.
여격	수여의 대상(~에게)를 나타낼 때 쓰이는 격
대격	목적의 대상(~을, ~를)을 나타낼 때 쓰이는 격
조격	도구, 자격(~로서)의 대상을 나타낼 때 쓰이는 격
전치격	장소(~에서)를 나타낼 때 쓰이는 격

위 사항은 가장 대표적인 역할일 뿐 격의 활용은 다양하기 때문에 각 격의 활용을 주의해서 기억해 주세요.
이어서 간략하게 명사와 형용사 어미가 어떻게 생겼는지도 함께 살펴보겠습니다.

◼ 명사 어미 변화

	남성	중성	여성	복수
주격	자음, -й, -ь	-о, -е, -мя	-а, -я, -ь	-ы, -и, -а, -я
생격	-а, -я		-ы, -и	-ов, -ев, -ей, -ий, 자음
여격	-у, -ю		-е, -и	-ам, -ям
대격	주격 혹은 생격		-у, -ю	주격 혹은 생격
조격	-ом, -ем (-ём)		-ой, -ей (-ёй), -ью	-ами, -ями
전치격	-е, -и			-ах, -ях

대격 남성, 중성 단수와 복수는 활동체인지 비활동체인지 여부에 따라 생격 혹은 주격과 어미가 같습니다.
여성은 활동체, 비활동체 여부와 상관없이 단독 어미 규칙에 따릅니다.

◼ 형용사 어미 변화

	남성	중성	여성	복수
주격	-ый, -ий, -óй	-ое, -ее	-ая, -яя	-ые, -ие
생격	-ого, -его		-ой, -ей	-ых, -их
여격	-ому, -ему		-ой, -ей	-ым, -им
대격	주격 혹은 생격		-ую, -юю	주격 혹은 생격
조격	-ым, -им		-ой, -ей	-ыми, -ими
전치격	-ом, -ем		-ой, -ей	-ых, -их

3 관사가 없고, 현재 시제에서 '~에 있다, ~(이)다' 동사가 생략됩니다.

러시아어에는 관사가 존재하지 않습니다. 또한 현재 시제에서 '~에 있다, ~(이)다'에 해당하는 **быть** 븨쯔 동사를 생략할 수 있습니다. 따라서 다음 예문과 같이 '주어 + 명사'나 '주어 + 장소'로만 제시해도 '~은(는) ~(이)다' 혹은 '~이(가) ~에 있다'라는 문장을 만들 수 있습니다.

① Э́то ма́ма. 에따 마마 이 사람은 엄마입니다. (주어 + 명사)

② Я студе́нт. 야 스뚜젠뜨 나는 대학생입니다. (주어 + 명사)

③ Э́то твой брат? 에따 뜨v보이 브랏 이 사람은 너의 남자 형제니? (주어 + 소유 대명사 + 명사)

④ Мари́на в Москве́? 마리나 v브마스끄v볘 마리나는 모스크바에 있니? (주어 + 장소)

4 존댓말과 반말이 존재합니다.

러시아어에도 존댓말과 반말이 존재합니다. 처음 보는 사람이나 직장 상사, 선생님 등에게는 존댓말로, 가족이나 친구 사이에는 주로 반말로 얘기합니다.

① Здра́вствуйте! Как у вас дела́? z즈드라스트v부이쩨 깍 우v바쓰 질라 안녕하세요! 어떻게 지내세요?

② Здра́вствуй! Как у тебя́ дела́? z즈드라스트v부이 깍 우찌뱌 질라 안녕! 어떻게 지내니?

5 문장의 어순이 자유롭습니다.

기본적으로 '주어 + 동사 (+ 목적어 / 보어 / 장소 / 시간 등)'의 순서로 말하고 씁니다. 단, 강조하고자 하는 단어를 문장 앞에 쓸 수 있습니다. 때문에 목적어나 보어 등이 동사 앞에 위치하는 경우도 종종 만날 수 있습니다.

① Я люблю́ тебя́. 야 류블류 찌뱌 나는 너를 사랑해. (주어 + 동사 + 목적어)

② Я тебя́ люблю́. 야 찌뱌 류블류 내가 사랑하는 건 너야. (주어 + 목적어 + 동사 / 목적어 의미 강조)

6 함께 쓸 수 없는 철자가 있습니다.

러시아어에는 함께 쓰지 못하는 철자가 있는데, 이를 '철자 규칙'이라 부릅니다. 크게 두 가지 철자 규칙이 있으며, 앞으로 어미 변화에 반드시 필요한 규칙이기 때문에 꼭 알아 두어야 합니다.

1 자음 к / г / х / ж / ш / щ / ч 다음에는 모음 ы / я / ю를 쓸 수 없습니다.
해당 모음을 써야 한다면 모음 и / а / у를 대신해서 써야 합니다.

врач v브라취 의사 → врачи́ v브라치 의사들 (주격 복수 형태)

원래 복수를 만들 때는 모음 -ы를 붙이는 것이 일반적이지만, 해당 철자 규칙에 따라 자음 ч 다음에는 -ы가 올 수 없으므로 복수를 만들 때 врачы́가 아닌 врачи́가 되어야 합니다.

2 자음 ж / ш / щ / ч / ц 다음에는 강세 있는 о만 올 수 있습니다.
강세가 없다면 다른 모음으로 대체해야 합니다.

хоро́ший 하로쉬 좋은 → хоро́шее 하로셰예 좋은 (주격 중성 형태)

원래 주격 중성 형용사 어미는 -ое를 붙이는 것이 일반적입니다. 하지만 형용사 хоро́ший는 자음 ш 다음에 강세가 있는 것이 아니라 앞에 강세가 있기 때문에 해당 철자규칙에 따라 절대 о와 함께 쓸 수 없습니다. 때문에 хоро́ший의 중성 주격 형태는 хоро́шое가 아니라, 또 다른 중성 어미 -ее를 써서 хоро́шее가 되어야 합니다.

7 동사에 불완료상과 완료상이 존재합니다.

러시아어 동사는 크게 불완료상과 완료상으로 나뉩니다. 불완료상은 НСВ 엔에쓰v베 라고도 하고 완료상은 СВ 에쓰v베 라고도 합니다. 불완료상은 말 그대로 완료되지 않은 사건 즉, 진행 중이거나 반복적인 상황, 사실을 표현할 때 쓰고, 완료상은 말 그대로 이미 완료된 사건이나 일회성 상황을 표현할 때 씁니다. 같은 의미라고 할지라도 어떤 상을 쓰는지에 따라 의미가 달라지기 때문에 항상 동사가 어떤 상인지 구분해서 기억해야 합니다.

8 동사도 어미 변화가 일어납니다.

기본적으로 러시아어의 동사 원형은 어미 -ть / ти / -чь가 대표적입니다. 동사 원형을 바로 쓰지 않고 주격 인칭 대명사에 따라 형태가 달라집니다. 주의할 점은 동사의 현재, 미래 시제는 주어의 인칭에 따라 어미 변화가 일어나고, 과거 시제는 주어의 성, 수에 따라 어미 변화가 일어납니다. 동사의 어미를 바꿀 땐 원형 어미 -ть / ти / -чь를 떼고 주어에 따른 해당 어미를 활용해야 합니다.

주어의 인칭	현재형	미래형
я	-ю / -у	бу́ду
ты	-ешь / -ёшь / -ишь	бу́дешь
он, она́ ,оно́	-ет / -ёт / -ит	бу́дет
мы	-ем / -ём / -им	бу́дем
вы	-ете / -ёте / -ите	бу́дете
они́	-ют / -ут / -ят / -ат	бу́дут

Tip 미래형은 быть 븨쯔 동사를 조동사로 활용해, быть 변화형과 동사 원형을 함께 써서 표현합니다. 또한 불완료상만 быть 동사를 조동사로 활용해 미래 시제를 만들고, 완료상은 동사의 현재 변화형태로 미래 시제를 표현한다는 점도 참고로 알아 둡시다.

주어의 성, 수	과거형
он	-л / 자음
она́	-ла
оно́	-ло
они́	-ли

Tip 동사가 과거형으로 변할 때, 남성 주어일 경우 어미기 -л이 아닌 자음으로 끝나는 경우가 있습니다.

동사가 현재형으로 변할 때 특정 자음의 경우 я 현재 변화형에서 어간의 자음이 달라지는 경우가 있습니다.

어간이 -д-로 끝날 경우	д → ж	ходи́ть 하지쯔 걸어 다니다			
		я	хожу́	мы	хо́дим
		ты	хо́дишь	вы	хо́дите
		он, она́, оно́	хо́дит	они́	хо́дят
어간이 -т-로 끝날 경우	т → ч	отве́тить 아뜨v볘찌쯔 대답하다			
		я	отве́чу	мы	отве́тим
		ты	отве́тишь	вы	отве́тите
		он, она́, оно́	отве́тит	они́	отве́тят
어간이 -с-로 끝날 경우	с → ш	спроси́ть 쓰쁘라씨쯔 묻다, 질문하다			
		я	спрошу́	мы	спро́сим
		ты	спро́сишь	вы	спро́сите
		он, она́, оно́	спро́сит	они́	спро́сят
어간이 -з-로 끝날 경우	з → ж	вози́ть v바z지쯔 (싣고) 운반하다, 나르다			
		я	вожу́	мы	во́зим
		ты	во́зишь	вы	во́зите
		он, она́, оно́	во́зит	они́	во́зят

어간이 -ст-로 끝날 경우	ст → щ	**чи́стить** 취스찌ㅉ 청소하다			
		я	чи́щу	мы	чи́стим
		ты	чи́стишь	вы	чи́стите
		он, она́, оно́	чи́стит	они́	чи́стят
어간이 -п-로 끝날 경우	п → пл	**купи́ть** 꾸삐ㅉ 사다, 구매하다			
		я	куплю́	мы	ку́пим
		ты	ку́пишь	вы	ку́пите
		он, она́, оно́	ку́пит	они́	ку́пят
어간이 -б-로 끝날 경우	б → бл	**люби́ть** 류비ㅉ 사랑하다, 좋아하다			
		я	люблю́	мы	лю́бим
		ты	лю́бишь	вы	лю́бите
		он, она́, оно́	лю́бит	они́	лю́бят
어간이 -в-로 끝날 경우	в → вл	**гото́вить** 가또v비ㅉ 준비하다, 요리하다			
		я	гото́влю	мы	гото́вим
		ты	гото́вишь	вы	гото́вите
		он, она́, оно́	гото́вит	они́	гото́вят
어간이 -м-로 끝날 경우	м → мл	**знако́мить** z즈나꼬미ㅉ 소개해 주다			
		я	знако́млю	мы	знако́мим
		ты	знако́мишь	вы	знако́мите
		он, она́, оно́	знако́мит	они́	знако́мят

위의 규칙을 한꺼번에 암기해서 동사 변화형에 바로 적용하기는 어렵습니다. 우선은 동사의 변화형을 숙지하는 데 집중하고 나머지는 참고 사항으로 훑어보세요. 또한 동사가 변하면서 강세가 달라지는 경우도 있으므로 주의를 기울일 필요가 있습니다.

9 일반 명사와 형용사만이 아니라 대명사, 기타 형용사의 격 변화도 일어납니다.

러시아어에서는 대명사와 기타 형용사 또한 격 변화가 일어나는데요. 어떤 종류의 대명사와 형용사가 있는지 함께 알아볼까요?

1 인칭 대명사

	주격	생격	여격	대격	조격	전치격
나	я	меня́	мне	меня́	мной	обо мне
너	ты	тебя́	тебе́	тебя́	тобо́й	о тебе́
그, 그것	он, оно́	его́	ему́	его́	им	о нём

그녀	онá	её	ей	её	ей	о ней
우리	мы	нас	нам	нас	нáми	о нас
당신, 너희들	вы	вас	вам	вас	вáми	о вас
그들	онѝ	их	им	их	ѝми	о них

인칭 대명사 전치격은 전치사 o와 주로 쓰이므로 통으로 암기하는 것이 좋습니다.

2 지시 대명사

	주격	생격	여격	대격	조격	전치격
이것	э́то	э́того	э́тому	э́того / э́то	э́тим	э́том
그것	то	того́	тому́	того́ / то	тем	том

3 부정 대명사

		주격	생격	여격	대격	조격	전치격
모든, 전부의	남성	весь	всего́	всему́	всего́ / весь, всё	всем	всём
	중성	всё					
	여성	вся	всей	всей	всю	всей	всей
	복수	все	всех	всем	всех / все	всéми	всех

명칭은 부정 대명사이지만 하는 역할은 형용사와 유사합니다.

весь фильм v베ㅆ f필름 영화 (한 편) 전체 / **все студéнты** f쩨 스뚜젠띠 모든 학생들

4 소유 대명사

주격	남성	여성	중성	복수
나의	мой	моя́	моё	мои́
너의	твой	твоя́	твоё	твои́
그의, 그것의	его́			
그녀의	её			
우리의	наш	нáша	нáше	нáши
당신, 너희들의	ваш	вáша	вáше	вáши
그들의	их			

3인칭 소유 대명사는 어떤 성, 수, 격과 함께 써도 절대 변하지 않습니다. 소유 대명사는 소유 형용사의 역할을 합니다.

생격	남성, 중성	여성	복수
나의	моегó	моéй	моúх
너의	твоегó	твоéй	твоúх
그의, 그것의	егó		
그녀의	её		
우리의	нáшего	нáшей	нáших
당신, 너희들의	вáшего	вáшей	вáших
그들의	их		

여격	남성, 중성	여성	복수
나의	моемý	моéй	моúм
너의	твоемý	твоéй	твоúм
그의, 그것의	егó		
그녀의	её		
우리의	нáшему	нáшей	нáшим
당신, 너희들의	вáшему	вáшей	вáшим
그들의	их		

대격	남성, 중성	여성	복수
나의	моегó / мой, моё	моú́	моúх / мой
너의	твоегó / твой, твоё	твоú	твоúх / твой
그의, 그것의	егó		
그녀의	её		
우리의	нáшего / наш, нáше	нáшу	нáших / нáши
당신, 너희들의	вáшего / ваш, вáше	вáшу	вáших / вáши
그들의	их		

조격	남성, 중성	여성	복수
나의	мои́м	мое́й	мои́ми
너의	твои́м	твое́й	твои́ми
그의, 그것의	его́		
그녀의	её		
우리의	на́шим	на́шей	на́шими
당신, 너희들의	ва́шим	ва́шей	ва́шими
그들의	их		

전치격	남성, 중성	여성	복수
나의	моём	мое́й	мои́х
너의	твоём	твое́й	твои́х
그의, 그것의	его́		
그녀의	её		
우리의	на́шем	на́шей	на́ших
당신, 너희들의	ва́шем	ва́шей	ва́ших
그들의	их		

5 재귀 형용사

		주격	생격	여격	대격	조격	전치격
자신의, 스스로의	남성	свой	своего́	своему́	своего́ / свой, своё	свои́м	своём
	중성	своё					
	여성	своя́	свое́й	свое́й	свою́	свое́й	свое́й
	복수	свои́	свои́х	свои́м	свои́х / свои́	свои́ми	свои́х

6 지시 형용사

		주격	생격	여격	대격	조격	전치격
이	남성	э́тот	э́того	э́тому	э́того / э́тот, э́то	э́тим	э́том
	중성	э́то					
	여성	э́та	э́той	э́той	э́ту	э́той	э́той
	복수	э́ти	э́тих	э́тим	э́тих / э́ти	э́тими	э́тих
그, 저	남성	тот	того́	тому́	того́ / тот, то	тем	том
	중성	то					
	여성	та	той	той	ту	той	той
	복수	те	тех	тем	тех / те	те́ми	тех

지시 대명사와 지시 형용사의 중성 형태는 동일하게 생겼으나 하는 역할이 다릅니다. 지시 대명사는 '이것, 이 사람' 혹은 '저것, 저 사람'이라는 단독 명사로 쓰이고, 지시 형용사는 반드시 명사와 함께 써 명사를 수식해 주는 역할을 합니다.

① Э́то письмо́. 에따 삐쓰모 이것은 편지입니다. (지시 대명사의 역할)

② Я чита́ю э́то письмо́. 야 취따유 에따 삐쓰모 나는 이 편지를 읽고 있습니다. (지시 형용사의 역할)

7 의문 형용사

		주격	생격	여격	대격	조격	전치격
누구의	남성	чей	чьего́	чьему́	чьего́ / чей, чьё	чьим	чьём
	중성	чьё					
	여성	чья	чьей	чьей	чью	чьей	чьей
	복수	чьи	чьих	чьим	чьих / чьи	чьи́ми	чьих
어떤	남성	како́й	како́го	како́му	како́го / како́й, како́е	каки́м	како́м
	중성	како́е					
	여성	кака́я	како́й	како́й	каку́ю	како́й	како́й
	복수	каки́е	каки́х	каки́м	каки́х / каки́е	каки́ми	каки́х

러시아는 어떤 나라?

핀란드

러시아

벨라루스

모스크바

우크라이나

카자흐스탄

몽골

터키

중국

대한민국

이란

아프가니스탄

파키스탄

인도

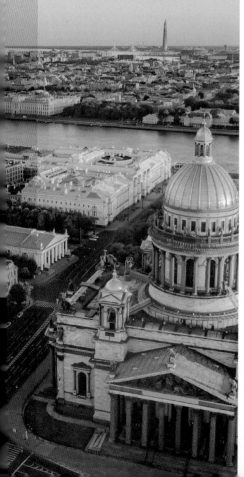

📍 **국가명** 러시아 연방(Росси́йская Федера́ция)

📍 **수도** 모스크바(Москва́, 12,692천명)

📍 **면적** 1,708만㎢(한반도의 78배, 미국의 1.8배)

📍 **인구** 1억 4,674만명('20)

📍 **종교** 러시아 정교, 이슬람교, 유대교, 가톨릭교 등

📍 **GDP** 1조 6.993$

📍 **화폐 단위** 루블 (рубль)

출처 대한민국 외교부, The WORLD FACTBOOK (CIA)

이제 러시아로 출발해 보자GO!

41

Дава́йте познако́мимся!

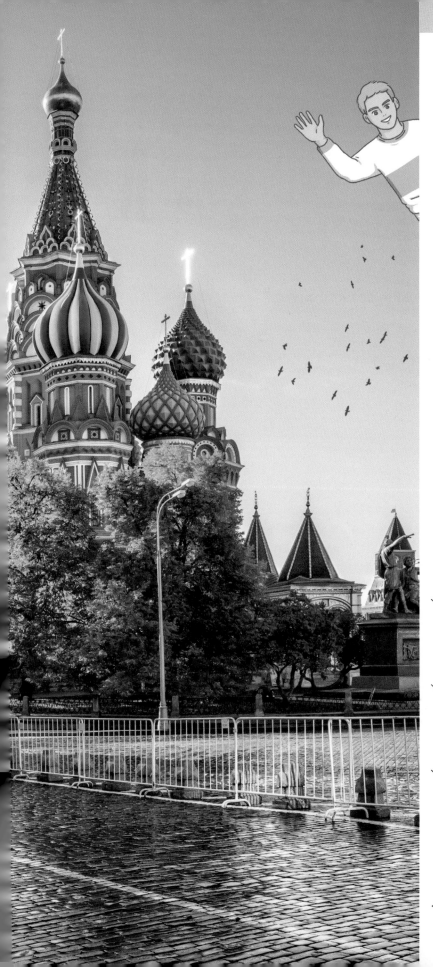

Уро́к
01

Дава́йте познако́мимся!

서로 알고 지내요!

▶ 01강

학습 목표
처음 만났을 때 하는
인사 표현을 말할 수 있다.

공부할 내용
명사의 성 (주격)
인칭 대명사 (주격)

주요 표현
Здра́вствуйте!
О́чень прия́тно.
Я ру́сский.
Дава́йте познако́мимся!

◀ 모스크바의 붉은 광장에 위치한
성 바실리 대성당

говори́те

말문 트 GO!

🎧 Track 01-01

 Диало́г 1

유민과 율리야는 처음 만나 인사를 나눕니다.

Юми́н	**Здра́вствуйте! Дава́йте познако́мимся!** z즈드라스트v부이쩨　다v바이쩨　빠z즈나꼬밈쌰	유민 안녕하세요! 서로 알고 　　지냅시다! 나는 유민이에요.
	Я Юми́н. 야　유민	율리야 안녕하세요! 나는 율리야예요.
Юлия	**Здра́вствуйте! Я Ю́лия.** z즈드라스트v부이쩨　야　율리야	유민 매우 반가워요.
		율리야 또한 반가워요.
Юми́н	**О́чень прия́тно.** 오친　쁘리야뜨나	
Юлия	**То́же прия́тно.** 또줴　쁘리야뜨나	

Слова́ **здра́вствуйте** 안녕하세요 (명령문) **о́чень** 부 매우, 완전히 **прия́тно** 부 반갑게, 쾌적하게 **то́же** 부 또한, 역시 **дава́йте** 함께 ~합시다 (명령문) **познако́миться** 동 알고 지내다, 자기소개하다

 포인트 잡GO!

❶ 러시아어에서 부사는 꾸밈을 받는 대상 바로 앞에 주로 위치합니다.

　예　**О́чень** прия́тно. 오친 쁘리야뜨나　　**매우** 반가워요.

　　　То́же прия́тно. 또줴 쁘리야뜨나　　**또한** 반가워요.

핵심 배우GO!

1 인사 표현

러시아에서 일반적으로 가장 많이 활용하는 기본 인사 표현을 말해 보세요.

- **Здра́вствуйте!** z즈드라스트v부이쩨   안녕하세요!

> **Tip** 러시아어에도 반말과 존댓말이 존재합니다. 대화문에 등장한 Здра́вствуйте는 존댓말, 혹은 여러 명에게 하는 인사입니다. 어미 '-те'를 떼면, 친한 사이에서 반말로 하는 인사가 됩니다.

- **Здра́вствуй!** z즈드라스트v부이   안녕!

2 부사 прия́тно의 활용

прия́тно 쁘리야뜨나는 원래 '반갑게', '쾌적하게'라는 의미의 부사입니다. 러시아어에서는 부사가 술어도 될 수 있어서, '반갑다', '쾌적하다'라는 의미로 쓰였습니다.

- **О́чень прия́тно.** 오친 쁘리야뜨나   매우 **반갑습니다.**

🎯 **Обрати́те внима́ние!** 주목하세요!

дава́йте는 '함께 ~합시다'라는 의미로, 청유 명령문 표현입니다. 동사와 함께 쓰이기도 하고, 단독으로도 많이 활용됩니다. 어미 -те를 뗀 дава́й는 '함께 ~하자'라는 반말 표현이 됩니다.

> **예** **Дава́йте** познако́мимся! 다v바이쩨 빠z즈나꼬밈샤   서로 알고 지냅**시다**!
> **Дава́й** познако́мимся! 다v바이 빠z즈나꼬밈샤   서로 알고 지내**자**!
> **Дава́й!** 다v바이   그러**자**!

말문트  GO!

🎧 Track 01-02

💬 **Диало́г 2**

딴딴은 중국인, 보리스는 러시아인입니다.

Танта́н	**Юна́, ты китая́нка?** 유나 띄 끼따얀까
Юна́	**Нет, я корея́нка.** 넷 야 까리얀까
Танта́н	**Бори́с, ты ру́сский?** 바리쓰 띄 루스끼
Бори́с	**Да, я ру́сский. А ты?** 다 야 루스끼 아 띄
Танта́н	**Я китая́нка.** 야 끼따얀까

딴딴 유나, 너는 중국인이니?
유나 아니, 나는 한국인이야.
딴딴 보리스, 너는 러시아인이니?
보리스 응, 나는 러시아인이야. 그러면
　　　너는?
딴딴 나는 중국인이야.

Слова́ **ты** 대명 너 **я** 대명 나 **да** 소 응, 네 **нет** 소 아니, 아니요 **а** 접 반면에, 그런데

🎯 **포인트 잡GO!**

❶ 의문사가 없는 의문문에 대답할 때, 긍정은 да, 부정은 нет으로 말합니다.

　　예　Ты ру́сский? 띄 루스끼　　　　　　너는 러시아인이니?
　　　Да, я ру́сский. 다 야 루스끼　　　　**응**, 나는 러시아인이야.
　　　Нет, я кита́ец. 넷 야 끼따예ㅉ　　　**아니**, 나는 중국인이야.

❷ 러시아어에는 관사가 없습니다. 다음의 예와 같이 'я 나'와 'студе́нт 학생'을 이어 주면 바로 문장을 만들 수 있습니다.

　　예　Я студе́нт. 야 스뚜젠뜨　　　　　　나는 학생입니다.

핵심 배우GO!

① быть 동사 '~(이)다'의 활용

러시아어에서 '~(이)다'를 나타내는 **быть** 븨쯔 동사는 현재 시제에서 생략이 됩니다. 따라서 '나는 한국인입니다.'라고 말할 때, '~입니다'에 해당하는 러시아어를 쓸 필요가 없습니다.

- Я коре́янка. 야 까리얀까   나는 한국인이야.
- Ты ру́сский? 띄 루스끼   너는 러시아인이니?

> **Tip** быть 동사를 아예 활용하지 않는 것이 아니라 현재 시제에서만 생략되는 것이므로, 뒤에서 배울 과거 시제나 미래 시제에는 быть 동사가 반드시 등장한다는 점 기억해 주세요.

② 접속사 a로 말하기

'반면에', '그런데'를 의미하는 접속사 a는 문장을 비교하거나 대조하고 싶을 때 주로 활용합니다. 또한, 되물을 때 쓰이는 부가의문문도 접속사 a를 활용합니다.

- Я китая́нка, **a** Юна́ коре́янка.   나는 중국인입니다, **반면** 유나는 한국인입니다.
  야 끼따얀까 아 유나 까리얀까
- Я ру́сский. **A** ты?   나는 러시아인이야. **그러면** 너는?
  야 루스끼 아 띄

🎯 Обрати́те внима́ние! 주목하세요!

러시아어는 명사에 반드시 성별이 존재합니다. 어느 나라 사람인지 말할 때도 남자인지 여자인지에 따라 형태가 다릅니다. 앞으로 자주 등장할 주요 국적 단어를 성별에 따라 살펴보세요.

의미	남성	여성
한국인	коре́ец 까례예쯔	коре́янка 까리얀까
러시아인	ру́сский 루스끼	ру́сская 루스까야
중국인	кита́ец 끼따예쯔	китая́нка 끼따얀까
일본인	япо́нец 이뽀녜쯔	япо́нка 이뽄까
미국인	америка́нец 아미리까녜쯔	америка́нка 아미리깐까
외국인	иностра́нец 이나스뜨라녜쯔	иностра́нка 이나스뜨란까

грамма́тика

문법 다지GO!

① 일반 명사의 주격

주격은 명사가 주어 자리에 놓였을 때 활용하는 격입니다. 주격은 모든 변화형의 기준이 되는 기본 형태이기 때문에 반드시 기억해야 할 가장 중요한 개념입니다. 주격 단수는 남성, 여성, 중성 총 3가지로 이루어져 있습니다.

남성	① 자음으로 끝나는 명사
	② 짧은 이 й로 끝나는 명사
	③ 연음 부호 ь으로 끝나는 명사

예 자음: студе́нт 스뚜졘뜨　　대학생 (남)　　журна́л 쥬르날　잡지
-й: музе́й 무z제이　　　박물관　　　геро́й 기로이　영웅, 주인공
-ь: слова́рь 슬라바ㄹ　　사전　　　учи́тель 우취쩰　선생님

여성	① 모음 a으로 끝나는 명사
	② 모음 я로 끝나는 명사
	③ 연음 부호 ь으로 끝나는 명사

예 -a: студе́нтка 스뚜졘뜨까　대학생 (여)　кни́га 끄니가　책
-я: пе́сня 뻬쓰냐　　　　노래　　　Росси́я 라씨야　러시아
-ь: тетра́дь 찌뜨라ㅉ　　공책　　　дочь 도취　딸

Tip 연음 부호 ь으로 끝나는 명사는 남성, 여성 둘 다 있기 때문에 구분해서 외워야 합니다. 기본적으로 아래 표의 명사를 기억해 둡시다.

남성	слова́рь 슬라바ㄹ	사전
	учи́тель 우취쩰	선생님
	день 졘	낮, 하루
여성	тетра́дь 찌뜨라ㅉ	공책
	мать 마ㅉ	어머니
	дочь 도취	딸
	ночь 노취	밤

중성	① 모음 o로 끝나는 명사
	② 모음 e로 끝나는 명사
	③ 예외: мя으로 끝나는 명사

예
-o: письмо́ 삐쓰모   편지   сло́во 슬로v바   단어
-e: зада́ние z자다니예   과제   мо́ре 모례   바다
-мя: и́мя 이먀   이름   вре́мя v브례먀   시간

Tip 명사는 마지막에 있는 어미 1개가 기준이지만, 예외적으로 -мя로 끝나는 중성 명사는 어미 2개가 기준입니다.
-мя로 끝나는 명사는 'и́мя 이름'과 'вре́мя 시간' 2개만 알고 있어도 충분합니다.

2 인칭 대명사의 주격

일반 명사의 주격과 마찬가지로 주어 자리에서만 활용할 수 있는 인칭 대명사입니다. 앞으로 위치에 따라
인칭 대명사의 형태가 달라질 수 있다는 점을 꼭 기억하세요.

나	я 야	우리	мы 믜
너	ты 띄	당신, 너희들	вы v븨
그	он 온		
그녀	она́ 아나	그들	они́ 아니
그것	оно́ 아노		

예 **Ты** китая́нка? 띄 끼따얀까   너는 중국인이니?
Нет, **я** ру́сская 넷 야 루스까야   아니, **나는** 러시아인이야.

Запо́мните! 기억하세요!

러시아어에서 문장 제일 처음에 시작하는 단어나 이름, 지명같은 고유 명사의 첫 알파비트를 대문자로 표기합니다.

예 **Р**осси́я 라씨야   러시아 (국가 이름이므로 고유 명사)
Ты китая́нка? 띄 끼따얀까   너는 중국인이니? (문장 처음 시작)

1 **명사의 복수 주격 명사 규칙**

명사의 기본 형태인 단수 주격을 숙지했다면, 복수 주격 명사 규칙도 배워 보겠습니다. 단수 명사는 남성, 여성, 중성으로 구분되나 복수 명사는 성별 구분이 따로 없습니다. 단수 명사가 복수 주격 형태로 바뀔 때 남성 명사와 여성 명사의 어미는 -ы 또는 -и로 바뀌고, 중성 명사는 어미가 а 또는 я로 바뀝니다. 각 어떤 경우에 해당 어미로 바뀌는지, 예시와 함께 규칙을 숙지하세요.

-ы	① 자음으로 끝나는 명사 ② 모음 а으로 끝나는 명사

예 자음: журна́л 쥬르날   잡지   → журна́лы 쥬르날릐
　　　 -а: газе́та 가z제따   신문   → газе́ты 가z제띄

-и	① '짧은 이 й'로 끝나는 명사 ② 모음 я로 끝나는 명사 ③ 연음 부호 ь으로 끝나는 남성 명사, 여성 명사 ④ к / г / х / ж / ш / щ / ч 로 끝나는 명사

예 -й: музе́й 무z제이 (짧게 발음)   박물관   → музе́и 무z제이 (길게 발음)
　　　 -я: пе́сня 뻬쓰냐   노래   → пе́сни 뻬쓰니
　　　 -ь: слова́рь 슬라v바르   사전   → словари́ 슬라v바리
　　　 -к / г / х / ж / ш / щ / ч: врач v브라취   의사   → врачи́ v브라취 (길게 발음)

-а	모음 о로 끝나는 명사

예 письмо́ 삐스모   편지   → пи́сьма 삐쓰마

-я	모음 е로 끝나는 명사

예 зада́ние z자다니예   과제   → зада́ния z자다니야

철자 규칙에 따라 발음상 또는 철자법상의 이유로 함께 쓸 수 없는 알파비트가 있습니다. 바로 к / г / х / ж / ш / щ / ч 다음에는 절대 ы / я / ю가 올 수 없습니다. к / г / х / ж / ш / щ / ч 철자 다음에는 ы / я / ю가 각각 비슷한 발음을 가진 и / а / у로 대체됩니다. 앞으로 모든 변화형에 기준이 될 규칙이니 꼭 기억하세요.

| 예 | ма́льчик 말췩 | 소년: 복수 주격 ма́льчик**ы** (х) → ма́льчик**и** 말취끼 (о) |
| | кни́га 끄니가 | 책: 복수 주격 кни́г**ы** (х) → кни́г**и** 끄니기 (о) |

Запо́мните! 기억하세요!

러시아어는 불규칙과 예외 사항이 많은 언어입니다. 다음과 같이 복수 주격 명사에도 불규칙하게 변하는 것들이 있으니, 구분하여 암기해 두세요. 예시 외에도 불규칙 복수 명사가 더 있지만, 기본 단어부터 천천히 익혀 둡시다.

단수 주격	복수 주격
брат 브랏 남자 형제	бра́**тья** 브라찌야
друг 드룩 친구	дру**зья́** 드루z지야
стул 스뚤 의자	сту́**лья** 스뚤ㄹ야
учи́тель 우취쩰 선생님	учителя́ 우취쩰랴
глаз 글라쓰 눈(眼)	глаз**а́** 글라z자
мать 마ㅉ 어머니	ма́**тери** 마쩨리
дочь 도취 딸	до́**чери** 도췌리
челове́к 췰라v벡 사람	**лю́ди** 류지
ребёнок 리뵤낙 아이	**де́ти** 제찌

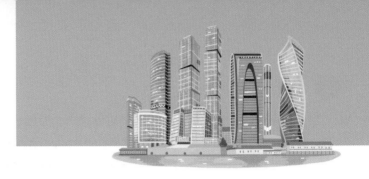

실력 높이 GO!

1 주어진 문장을 의미에 맞게 순서대로 나열하세요.

❶ А ты рýсский, Борѝс?
❷ Юнá, ты китаянка?
❸ Да, я рýсский.
❹ Нет, я кореянка.

// 1 _____

// 2 _____

// 3 _____

// 4 _____

2 다음 한국어 해석문을 읽고 알맞은 인칭 대명사를 쓰세요.

// 1 나는 한국인입니다.

_____ корéец.

// 2 그는 중국인이고, 반면에 그녀는 러시아인입니다.

_____ китáец, а _____ рýсская.

// 3 당신은 외국인입니까?

_____ инострáнец?

3 주어진 명사의 성을 구분해 보세요.

//1 студе́нт 학생 _____

//2 пе́сня 노래 _____

//3 зада́ние 과제 _____

//4 учи́тель 선생님 _____

//5 вре́мя 시간 _____

4 주어진 명사가 단수인지 복수인지 구분해 보세요. 단수 명사일 경우 성별도 구분해서 써 보세요.

//1 бра́тья 형제 _____

//2 пи́сьма 편지 _____

//3 лю́ди 사람 _____

//4 мать 어머니 _____

//5 слова́рь 사전 _____

정답
❶ ② Юна́, ты китая́нка? 유나, 너는 중국인이니? ④ Нет, я коре́янка. 아니, 나는 한국인이야.
　① А ты ру́сский, Бори́с? 그러면 너는 러시아인이니, 보리스? ③ Да, я ру́сский. 응, 나는 러시아인이야.
❷ ① Я ② Он / она́ ③ Вы
❸ ① 남성 ② 여성 ③ 중성 ④ 남성 ⑤ 중성
❹ ① брат의 불규칙 복수 ② письмо́의 복수 ③ челове́к의 불규칙 복수 ④ 단수 여성 ⑤ 단수 남성

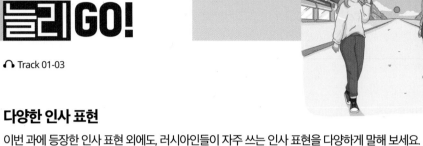 어휘 늘리GO!

🎧 Track 01-03

🐾 다양한 인사 표현

이번 과에 등장한 인사 표현 외에도, 러시아인들이 자주 쓰는 인사 표현을 다양하게 말해 보세요.

만났을 때

Приве́т! 쁘리v비옛	안녕! (반말 인사)
Дóброе у́тро! 도브라예 우뜨라	좋은 아침입니다! (아침 인사)
Дóбрый день! 도브릐 졘	좋은 낮입니다! (점심 인사)
Дóбрый ве́чер! 도브릐 v베체르	좋은 저녁입니다! (저녁 인사)

헤어질 때

До свида́ния! 다스v비다니야	안녕히 가세요! / 잘 가!
До встре́чи! 다f프스뜨례취	다음에 만나요! / 다음에 만나!
Пока́! 빠까	잘 가! (반말 인사)

유용한 인사 표현들

Я рад познакóмиться с ва́ми. 야 랏 빠z즈나꼬미짜 스v바미	나는 당신을 알게 되어 기뻐요. (남자)
Я рáда познакóмиться с ва́ми. 야 라다 빠z즈나꼬미짜 스v바미	나는 당신을 알게 되어 기뻐요. (여자)
Скóро уви́димся! 스꼬라 우v비짐쌰	곧 봐요! / 곧 봐!
Ещё уви́димся! 이쑈 우v비짐쌰	또 봐요! / 또 보자!

러시아 만나GO!

о России

매력 넘치는 나라, 러시아

여러분은 '러시아'하면 어떤 느낌이 드나요? 굉장히 추운 나라? 보드카를 든 사람들? 사실 러시아는 마냥 춥지만도 않고, 모든 러시아인들이 보드카를 그렇게 많이 마시지도 않아요.

러시아는 전 세계에서 영토 면적이 가장 넓은 나라입니다. 그렇기 때문에 지역에 따라 더운 곳도, 추운 곳도 모두 존재해요. 시베리아만 해도 추위로 유명하지만 나름대로 여름이 존재해서, 한여름에는 20도 안팎의 날씨를 즐길 수 있습니다. 물론 한 달도 안되는 짧은 여름이지만요. 반면 2014년 동계 올림픽이 열렸던 소치는 남부에 위치하여 겨울에도 비교적 춥지 않고 온난한 기후입니다.

보드카는 어떨까요? 러시아인들이 보드카를 즐기는 것은 사실이나, 주된 목적은 몸을 따뜻이 하여 추운 겨울을 나는 데 도움을 받기 위해서랍니다. 따라서 앞서 언급한 소치처럼 비교적 따뜻한 지역에서는 보드카 소비량이 높지 않습니다. 또한, 러시아인들 사이에서 보드카를 지나치게 많이 마시는 사람은 알코올 중독자나 주정뱅이로 여겨지기 때문에, 보드카보다는 맥주와 와인을 더 자주 마시는 편입니다.

매서운 겨울 바람에 맞서는 강인한 사람들의 이미지 외에도, 다양한 민족, 다양한 기후, 다양한 문화를 만나 볼 수 있는 나라가 바로 러시아입니다. 이 책을 통해서도 러시아, 러시아어에 대해서 좀 더 많은 것을 알아가도록 해요.

러시아어에서 처음 무엇을 시작하거나 어디로 출발할 때 쓰는 표현 다 함께 외쳐 볼까요?

Поéхали! 빠예할리 출발합시다!

Как вас зовут?

Уро́к

02

Как вас зову́т?

당신의 이름은 무엇입니까?

▶ 02강

↘ 학습 목표

처음 만났을 때 자신과 관련된 소개를
말할 수 있다.
사람, 사물에 대해 묻고 답할 수 있다.

↘ 공부할 내용

의문 대명사, 지시 대명사 (주격)
형용사 (주격)
인칭 대명사 (대격)

↘ 주요 표현

Как вас зову́т?
Кто э́то?, Что э́то?
Э́то мой брат.
Э́то хоро́ший уче́бник.

◀ 마트료시카, 도자기, 골동품 등 볼거리가 많은
이즈마일롭스키 시장

∩ Track 02-01

💬 **Диало́г 1**

줄리안은 유나의 가족 사진을 함께 보고 있습니다.

Джулиа́н	Юна́, кто э́то? 유나 크또 에따	줄리안 유나, 이 사람은 누구야?
Юна́	Э́то мой ста́рший брат. 에따 모이 스따르쉬 브랏	유나 이 사람은 나의 오빠야.
Джулиа́н	Как его́ зову́т? 깍 이v보 자v붓	줄리안 그의 이름은 무엇이니?
Юна́	Его́ зову́т Юми́н. 이v보 자v붓 유민	유나 그의 이름은 유민이야.
Джулиа́н	А кто э́то? 아 크또 에따	줄리안 그러면 이 사람들은 누구야?
Юна́	Э́то мой па́па и моя́ ма́ма. 에따 모이 빠빠 이 마야 마마	유나 이 사람은 나의 아빠와 나의 엄마야.

Слова́ кто 의문 누구 э́то 대명 이것, 이 사람 ста́рший 형 나이가 더 많은, 손윗사람의 звать 동 부르다

🎯 **포인트 잡GO!**

❶ ста́рший는 나이가 더 위인 형제, 자매를 표현할 때 쓰는 형용사입니다.

> 예 ста́рший брат 스따르쉬 브랏   형, 오빠
> ста́ршая сестра́ 스따르샤야 씨스뜨라   언니, 누나

❷ г 다음 강세 있는 о́가 위치하면, г 발음이 в로 달라지는 경우가 있습니다.

> 예 его́ 이v보   그의(소유 대명사), 그를(인칭 대명사 대격)
> сего́дня 씨v보드냐   오늘

핵심 배우GO!

① 의문 대명사 кто, 지시 대명사 э́то로 말하기

앞서 배웠듯 현재 시제에서는 быть 동사를 생략합니다. 따라서 대화문의 첫 문장과 같이, 의문대명사 кто와 지시 대명사 э́то만으로도 완전한 문장이 됩니다.

- Кто э́то? 크또 에따   **이 사람은 누구입니까?**
- Э́то ста́рший брат. 에따 스따르쉬 브랏   **이 사람은** 형(오빠)입니다.

② 대격으로 목적어 말하기

러시아어에는 격 변화 개념이 있습니다. 어떤 성분으로 쓰였느냐에 따라 격이 결정되고, 해당 격에 맞는 변화형으로 말해야 합니다. 주격은 주어 '~은(는)'일 때 표현되는 형식이며, 직접 목적어 '~을(를)'을 표현할 땐 대격을 사용합니다. 우선 가장 기본적인 인칭 대명사의 주격과 대격을 알아보겠습니다.

	주격	대격		주격	대격
나	я 야	меня́ 미냐	우리	мы 믜	нас 나쓰
너	ты 띄	тебя́ 찌뱌	당신 / 너희	вы v븨	вас v바쓰
그	он 온	его́ 이v보	그들	они́ 아니	их 이흐
그녀	она́ 아나	её 이요			

대격이 활용되는 가장 대표적인 상황이 바로 이름 묻고 답하기입니다. '어떻게 ~을(를) 부릅니까?'라는 의미에서 '~을(를)'이 대격으로 표현됩니다.

- Как **вас** зову́т? 깍 v바쓰 자v붓   **당신을** 어떻게 부릅니까? (당신의 이름은 무엇입니까?)
- **Меня́** зову́т Ю́лия. 미냐 자v붓 율리야   **나를** 율리야라고 부릅니다. (나의 이름은 율리야입니다.)
- Как **его́** зову́т? 깍 이v보 자v붓   **그를** 어떻게 부릅니까? (그의 이름은 무엇입니까?)

🎯 Обрати́те внима́ние! 주목하세요!

소유대명사 мой와 моя́는 둘 다 '나의'라는 의미이나, 러시아어는 명사의 성, 수, 격에 따라 수식하는 형용사의 성, 수, 격 형태가 달라집니다. мой는 남성 단수 주격과, моя́는 여성 단수 주격과 함께 씁니다.

    예   Э́то **мой па́па** и **моя́ ма́ма**.   이 사람은 **나의 아빠**고 (이 사람은) **나의 엄마**야.
          에따 모이 빠빠 이 마야 마마

말문 트GO!

🎧 Track 02-02

💬 **Диало́г 2**

유민은 율리야의 어릴 때 물건을 구경하고 있습니다.

Юми́н	**Ю́лия, что э́то? Э́то кни́га?** 율리야 쉬또 에따 에따 끄니가
Ю́лия	**Нет, э́то уче́бник.** 니옛 에따 우췌브닉
Юми́н	**Како́й э́то уче́бник?** 까꼬이 에따 우췌브닉
Ю́лия	**Э́то хоро́ший уче́бник.** 에따 하로쉬 우췌브닉
	А э́то чёрная ру́чка. 아 에따 쵸르나야 루취까

유민 율리야, 이것은 무엇인가요? 이것은 책인가요?

율리야 아니요, 이것은 교과서입니다.

유민 이것은 어떤 교과서입니까?

율리야 이것은 훌륭한 교과서입니다. 반면에 이것은 검정색 펜입니다.

 Слова́

что 의문 무엇 **кни́га** 명 책 **уче́бник** 명 교과서 **хоро́ший** 형 좋은, 훌륭한 **како́й** 의문 어떤 **чёрный** 형 검은, 검정색의 **ру́чка** 명 펜

 포인트 잡GO!

❶ 명사를 꾸며 주는 역할을 하는 형용사는, 명사의 형태에 따라 함께 변화합니다.

> 예 Э́то хоро́ш**ий** уче́бни**к**. 에따 하로쉬 우췌브닉 이것은 훌륭한 교과서입니다.
> Э́то чёрн**ая** ру́чк**а**. 에따 쵸르나야 루취까 이것은 검정색 펜입니다.

핵심 배우GO!

1 의문 대명사 что, 지시 대명사 э́то로 말하기

앞서 'Кто э́то? 이 사람은 누구입니까?'라는 문장을 만들어 보았습니다. '무엇'이라는 의미를 가진 **что**를 활용해서 같은 구조의 문장을 만들어 봅시다.

- **Что э́то?** 쉬또 에따   이것은 무엇입니까?
- **Э́то** уче́бник. 에따 우췌브닉   **이것은** 교과서입니다.

2 의문 형용사 како́й로 말하기

의문대명사 'кто 누구', 'что 무엇'과는 달리, 의문 형용사 'како́й 어떤'은 의문사지만 형용사의 성질도 있기 때문에, 반드시 명사와 함께 써야 합니다. 또한, 수식하는 형용사의 성질이나 명사의 형태에 따라 함께 변하기도 합니다.

- **Как**о́**й э́то уче́бник?** 까꼬이 에따 우췌브닉   이것은 **어떤 교과서**입니까? (남성 단수 수격)
- **Как**а́я **э́то ру́чка?** 까까야 에따 루취까   이것은 **어떤 볼펜**입니까? (여성 단수 주격)

Обрати́те внима́ние! 주목하세요!

의문문은 크게 의문사가 있는 의문문과 의문사가 없는 의문문 두 가지로 나뉜다는 점을 알아 두세요. 주의할 점은, 러시아어의 의문문은 끝을 올려 말하지 않습니다. 대신, 문장 내에서 가장 궁금한 정보를 나타내는 단어, 묻고자 하는 핵심이 되는 단어의 강세를 강조하여 올려 읽습니다. 의문사가 있는 의문문은 의문사가 가장 중요한 정보이기 때문에 의문사의 강세를 올려 말하고 (ИК-2), 의문사가 없는 의문문은 묻고자 하는 단어의 강세를 올려 (ИК-3) 말하면 됩니다.

예   **Что** э́то? 쉬또 에따   이것은 **무엇입니까?** (ИК-2)
       Э́то **кни́га?** 에따 끄니가   이것은 **책입니까?** (ИК-3)

① 일반 형용사의 주격 단수

첫 과에서 언급했듯이 주격은 명사가 주어 자리에 놓였을 때 활용하는 격입니다. 형용사는 명사를 수식하는 품사이므로, 명사의 형태에 따라 똑같이 형태를 바꿔야 합니다. 명사가 주격에서 남성, 여성, 중성, 복수 형태로 존재했듯이 형용사도 주격에서 4가지 형태로 존재합니다. 또한 명사의 성별은 맨 끝 철자 1개를 기준으로 구분했다면, 일반 형용사의 성별은 맨 끝 철자 2개 이상을 구분 기준으로 삼습니다. 형용사는 항상 남성 단수 주격을 기본 형태로 합니다.

남성	① -ый
	② -ий
	③ -о́й (항상 강세가 о́에 위치)

예	но́вый 노v븨	새로운	+	студе́нт 스뚜젠뜨	학생 (남성 단수 주격)
	хоро́ший 하로쉬	좋은	+	учи́тель 우취쩰	선생님
	большо́й 발쇼이	큰	+	теа́тр 찌아뜨르	극장
	си́ний 씨니	푸른, 파란	+	шарф 샤르f	스카프

| 여성 | ① -ая |
| | ② -яя |

예	но́вая 노v바야	새로운	+	студе́нтка 스뚜젠뜨까	대학생 (여) (여성 단수 주격)
	хоро́шая 하로샤야	좋은	+	кни́га 끄니가	책
	больша́я 발샤야	큰	+	ко́мната 꼼나따	방
	си́няя 씨냐야	푸른, 파란	+	маши́на 마쉬나	자동차

Tip 기본형이 -ний로 끝나는 형용사를 연변화 형용사라고 부릅니다. 연변화 형용사는 마지막 어미 변화를 항상 연모음 (я / е / и / ё / ю)로만 바꿔야 하는 특수 변화 형용사입니다. 예를 들어, си́ний라는 연변화 형용사는 син-다음에 -ая라는 어미가 올 수 없고, 대신 연모음인 -яя로 바뀌어 си́няя라는 변화형이 됩니다. 앞으로도 어떤 경우든 연변화 형용사는 항상 형용사 변화 중 두 번째 어미로 바뀐다고 기억해도 좋습니다.

| 예 | си́ний 씨니 | 푸른, 파란 | → си́няя 씨냐야 |
| | дома́шний 다마쉬니 | 집의, 가정의 | → дома́шняя 다마쉬냐야 |

중성	① -ое
	② -ее

예					
	но́вое 노v바예	새로운	+ пальто́ 빨또	외투, 코트 (중성 단수 주격)	
	хоро́шее 하로셰예	좋은	+ общежи́тие 압쉬쥐찌예	기숙사	
	большо́е 발쇼예	큰	+ о́зеро 오z제라	호수	
	си́нее 씨녜예	푸른, 파란	+ не́бо 녜바	하늘 (연변화 형용사)	

Tip 철자 규칙에 따라 ж / ш / щ / ч / ц 다음에는 반드시 강세가 있는 -о만 올 수 있습니다. 따라서 ж / ш / щ / ч / ц 다음에 강세가 없다면 -о가 올 수 없기 때문에, 차선책으로 -е를 써야 합니다.

예		
	хоро́ший 어미가 ш로 끝나고 강세가 앞에 위치	→ хоро́шее (절대 о가 올 수 없음)
	большо́й 어미가 ш로 끝나고 강세가 о에 위치	→ большо́е

② 일반 형용사의 주격 복수

복수	① -ые
	② -ие

예					
	но́вые 노v븨예	새로운	+ студе́нты 스뚜졘띄	학생 (복수 단수 주격)	
	хоро́шие 하로쉬예	좋은	+ кни́ги 끄니기	책	
	больши́е 발쉬예	큰	+ ко́мнаты 꼼나띄	방	
	си́ние 씨니예	푸른, 파란	+ ша́рфы 샤르f픠	스카프 (연변화 형용사)	

Tip 철자 규칙은 총 2개가 있습니다. к / г / х / ж / ш / щ / ч 다음에는 발음상의 이유로 절대 ы를 쓸 수 없습니다. -ы 대신 발음이 비슷한 -и를 써야 합니다.

예		
	хоро́ший 어미가 ш로 끝남	→ хоро́шие (절대 ы가 올 수 없음)

Запо́мните! 기억하세요!

러시아어의 모든 변화에 적용되는 철자 규칙 2가지를 반드시 기억해야 합니다. 형용사 변화뿐만 아니라, 명사, 동사 변화에도 적용되기 때문에 앞으로도 계속 등장할 규칙입니다. 꼭 기억해 두세요.

❶ к / г / х / ж / ш / щ / ч 다음에는 -ы / -я / -ю 대신 -и / -а / -у를 사용

❷ ж / ш / щ / ч / ц 다음에는 반드시 강세 있는 -о́만 사용

꿀팁 더하GO!

① 소유 대명사의 주격

앞서 잠깐 언급했듯이, 명사를 꾸며주는 형용사는 명사의 성, 수, 격에 따라 어미가 변합니다. 때문에 명사를 수식하는 성질을 가진 단어는 반드시 해당 개념에 따라 바뀌어야 합니다. 소유 대명사, 지시 형용사, 의문 형용사의 주격 변화형을 함께 살펴봅시다.

	남	여	중	복
나의	мой 모이	моя́ 마야	моё 마요	мои́ 마이
너의	твой 뜨v보이	твоя́ 뜨v바야	твоё 뜨v바요	твои́ 뜨v바이
그의	его́ 이v보			
그녀의	её 이요			
우리의	наш 나쉬	на́ша 나샤	на́ше 나셰	на́ши 나쉬이
당신의	ваш v바쉬	ва́ша v바샤	ва́ше v바셰	ва́ши v바쉬이
그들의	их 이ㅎ			

예
мой брат 모이 브랏 나의 형제 (남성 단수 주격)
моя́ сестра́ 마야 씨스뜨라 나의 자매 (여성 단수 주격)
моё письмо́ 마요 삐쓰모 나의 편지 (중성 단수 주격)
мои́ де́ти 마이 졔찌 나의 아이들 (복수 주격)

Tip 3인칭 소유 대명사 его́ / её / их는 뒤에 어떤 명사가 와도 변하지 않습니다.

예 его́ брат 이v보 브랏 그의 형제
его́ сестра́ 이v보 씨스뜨라 그의 자매
его́ письмо́ 이v보 삐쓰모 그의 편지
его́ де́ти 이v보 졔찌 그의 아이들

2 지시 형용사의 주격

	남	여	중	복
이	э́тот 에땃	э́та 에따	э́то 에따	э́ти 에찌
그, 저	тот 똣	та 따	то 또	те 쩨

> **예** э́тот брат 에땃 브랏   이 형제 (남성 단수 주격)
> э́та сестра́ 에따 씨스뜨라   이 자매 (여성 단수 주격)
> э́то письмо́ 에따 삐쓰모   이 편지 (중성 단수 주격)
> э́ти де́ти 에찌 졔찌   이 아이들 (복수 주격)

3 의문 형용사의 주격

	남	여	중	복
어떤	како́й 까꼬이	кака́я 까까야	како́е 까꼬예	каки́е 까끼예
누구의	чей 췌이	чья 취야	чьё 취요	чьи 취이

> **예** Како́й э́то магази́н? 까꼬이 에따 마가z진   이것은 **어떤 상점**입니까? (남성 단수 주격)
> Кака́я э́то су́мка? 까까야 에따 쑴까   이것은 **어떤 가방**입니까? (여성 단수 주격)
> Како́е э́то зада́ние? 까꼬예 에따 z자다니예   이것은 **어떤 과제**입니까? (중성 단수 주격)
> Каки́е э́то газе́ты? 까끼예 에따 가z졔띄   이것은 **어떤 신문들**입니까? (복수 주격)
>
> Чей э́то брат? 췌이 에따 브랏   이 사람은 **누구의 형제**입니까? (남성 단수 주격)
> Чья э́то сестра́? 취야 에따 씨스뜨라   이 사람은 **누구의 자매**입니까? (여성 단수 주격)
> Чьё э́то пальто́? 취요 에따 빨또   이것은 **누구의 외투**입니까? (중성 단수 주격)
> Чьи э́то де́ти? 취이 에따 졔찌   이 사람들은 **누구의 아이들**입니까? (복수 주격)

Запо́мните! 기억하세요!

형용사는 명사를 꾸미는 품사입니다. 따라서 형용사도 명사에 따라 '남성, 여성, 중성', '단수, 복수', '주격, 생격, 여격, 대격, 조격, 전치격'에 맞추어 형태가 변합니다. 앞으로 러시아어에서 형용사, 명사로 분류되는 품사는 모두 성, 수, 격 변화가 일어나기 때문에 각각의 어미 변화 규칙들을 숙지해서 활용해야 합니다.

실력 높이 GO!

1 주어진 문장을 의미에 맞게 순서대로 나열하세요.

> ❶ Это мой стáрший брат.
> ❷ Как егó зовýт?
> ❸ Егó зовýт Юмúн.
> ❹ Юнá, кто э́то?

// 1 _____

// 2 _____

// 3 _____

// 4 _____

2 괄호 안의 인칭 대명사를 빈칸에 알맞은 형태인 대격으로 바꿔 쓰세요.

// 1 Как _____ зовýт? (онá)

// 2 _____ зовýт Влади́мир. (он)

// 3 Как _____ зовýт? (ты)

3 주어진 명사에 맞는 알맞은 형용사를 골라 보세요.

보기

нóвый 새로운   домáшнее 집의, 가정의

хорóшая 좋은   дóбрые 착한, 좋은

//1 _____ студéнт 학생
//2 _____ пéсня 노래
//3 _____ лю́ди 사람
//4 _____ задáние 과제

4 주어진 단어를 보기와 같이 문법에 맞게 나열하세요.

보기

Э́то / мой / млáдший / сестрá   →   Э́то моя́ млáдшая сестрá.
이 사람은 나의 여동생입니다.

//1 Э́то / егó / си́ний / маши́на

_____ 이것은 그의 파란 자동차입니다.

//2 Э́то / наш / хорóший / учи́тель

_____ 이 사람은 우리의 좋은 선생님입니다.

//3 Э́то / мой / нóвый / пальтó

_____ 이것은 나의 새 코트입니다.

//4 Э́то / их / мáленький / дéти

_____ 이 사람들은 그들의 어린아이들입니다.

정답

❶ ④ Юнá, кто э́то? 유나, 이 사람은 누구야? ① Э́то мой стáрший брат. 이 사람은 나의 오빠야.
   ② Как егó зову́т? 그의 이름은 무엇이니? ③ Егó зову́т Юми́н. 그의 이름은 유민이야.

❷ ① её 그녀의 이름은 무엇입니까? ② Егó 그의 이름은 블라디미르입니다. ③ тебя́ 너의 이름은 무엇이니?

❸ ① нóвый ② хорóшая ③ дóбрые ④ домáшнее

❹ ① Э́то егó си́няя маши́на. ② Э́то наш хорóший учи́тель. ③ Э́то моё нóвое пальтó.
   ④ Э́то их мáленькие дéти.

어휘 늘리GO!

лéксика

🎧 Track 02-03

'семья 가족' 관련 명사

пáпа 빠빠	아빠
мáма 마마	엄마
отéц 아쩨ㅉ	아버지
мать 마ㅉ	어머니
дочь 도취	딸
сын 씬	아들
брат 브랏	형, 오빠, 남동생
сестрá 씨스뜨라	언니, 누나, 여동생
дéдушка 제두쉬까	할아버지
бáбушка 바부쉬까	할머니
внук v브눅	손자
внýчка v브누취까	손녀
дя́дя 쟈쟈	삼촌, 아저씨
тётя 쬬쨔	숙모, 이모, 고모, 아주머니
племя́нник 쁠리먄닉	조카

> **Tip** 'стáрший 스따르쉬 나이가 더 많은 / млáдший 믈라드쉬 나이가 더 어린 /
> двою́родный 드v바유라드늬 사촌의' 등의 형용사를 함께 쓸 수도 있습니다.
>
> 예 стáршая дочь 스따르샤야 도취　　　　　큰딸
> 　　млáдший брат 믈라드쉬 브랏　　　　　남동생
> 　　двою́родная сестрá 드v바유라드나야 씨스뜨라　　사촌 자매

러시아 만나GO!

○ о России

러시아의 결혼식은 어떨까요?

러시아의 결혼 문화는 한국과는 많이 다릅니다. 우리나라처럼 전문 예식장이 따로 있지 않고 일반 레스토랑이나 카페를 빌려서 거의 하루 종일, 길게는 2~3일 동안 결혼식을 진행한답니다. 사실 결혼식이라기보다는 '결혼 파티'가 더 어울리는 표현 같습니다. 러시아인들은 결혼식에 가족들과 정말 친한 친구들만 불러서 맛있는 음식을 먹고 와인을 마시고, 노래하고 춤추며 함께 결혼을 축하하기 때문이죠. 자신의 인생에서 가장 중요한, 그리고 가장 행복한 날을 좋아하는 사람들과 함께 오랫동안 즐기고 축하하고 싶은 마음이 크기 때문인 것 같아요.

우리나라와는 너무 다른 결혼 문화여서 러시아인들도 한국 결혼식을 보면 굉장히 신기해한답니다. 하객들로 북적북적한 예식장은 러시아에서 전혀 볼 수 없는 풍경이기 때문이죠.

여러분이 러시아를 방문했을 때 운이 좋으면 식사를 하러 간 레스토랑 한켠에서 결혼식을 올리는 신혼 부부와 가족, 친구들을 볼 수 있을 거예요. 우리도 신랑, 신부와 함께 춤추고 건배하며 그들의 결혼식을 축하해 주면 어떨까요?

С днём свáдьбы! 쓰드놈 스v바지브 결혼 축하해요!

▲ ЗАГС(가족 관계 등록 기관. 예식 장소까지 갖추고 있는 경우가 대부분)에서 결혼을 신고하고 기념하는 러시아 신혼부부와 하객들

Где вы живёте?

Где вы живёте?

당신은 어디에 살고 있습니까?

▶ 03강

학습 목표
장소 표현을 활용한 대화를 나눌 수 있다.

공부할 내용
전치격의 용법 ❶ 장소 где
동사의 현재 변화형 (1식 동사)
жить 동사 변화형

주요 표현
Где вы живёте?
Где ты рабо́таешь?
Я отдыха́ю до́ма.
Я гуля́ю в па́рке.

◀ 모스크바 크렘린의
'스빠쓰까야 탑 (구세주 탑)'

말문 트 GO!

говори́те

🎧 Track 03-01

💬 **Диало́г 1**

보리스의 집은 트베르스카야 거리에 있고, 딴딴은 학교 기숙사에 삽니다.

Бори́с Танта́н, где ты живёшь?
딴딴 그제 띄. 쥐v뵤쉬

Танта́н Я живу́ в общежи́тии.
야 쥐v부 v밥쉬쥐찌이

Бори́с Где живу́т твои́ роди́тели?
그제 쥐v붓 뜨v바이 라지쩰리

Танта́н В Кита́е в Пеки́не. А ты где?
f프끼따예 f쁘삐끼녜 아 띄 그제

Бори́с Я живу́ на Тверско́й у́лице.
야 쥐v부 나뜨v베르스꼬이 울리쩨

보리스 딴딴, 너는 어디에 살고 있니?

딴딴 나는 기숙사에 살고 있어.

보리스 너의 부모님은 어디에 살고 계시니?

딴딴 중국 베이징에 살고 계셔. 그럼 너는 어디에 (사니)?

보리스 나는 트베르스카야 거리에 살고 있어.

Слова́ **где** 의문 어디에 **жить** 동 살다 **общежи́тие** 명 기숙사 **роди́тели** 명 부모님 **у́лица** 명 거리

🎯 **포인트 잡GO!**

❶ 러시아어에서 장소를 표현할 때 전치사 в 또는 на를 활용합니다. в와 на의 자세한 활용은 문법 다지 GO! 코너에서 자세히 배우겠습니다.

> 예 Я живу́ **в общежи́тии**. 야 쥐v부 v밥쉬쥐찌이 나는 **기숙사에서** 살고 있습니다.
> Я живу́ **на Тверско́й у́лице**. 나는 **트베르스카야 거리에서** 살고 있습니다.
> 야 쥐v부 나뜨v베르스꼬이 울리쩨

❷ Тверска́я у́лица는 모스크바에서 가장 오래된 유명한 길입니다. 붉은 광장과 인접해 있으며, 이 길에는 유명한 호텔이나 상점, 국가 기관 건물들이 있습니다.

🔵 учи́тесь

핵심
배우GO!

1 의문사 где로 장소 표현하기

где 그제 는 '어디에'라는 의미를 나타내는 의문사입니다. '~에 있다'라는 개념의 고정적인 장소를 표현할 때에만
사용할 수 있습니다.

- **Где** ты живёшь? 그제 띄 쥐v뵤쉬   너는 **어디에** 살고 있니?
- **Где** рабо́тают твои́ роди́тели?   너의 부모님은 **어디에서** 일하시니?
  그제 라보따윳 뜨v바이 라지쩰리

2 жить 동사의 불규칙 변화형으로 말하기

жить 쥐ㅉ 동사는 '살다'라는 의미로 쓰이는 자동사입니다. 자동사는 목적어를 동반하지 않는 동사입니다.
жить 동사의 경우 장소를 나타내는 표현과 함께 씁니다. 불규칙 동사 변화를 하는 동사이기 때문에 변화형
에 주의해서 기억해야 합니다.

я	живу́ 쥐v부	мы	живём 쥐v뵴
ты	живёшь 쥐v뵤쉬	вы	живёте 쥐v뵤쩨
он, она́	живёт 쥐v붓	они́	живу́т 쥐v붓

- Я **живу́** в общежи́тии. 야 쥐v부 v밥쉬쥐찌이   나는 기숙사에 **살고 있습니다.**
- Мои́ роди́тели **живу́т** в Кита́е.   나의 부모님은 중국에 **살고 계십니다.**
  마이 라지쩰리 쥐v붓 f프끼따예

🎯 **Обрати́те внима́ние!** 주목하세요!

전치사는 절대 단독으로 쓰이지 않으며 반드시 명사와 함께 씁니다. 따라서 러시아어에서 전치사를 읽을
땐 뒤에 따라오는 명사와 항상 한 단어처럼 읽어 줍니다.

> 예   **В о**бщежи́тии 기숙사에서 (자음+모음을 연이어서 하나의 음가로 발음)
> v브 압쉬쥐찌이 (x) → v밥쉬쥐찌이 (o)
>
> **В К**ита́е **в П**еки́не 중국 베이징에서 (무성음화)
> v브 끼따예 v브 삐끼녜 (x) → f프끼따예 f프삐끼녜 (o)

말문트GO!

🎧 Track 03-02

 Диало́г 2

유나의 오빠는 회사에서 무슨 일을 하나요?

Джулиа́н	**Юна́, где рабо́тает твой брат?** 유나 그졔 라보따옛 뜨v보이 브랏
Юна́	**Он рабо́тает в компа́нии.** 온 라보따옛 f프깜빠니이
Джулиа́н	**Кто он по профе́ссии?** 크또 온 빠쁘라f페씨이
Юна́	**Он перево́дчик.** 온 삐리v봇칙
Джулиа́н	**Сейча́с он где?** 씨챠쓰 온 그졔
Юна́	**Он до́ма.** 온 도마

줄리안 유나, 너의 오빠는 어디에서
　　　 일하니?
유나　 그는 회사에서 일하고 있어.
줄리안 그는 직업이 어떻게 되니?
유나　 그는 번역가야.
줄리안 그는 지금 어디에 있니?
유나　 그는 집에 있어.

Слова́ **рабо́тать** 동 일하다　**компа́ния** 명 회사　**профе́ссия** 명 직업　**перево́дчик** 명 통역사, 번역
가　**сейча́с** 부 지금

 포인트 잡GO!

❶ 러시아어에서 '~에 있다' 동사는 현재 시제에서 생략됩니다.

> **예** Он где? 온 그졔　　　　그는 어디에 (있니)?
> Он до́ма. 온 도마　　　그는 집에 (있어).

1 **장소 부사 до́ма, 장소 표현 в до́ме 구분하여 말하기**

дом은 '공간적 의미로서의 집', '건물을 의미하는 집' 두 가지 의미를 가지고 있습니다. 어떤 의미로 활용되는지에 따라 장소 표현이 달라집니다. 공간적 의미일 땐 до́ма라는 부사로, 건물이나 아파트의 의미일 땐 в до́ме라는 장소 표현으로 구분하여 말해 보세요.

- Где он? 그제 온   그는 어디에 있습니까?
- Он **до́ма**. 온 도마   그는 **집에** 있습니다.

- Где магази́н? 그제 마가z진   가게는 어디에 있습니까?
- **В до́ме** № 4 (но́мер четы́ре). v도몌 노몌르 취뜨리   **4동 (아파트)에** 있습니다.

2 **'по + 여격'으로 말하기**

'по + 여격'은 '~에 따라'라는 의미로 쓰이는 전치사입니다. 따라서 'профе́ссия 직업'과 함께 썼을 때 '직업에 따라'라는 의미로 활용할 수 있습니다. 정식 용법은 좀 더 뒷과에서 배울 예정이며, 우선은 'по профе́ссии'라는 표현 자체를 기억해 두세요.

- Кто он **по профе́ссии?**   그는 직업이 무엇입니까? (그는 **직업에 따르면** 누구입니까?)
  크또 온 빠쁘라f폐씨이

  Tip 러시아인들은 회화에서 по профе́ссии를 생략한 형태로도 많이 말합니다.

  예 Кто он? 크또 온   **그는 직업이 무엇입니까?**

① 일반 명사의 전치격

전치사 **в**, **на**와 함께 명사를 전치격 형태로 쓰면, '~에', '~에서'라는 장소 표현이 됩니다. 또한 의문사 '**где** 어디에'로 물었을 때 답변에서 명사는 반드시 장소 표현인 '**в** / **на** + 전치격' 형태로 말해야 합니다. 우선, 명사의 전치격 어미 규칙을 살펴보겠습니다. 단수 명사는 전치격 자리에 놓였을 때 어미가 **-е** 또는 **-и**로 변합니다. 각각 어떤 경우인지 다음의 표와 예시로 기억하세요.

-е	자음 / й / 남성 명사 ь / а / я / о / е로 끝나는 대부분의 명사
	магази́**н** 마가z진 가게 → в магази́**не** v브마가z지녜 가게에서
	Кор**éя** 까례야 한국 → в Кор**éе** f프까례예 한국에서
	óзер**о** 오z제라 호수 → на óзер**е** 나오z제례 호수에서
-и	① 여성 명사 **-ь**
	пло́щад**ь** 쁠로쉬ㅉ 광장 → на пло́щад**и** 나쁠로쉬지 광장에서
-ии	② 남성 **-ий** / 여성 **-ия** / 중성 **-ие** 명사
	санато́р**ий** 요양원 → в санато́р**ии** 요양원에서
	싸나또리이 f프싸나또리이
	Росс**и́я** 라씨야 러시아 → в Росс**и́и** v브라씨이 러시아에서
	общежи́т**ие** 기숙사 → в общежи́т**ии** 기숙사에서
	압쉬쥐찌예 v밥쉬쥐찌이

장소 전치사 в, на

전치사 **в**는 경계가 확실한 공간, 전치사 **на**는 경계가 불확실한 공간이라는 점 기억하세요. 반드시 장소에 따라 구분해서 써야 합니다.

в	① ~안에
	стол 스똘 책상 → **в** сто**лé** f프쓰딸례 책상 서랍 **안에**
	② 행정 구역 (국가, 도시 등)
	Москва́ 모스크바 → **в** Москв**é** 모스크바**에서**
	마스끄v바 v브마스끄v볘
	③ 건물, 기관
	университе́т 대학교 → **в** университе́т**е** 대학교**에서**
	우니v비르씨쩻 v부니v비르씨쩨쩨

грамма́тика

на	① ~위에	
	стол 스똘 책상	→ **на** столé 나스딸례 책상 **위에**
	② 자연 환경 (산, 바다, 섬, 호수 등)	
	óстров 섬 오스뜨라f프	→ **на** óстровe 섬에서 나오스뜨라v베
	③ 방위	
	востóк 동쪽 v 바스똑	→ **на** востóкe 동쪽에서 나v바스또꼐
	④ 사건, 행사	
	концéрт 콘서트 깐쩨르뜨	→ **на** концéртe 콘서트**에서** 나깐쪠르쩨

2 동사의 현재 시제 - 1식 변화 동사

러시아어에서는 주어에 따라 동사의 어미를 바꾸어 활용합니다. 그중 동사 원형의 어미가 '-ать / -ять'로 끝나는 동사를 1식 변화 동사라고 분류합니다. 1식 동사의 변화 규칙을 살펴봅시다.

1식 변화 동사 (-ать / -ять) 규칙: 어미 -ть를 떼고 주어에 해당하는 어미를 붙임.			
рабóтать 라보따ㅉ 일하다 (어미 -ть를 제외 / 어근 **рабóта-**에 어미 붙임.)			
я	рабóта**ю** 라보따유	**мы**	рабóта**ем** 라보따옘
ты	рабóта**ешь** 라보따예쉬	**вы**	рабóта**ете** 라보따예쩨
он, онá	рабóта**ет** 라보따옛	**они**	рабóта**ют** 라보따윳

> **Tip** 'знать z즈나ㅉ 알다', 'понимáть 빠니마ㅉ 이해하다'와 같은 다른 1식 동사도 동일하게 어미 -ть를 떼고 해당하는 어미를 붙여 바꿀 수 있습니다.

🎯 Запóмните! 기억하세요!

건물임에도 불구하고 예외적으로 на를 쓰는 명사들이 있습니다.

예	завóд z자v봇	공장	→ **на** завóдe 나z자v보제	공장**에서**
	вокзáл v바그z잘	역	→ **на** вокзáлe 나v바그z잘례	역**에서**
	пóчта 뽀취따	우체국	→ **на** пóчтe 나뽀취쩨	우체국**에서**
	стадиóн 스따지온	경기장	→ **на** стадиóнe 나스따지오녜	경기장**에서**

꿀팁 더하GO!

플류스ы

장소 표현에서 함께 알아 두면 좋은 표현들을 배워 봅시다.

1 어미가 -у로 변하는 장소 표현

전치사 в / на 다음 단수 명사가 놓였을 땐 어미가 -е / -и로 바뀐다고 배웠습니다. 그러나 남성 명사 중 일부가 в / на 다음에 어미가 -у로 변하는 예외적인 경우가 있습니다. 이때 강세가 항상 어미인 -ý에 존재하기 때문에 발음이 변하는 경우가 있으므로 주의해야 합니다.

주격	장소 где	
сад 쌑 정원	в саде (х)	→ в садý (о) f프싸두 정원에서
лес 례쓰 숲	в лесе (х)	→ в лесý (о) v블리쑤 숲에서
мост 모스뜨 다리	на мосте (х)	→ на мостý (о) 나마스뚜 다리에서
пол 뽈 바닥	на поле (х)	→ на полý (о) 나빨루 바닥에서
аэропóрт 아에라뽀르뜨 공항	в аэропорте (х)	→ в аэропортý (о) v바에라빠르뚜 공항에서

전치격에서 전치사 в, на 다음에 어미가 -ý로 변하면서 강세가 어미에 위치하는 남성 명사는 'бéрег 기슭 → на берегý 기슭에서', 'ýгол 구석, 코너 → в углý (방) 구석에서 / на углý (길) 코너에서' 등 더 있지만, 다소 어려운 어휘가 많기 때문에 지금은 기본적인 어휘 위주로 기억하세요.

2 '장소 где'와 함께 쓸 수 있는 동사

'~에서'라는 의미로 쓰이는 장소 где 표현과 함께 자주 사용되는 동사들을 알아봅시다.

учи́ться 우취짜 재학 중이다		гуля́ть 굴럇ㅉ 산책하다	
я	учýсь 우추ㅆ	я	гуля́ю 굴랴유
ты	ýчишься 우취쉬샤	ты	гуля́ешь 굴랴예쉬
он, она́	ýчится 우취짜	он, она́	гуля́ет 굴랴옛
мы	ýчимся 우침샤	мы	гуля́ем 굴랴옘
вы	ýчитесь 우취쩨ㅆ	вы	гуля́ете 굴랴예쩨
они́	ýчатся 우챠짜	они́	гуля́ют 굴랴윳

отдыха́ть 아듸하ㅉ 쉬다, 휴식하다		занима́ться z자니마짜 자습하다, 독학하다	
я	отдыха́ю 아듸하유	я	занима́юсь z자니마유ㅆ
ты	отдыха́ешь 아듸하예쉬	ты	занима́ешься z자니마예쉬쌰
он, она́	отдыха́ет 아듸하옛	он, она́	занима́ется z자니마예짜
мы	отдыха́ем 아듸하옘	мы	занима́емся z자니마옘쌰
вы	отдыха́ете 아듸하예쩨	вы	занима́етесь z자니마예쩨ㅆ
они́	отдыха́ют 아듸하윳	они́	занима́ются z자니마유짜

이 외에도, '~에서 ~을(를) 하다'라는 의미의 동사 다음에는 장소 где 표현이 함께 쓰인다는 점을 꼭 기억해 두세요.

예	**Я учу́сь в** университе́те. 야 우추ㅆ v부니v비르씨쩨쩨	나는 대학교에 재학 중입니다.
	Я гуля́ю в па́рке. 야 굴랴유 f프빠르께	나는 공원에서 산책합니다.
	Я отдыха́ю на о́зере. 야 아듸하유 나오z제례	나는 호수에서 쉬고 있습니다.
	Я занима́юсь до́ма. 야 z자니마유ㅆ 도마	나는 집에서 공부합니다.

 Запо́мните! 기억하세요!

장소 где는 고정적인 의미를 가진 장소 표현입니다. 그렇기 때문에 '~에서 살다 / 일하다 / 밥을 먹다 / 공부 하다 ... ' 등 '~에서' 이루어지는 행위와 관련된 동사들과 함께 쓸 수 있습니다. 반면 장소를 나타내되 방향성 을 내포하는 '어디로', '어디에서부터'라는 표현은 'в / на + 전치격'과 함께 쓸 수 없습니다. 방향성을 뜻하는 장소 표현은 좀 더 뒷과에서 공부하겠습니다.

실력 높이 GO!

упражнéния

---

1 주어진 문장을 의미에 맞게 순서대로 나열하세요.

❶ Юнá, где рабóтает твой брат?
❷ Кто он по профéссии?
❸ Он перевóдчик.
❹ Он рабóтает в компáнии.

// 1 _____

// 2 _____

// 3 _____

// 4 _____

---

2 한국어 해석에 맞는 알맞은 의문사를 쓰세요.

// 1 그는 직업이 무엇입니까? _____ он по профéссии?

// 2 당신은 어디에 살고 있습니까? _____ вы живёте?

---

3 빈칸에 전치사 в 와 на 중 알맞은 것을 써 넣으세요.

// 1 Я живý _____ общежи́тии.

// 2 Студéнты отдыхáют _____ плóщади.

//3 Брат у́чится _____ шко́ле.

//4 Па́па рабо́тает _____ по́чте.

4 주어에 맞는 동사 현재 변화 어미를 써 넣으세요.

//1 Я гуля́ _____ в па́рке.

//2 Роди́тели отдыха́ _____ на мо́ре.

//3 Мы рабо́та _____ в компа́нии.

//4 Где вы рабо́та _____ ?

5 주어진 명사를 장소 전치격 형태로 알맞게 바꿔 보세요.

//1 Я учу́сь в _____ (университе́т)

//2 Бори́с живёт в _____ (Росси́я)

//3 Ма́ма отдыха́ет в _____ (сад)

//4 Сейча́с па́па _____ (дом)

정답

❶ ④ Юна́, где рабо́тает твой брат? 유나, 너의 오빠는 어디에서 일하니? ④ Он рабо́тает в компа́нии. 그는 회사에서 일하고 있어. ② Кто он по профе́ссии? 그는 직업이 어떻게 되니? ③ Он перево́дчик. 그는 번역가야.

❷ ① Кто ② Где

❸ ① в 나는 기숙사에 살고 있습니다. ② на 학생들이 광장에서 쉬고 있습니다. ③ в 남동생은 학교에 다닙니다. ④ на 아빠는 우체국에서 일합니다.

❹ ① ю 나는 공원에서 산책을 합니다. ② ют 부모님은 바다에서 쉬고 있습니다. ③ ем 우리는 회사에서 일합니다. ④ ете 당신은 어디에서 일합니까?

❺ ① университе́те 나는 대학교에 다닙니다. ② Росси́и 보리스는 러시아에 살고 있습니다. ③ саду́ 엄마는 정원에서 쉬고 있습니다. ④ до́ма 지금 아빠는 집에 있습니다.

어휘 늘리GO!

🎧 Track 03-03

 여러 국가와 수도의 명칭

국가		수도	
Росси́я 라씨야	러시아	Москва́ 마스끄v바	모스크바
Коре́я 까례야	한국	Сеу́л 씨울	서울
Кита́й 끼따이	중국	Пеки́н 삐낀	베이징
Япо́ния 이쁘니야	일본	То́кио 또끼오	도쿄
Аме́рика 아메리까	미국	Вашингто́н v바쉰똔	워싱턴
Фра́нция f프란찌야	프랑스	Пари́ж 빠리쉬	파리
Испа́ния 이스빠니야	스페인	Мадри́д 마드리드	마드리드
А́нглия 안글리야	영국	Ло́ндон 론돈	런던
Герма́ния 기르마니야	독일	Берли́н 비를린	베를린

위의 어휘들과 이번 과에서 배운 장소 전치격 표현을 활용하여 '~에(서)' 라는 표현을 말할 수 있습니다.

> **예** Я живу́ **в Пари́же**. 야 쥐v부 f프빠리줴 나는 **파리에** 살고 있습니다.
> Я рабо́таю **в Мадри́де**. 야 라보따유 v브마드리제 나는 **마드리드에서** 일합니다.
> Я учу́сь **в А́нглии**. 야 우추ㅆ v반글리이 나는 **영국에서** 유학 중입니다.
> Юна́ отдыха́ет в То́кио. 유나 아듸하옛 f프또끼오
> 유나는 **도쿄에서** 휴가를 보내고 있습니다.

> **Tip** То́кио 또끼오 도쿄는 외래 불변 명사이기 때문에 어떤 경우에도 절대 격 변화가 일어나지 않습니다.

러시아 만나GO!

모스크바 vs 상트페테르부르크

러시아를 대표하는 도시를 꼽자면 수도인 '모스크바 Москва'뿐만 아니라 '상트페테르부르크 Санкт-Петербу́рг'를 많이 떠올릴 거예요. 두 도시 모두 러시아에서 가장 크고 유서 깊은 도시인데요, 사실 러시아에서는 상트페테르부르크를 두 번째 수도라고 부른답니다. 그 이유는 제정 러시아 시기 한때 상트페테르부르크가 수도였기 때문이죠. 상트페테르부르크는 러시아의 유명한 황제 표트르 1세가 러시아에서 유럽으로 향하는 길목을 내기 위해 만든 도시입니다. 독일과 이탈리아의 건축가들을 초빙해서 건설한 도시여서인지, 굉장히 화려한 유럽 도시의 느낌이 많이 나는 곳이에요. 제정 러시아가 몰락하고 소비에트 정권이 들어서면서 수도는 다시 모스크바가 되었지만, 러시아의 가장 전성기 시절 수도가 바로 상트페테르부르크이기 때문에 아직도 많은 사람들이 이 도시를 또 다른 수도라고 여긴답니다.

러시아의 느낌이 물씬 풍기는 수도 모스크바, 화려했던 제정 러시아를 느낄 수 있는 낭만의 도시 상트페테르부르크 전혀 다른 느낌의 두 도시를 방문해 비교해 보면 어떨까요?

Добро́ пожа́ловать в Росси́ю! 러시아에 온 것을 환영합니다!

다브로 빠좔라v바ㅉ   v브라씨유

▲ 상트페테르부르크 네바강에서 바라보는 성이삭 대성당

Что вы де́лаете?

Уро́к

04

Что вы де́лаете?

당신은 무엇을 하고 있나요?

▶ 04강

ゝ **학습 목표**

목적어를 활용해 누가 무엇을 하는지 묻고
답할 수 있다.

ゝ **공부할 내용**

명사의 대격
동사의 현재 변화형 (2식 동사)

ゝ **주요 표현**

Что ты де́лаешь?
Я смотрю́ фильм.
Я чита́ю рома́н.
Я слу́шаю му́зыку.

◀ 모스크바 국제 비즈니스 센터(모스크바시티)

말문 트GO!

говори́те

🎧 Track 04-01

💬 Диало́г 1

율리야는 소설을 읽고, 유민은 영화를 봅니다. 유나는 무엇을 하고 있나요?

Ю́лия   **Юми́н, что вы де́лаете?**
　　　　 유민　　쉬또　v븨　젤라예쩨

Юми́н   **Я смотрю́ фильм. А вы?**
　　　　 야　스마뜨류　f필름　아　v븨

Ю́лия   **А я чита́ю рома́н.**
　　　　 아 야　취따유　라만

　　　　 Что де́лает ва́ша сестра́?
　　　　 쉬또　젤라옛　v바샤　씨쓰뜨라

Юми́н   **Она́ слу́шает му́зыку.**
　　　　 아나　슬루샤옛　무z직꾸

율리야 유민, 당신은 무엇을 하고
　　　 있나요?
유민　 나는 영화를 보고 있어요.
　　　 당신은요?
율리야 나는 소설을 읽고 있어요. 당신
　　　 여동생은 무엇을 하고 있나요?
유민　 그녀는 음악을 듣고 있어요.

Слова́   **де́лать** 동 하다 **смотре́ть** 동 보다 **фильм** 명 영화 **чита́ть** 동 읽다 **слу́шать** 동 듣다

🎯 포인트 잡GO!

❶ 인칭 대명사 вы는 존칭을 나타내는 '당신'이라는 의미와 '너희들', '여러분'이라는 복수형의 의미를 가지고 있습니다.

> 예 **Юми́н**, что **вы** де́лаете? 유민 쉬또 v븨 젤라예쩨　　**유민, 당신은** 무엇을 하고 있나요?
> **Де́ти**, что **вы** де́лаете? 제찌 쉬또 v븨 젤라예쩨　　**얘들아, 너희는** 무엇을 하고 있니?

❷ сестра́는 여성 단수 주격 명사이기 때문에 소유 대명사도 여성 단수 주격 형태인 ва́ша와 함께 씁니다.

학심
배우GO!

учи́тесь

1 '의문사 что + де́лать 동사'로 무엇을 하는지 묻기

де́лать 젤라ㅉ 동사는 '~을(를) 하다', '만들다'라는 의미의 동사입니다. 의문사 'что 무엇'와 함께 활용하여 상대방이 무엇을 하는지 물어볼 수 있습니다.

- **Что** вы **де́лаете**? 쉬또 v븨 젤라예쩨   당신은 **무엇을 하고 있나요?**

- **Что де́лает** ва́ша сестра́?   당신 여동생은 **무엇을 하고 있나요?**
  쉬또 젤라옛 v바샤 씨스뜨라

2 의문문의 주어에 따라 동사 위치 다르게 말하기

러시아어의 의문문(의문사 + 주어 + 동사만 있는 경우)에서 주어가 인칭 대명사인지 일반 명사인지에 따라, 주어와 동사의 위치가 달라집니다.

- 주어가 인칭 대명사일 때: 의문사 + 주어 + 동사

  예 Что ты де́лаешь? 쉬또 띄 젤라예쉬   너는 무엇을 하고 있니?

- 주어가 일반 명사일 때: 의문사 + 동사 + 주어

  예 Что де́лают роди́тели? 쉬또 젤라윳 라지쩰리   부모님은 무엇을 하고 있나요?

🎯   **Обрати́те внима́ние!** 주목하세요!

러시아어에서 명사로 분류되는 단어는 무조건 격 변화를 합니다. 따라서 의문 대명사인 кто나 что도 위치에 따라 형태가 달라지는데요. 무엇이라는 의미인 что는 주어와 목적어 형태가 동일합니다. что의 주격과 대격을 제외하면 кто와 что가 위치에 따라 모두 변화합니다. 나머지 변화형은 좀 더 뒷과에서 살펴보겠습니다.

> **예** **Что** э́то? 쉬또 에따   이것은 **무엇입니까?** (주격 - 주어 역할)
>
> **Что** ты де́лаешь? 쉬또 띄 젤라예쉬   너는 **무엇을** 하고 있니? (대격 - 목적어 역할)

🎧 Track 04-02

💬 **Диало́г 2**

보리스의 취미는 발레 감상과 그림 그리기입니다. 유나의 취미는 무엇일까요?

Бори́с	**Юна́, что ты обы́чно де́лаешь?** 유나 쉬또 띄 아븨취나 젤라예쉬
Юна́	**Я смотрю́ телеви́зор и чита́ю стихи́.** 야 스마뜨류 찔리v비z자르 이 취따유 스찌히
	А ты? 아 띄
Бори́с	**А я ча́сто смотрю́ бале́т в теа́тре.** 아 야 챠스따 스마뜨류 발렛 f프찌아뜨례
Юна́	**А что ещё?** 아 쉬또 이쑈
Бори́с	**Я рису́ю карти́ны.** 야 리쑤유 까르찌늬
	Я о́чень хорошо́ рису́ю. 야 오췬 하라쇼 리쑤유

보리스 유나, 너는 보통 무엇을 하니?
유나 나는 텔레비전을 보고 시를 읽어.
　　 그러면 너는?
보리스 나는 극장에서 발레를 자주 봐.
유나 그리고 또 무엇을 (하니)?
보리스 나는 그림을 그려.
　　 나는 (그림을) 엄청 잘 그려.

Слова́ обы́чно 부 보통, 보편적으로　телеви́зор 명 텔레비전　ещё 부 또한, 아직　рисова́ть 동 그리다
карти́на 명 그림

🎯 **포인트 잡GO!**

❶ 러시아어에도 존댓말과 반말이 존재합니다. 인칭대명사 вы가 '당신'이라는 존칭 표현이었다면, ты는
'너'라는 반말을 의미하며 친한 사이에서 쓸 수 있는 표현입니다.

　　 예 ▶ **Юна́, что ты** обы́чно де́лаешь? **유나, 너는** 보통 무엇을 하니?
　　　　유나 쉬또 띄 아븨취나 젤라예쉬

учи́тесь 핵심 배우GO!

① 빈도 부사 обы́чно, ча́сто 활용하기

앞서 배웠던 '무엇을 하다'라는 표현과 함께 'обы́чно 보통, 보편적으로', 'ча́сто 자주'와 같은 빈도 부사를 활용하여 주로 무엇을 하는지, 자주 하는 행동은 무엇인지도 말할 수 있습니다.

- **Что ты обы́чно де́лаешь?**
  쉬또 띄 아븨취나 졜라예쉬

  너는 **보통** 무엇을 하니?

- **Я ча́сто смотрю́ бале́т в теа́тре.**
  야 챠스따 스마뜨류 발롓 f프찌아뜨례

  나는 극장에서 발레를 **자주** 봐.

② -овать / -евать 동사 변화형 말하기

원형이 -овать나 -евать로 끝나는 동사는 살짝 변형된 1식 동사입니다. 우리가 알고 있는 규칙대로 어미 -ть만 떼고 바꾸는 것이 아니라, -овать 또는 -евать 전체를 다 뗀 다음 해당 어미를 붙여 줍니다. 또한 어미도 기존 1식 동사의 어미와는 조금 다르니, 주의해서 기억하세요.

рисова́ть 리싸바ㅉ **그리다**		танцева́ть 딴쩨v바ㅉ **춤추다**	
я	рису́ю 리쑤유	я	танцу́ю 딴쭈유
ты	рису́ешь 리쑤예쉬	ты	танцу́ешь 딴쭈예쉬
он, она́	рису́ет 리쑤옛	он, она́	танцу́ет 딴쭈옛
мы	рису́ем 리쑤옘	мы	танцу́ем 딴쭈옘
вы	рису́ете 리쑤예쩨	вы	танцу́ете 딴쭈예쩨
они́	рису́ют 리쑤윳	они́	танцу́ют 딴쭈윳

🎯 **Обрати́те внима́ние! 주목하세요!**

부사 ещё는 '또한' 말고도 '아직'이라는 의미로 쓸 수 있습니다. 문장에 따라 다른 의미로 쓰인다는 점을 기억해 두세요.

예 Что **ещё**? 쉬또 이쑈
또한 무엇이 있니?

Я **ещё** не зна́ю. 야 이쑈 니z즈나유
나는 **아직** 모릅니다.

1 일반 단수 명사의 대격

타동사 뒤에 따라오는 직접 목적어 '~을(를)'을 표현할 때 쓰는 격이 바로 대격입니다. 단수 명사의 대격은 남성 명사와 중성 명사가 같은 규칙에 따라 바뀌고, 여성 명사는 단독으로 바뀝니다.

		남성 활동체
남성 / 중성	-а	① 자음으로 끝나는 남성 명사 **예** Бори́с Я зна́ю Бори́са. 야 z즈나유 바리싸 나는 **보리스를** 압니다.
	-я	② й / ь 로 끝나는 남성 명사 **예** Серге́й Я зна́ю Серге́я. 야 z즈나유 씨르게야 나는 **세르게이를** 압니다. **예** учи́тель Я зна́ю учи́теля. 야 z즈나유 우취쩰랴 나는 **선생님을** 압니다.
		남성 / 중성 비활동체
	주격과 동일	**예** журна́л Я чита́ю **журна́л**. 야 취따유 쥬르날 나는 **잡지를** 읽습니다. **예** письмо́ Я чита́ю **письмо́**. 야 취따유 삐쓰모 나는 **편지를** 읽습니다.
		어미에 따라 변화
여성	-у	① а로 끝나는 여성 명사 **예** кни́га Я чита́ю кни́гу. 야 취따유 끄니구 나는 **책을** 읽습니다.
	-ю	② я로 끝나는 여성 명사 **예** Мари́я Я зна́ю Мари́ю. 야 z즈나유 마리유 나는 **마리야를** 압니다.
	-ь	③ ь로 끝나는 여성 명사 **예** дочь Я люблю́ дочь. 야 류블류 도취 나는 **딸을** 사랑합니다.

② 동사의 현재 시제 - 2식 변화 동사

앞서 1식 변화 동사를 살펴보았는데요. -ать / -ять로 끝나는 1식 동사와는 달리 동사 원형의 어미가 **-ить** / **-еть**로 끝나는 동사를 2식 변화 동사라고 분류합니다. 2식 동사 규칙은 어떻게 되는지 살펴보겠습니다.

2식 변화 동사 (-ить / -еть)			
어미 -ить / -еть를 떼고 주어에 해당하는 어미를 붙임.			

говор**и́ть** 가v바리ㅉ 말하다 (어미 -ить를 제외 / 어근 **говор-** 어미 붙임.)			
я	говор**ю́** 가v바류	мы	говор**и́м** 가v바림
ты	говор**и́шь** 가v바리쉬	вы	говор**и́те** 가v바리쩨
он, она́	говор**и́т** 가v바릿	они́	говор**я́т** 가v바럇

> **Tip** к / г / х / ж / ш / щ / ч 다음에는 발음상의 이유로 절대 -ы / -я / -ю를 쓸 수 없고, 대신 발음이 비슷한 -и / -a / -y 를 써야 하는 철자 규칙을 앞서 배웠습니다. 따라서 어미 -ить / -еть를 제외하면 어간에 자음이 남는 2식 동사에서는 해당 자음으로 어간이 끝났을 때 주어가 я 일 때는 어미가 -ю 대신 -y를, 주어가 они́ 일 때는 어미가 -ят 대신 -ат가 되는 경우가 있습니다.

спеш**и́ть** 스삐쉬ㅉ 서두르다 (어미 -ить를 제외 / 어근 **спеш-** 어미 붙임.)			
я	спеш**у́** 스삐슈	мы	спеш**и́м** 스삐쉼
ты	спеш**и́шь** 스삐쉬쉬	вы	спеш**и́те** 스삐쉬쩨
он, она́	спеш**и́т** 스삐싯	они́	спеш**а́т** 스삐샷

Запо́мните! 기억하세요!

대격에서는 남성, 중성 명사만 활동체 / 비활동체 여부에 따라 형태가 달라집니다. 여성 명사는 활동체 / 비활동체 여부와는 상관없이 어미에 따라 변합니다.

예	студе́н**т** 대학생 (남성 주격 / 활동)	→ Я зна́ю студе́нт**а**. 나는 **대학생 (남)**을 압니다.
		야 z즈나유 스뚜젠따
	журна́**л** 잡지 (남성 주격 / 비활동)	→ Я чита́ю журна́**л**. 나는 **잡지를** 읽습니다.
		야 취따유 쥬르날
	студе́нтк**а** 대학생 (여성 주격 / -a)	→ Я зна́ю студе́нтк**у**. 나는 **대학생 (여)**을 압니다.
		야 z즈나유 스뚜젠뜨꾸
	кни́г**а** 책 (여성 주격 / -a)	→ Я чита́ю кни́г**у**. 나는 **책을** 읽습니다.
		야 취따유 끄니구

플**юс**ы

꿀팁 더하GO!

1 일반 복수 명사의 대격

복수 명사는 남성 / 여성 / 중성 명사 모두 활동체(활성 명사)인지 비활동체(불활성 명사)인지 여부에 따라 달라집니다. 활성 명사의 복수 대격 변화형은 아주 복잡하기 때문에, 우선 비활동체 명사의 복수 대격 변화형을 숙지합시다.

복수 비활동체		
복수	**복수 주격과 동일**	**예** журна́л**ы**
		Я чита́ю журна́л**ы**. 야 취따유 쥬르날릐 나는 **잡지들을** 읽습니다.
		예 кни́г**и**
		Я чита́ю кни́г**и**. 야 취따유 끄니기 나는 **책들을** 읽습니다.
		예 пи́сьм**а**
		Я чита́ю пи́сьм**а**. 야 취따유 삐씨마 나는 **편지들을** 읽습니다.

Tip 복수 활동체가 대격 자리에 놓이면 복수 생격의 어미를 빌려 와서 표현할 수 있습니다. 복수 생격 규칙은 명사 격 변화 중 가장 복잡하기 때문에, 뒷과에서 살펴보도록 하겠습니다.

2 직접 목적어 대격과 함께 쓸 수 있는 동사

직접 목적어와 함께 사용되는 타동사들을 다음의 표와 예문으로 알아봅시다.

изуча́ть 이z주챠ᄍ 배우다, 공부하다		зна́ть z즈나ᄍ 알다	
я	изуча́ю 이z주챠유	я	зна́ю z즈나유
ты	изуча́ешь 이z주챠예쉬	ты	зна́ешь z즈나예쉬
он, она́	изуча́ет 이z주챠옛	он, она́	зна́ет z즈나옛
мы	изуча́ем 이z주챠옘	мы	зна́ем z즈나옘
вы	изуча́ете 이z주챠예쩨	вы	зна́ете z즈나예쩨
они́	изуча́ют 이z주챠윳	они́	зна́ют z즈나윳

понима́ть 빠니마쯔 **이해하다**		смотре́ть 스마뜨레쯔 **보다**	
я	понима́ю 빠니마유	я	смотрю́ 스마뜨류
ты	понима́ешь 빠니마예쉬	ты	смо́тришь 스모뜨리쉬
он, она́	понима́ет 빠니마옛	он, она́	смо́трит 스모뜨릿
мы	понима́ем 빠니마옘	мы	смо́трим 스모뜨림
вы	понима́ете 빠니마예쪠	вы	смо́трите 스모뜨리쪠
они́	понима́ют 빠니마윳	они́	смо́трят 스모뜨럇

> **예** Я изуча́ю исто́рию. 야 이z주챠유 이스또리유 — 나는 역사를 배웁니다.
> Я хорошо́ зна́ю Бори́са. 야 하라쇼 z즈나유 바리싸 — 나는 보리스를 잘 압니다.
> Я не понима́ю сестру́. 야 니빠니마유 씨스뜨루 — 나는 여동생을 이해 못합니다.
> Я смотрю́ фильм. 야 스마뜨류 f필름 — 나는 영화를 봅니다.

Запо́мните! 기억하세요!

-ть로 끝나는 동사 중 절반 이상은 대격을 수반하는 타동사입니다. 하지만 한국어 해석과 헷갈려 대격과 다른 격을 혼동할 수 있는 동사들이 있기 때문에, 반드시 주의해서 암기해야 합니다. 'спра́шивать 스쁘라쉬v바쯔 + 대격(사람)'을 '~에게 질문하다' 구문으로 기억해 두세요.

> **예** Я спра́шиваю студе́нта. 나는 학생에게 (대격으로 표현) 질문합니다.
> 야 스쁘라쉬v바유 스뚜젠따

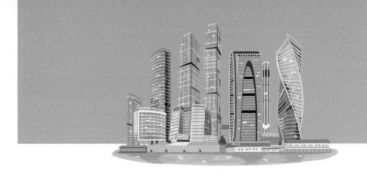

📍 упражнéния

---

1 주어진 문장을 의미에 맞게 순서대로 나열하세요.

> ❶ А я читáю ромáн.
> ❷ Я смотрю́ фильм.
> ❸ Что вы дéлаете?
> ❹ А вы?

// 1 _____

// 2 _____

// 3 _____

// 4 _____

---

2 다음 중 질문에 맞는 알맞은 문장을 모두 고르세요.

Что вы дéлаете?
당신은 무엇을 하고 있습니까?

> ❶ А ещё?
> ❷ Я смотрю́ фильм.
> ❸ Я читáю ромáн.
> ❹ Я хорошó рису́ю.

---

3 주어진 단어를 의미상 알맞은 순서로 나열하여 문장으로 만드세요.

// 1 óчень / хорошó / я / рису́ю

_____ .

《2 телеви́зор / смотрю́ / и / я / чита́ю / стихи́

_____ .

4 주어진 명사를 목적어 대격 형태로 알맞게 바꿔 보세요.

《1 Я изуча́ю _____ . (литерату́ра)

《2 Юна́ хорошо́ зна́ет _____ . (Бори́с)

《3 Юми́н и Ю́лия смо́трят _____ . (бале́т)

《4 Танта́н чита́ет _____ . (стихи́)

5 'говори́ть 말하다' / 'смотре́ть보다' 동사를 주어에 맞게 어미를 바꿔 쓰세요.

《1 Я смотр_____ сериа́л.

《2 Роди́тели хорошо́ говор_____ по-ру́сски.

《3 Мы пло́хо говор_____ по-коре́йски.

《4 Бори́с смотр_____ фильм?

정답

❶ ③ Что вы де́лаете? 당신을 무엇을 하고 있나요? ② Я смотрю́ фильм. 나는 영화를 보고 있어요. ④ А вы?
그러면 당신은요? ① А я чита́ю рома́н. 나는 소설을 읽고 있어요.

❷ ① Я смотрю́ фильм. 나는 영화를 보고 있어요. ③ Я чита́ю рома́н. 나는 소설을 읽고 있어요.

❸ ① Я о́чень хорошо́ рису́ю.
나는 (그림을) 엄청 잘 그려.
② Я смотрю́ телеви́зор и чита́ю стихи́. / Я чита́ю стихи́ и смотрю́ телеви́зор.
나는 텔레비전을 보고 시를 읽어. / 나는 시를 읽고 텔레비전을 봐.

❹ ① литерату́ру 나는 문학을 배웁니다. ② Бори́са 유나는 보리스를 잘 압니다. ③ бале́т 유민과 율리야는 발레
를 봅니다. ④ стихи́ 딴딴은 시를 읽습니다.

❺ ① ю́ 나는 드라마를 시청합니다. ② я́т 부모님은 러시아어로 말을 잘합니다. ③ и́м 우리는 한국어로 말을 잘 못
합니다. ④ ит 보리스는 영화를 보고 있나요?

🎧 Track 04-03

취미, 여가 활동 관련된 표현

читáть 취따ㅉ	~을(를) 읽다

Я читáю кни́гу / ромáн / стихи́. 야 취따유 끄니구 / 라만 / 스찌히
나는 책을 / 소설을 / 시를 읽습니다.

слу́шать 슬루샤ㅉ	~을(를) 듣다

Я слу́шаю му́зыку / пе́сню / концéрт. 야 슬루샤유 무z직꾸 / 뻬스뉴 / 깐쩨르뜨
나는 음악을 / 노래를 / 콘서트를 들어요.

смотрéть 스마뜨례ㅉ	~을(를) 보다

Я смотрю́ фильм / сериáл / балéт. 야 스마뜨류 f필름 / 씨리알 / 발롓
나는 영화를 / 드라마를 / 발레를 봅니다.

игрáть 이그라ㅉ	운동, 게임하다 (**в** + 대격)
	연주하다 (**на** + 전치격)

Я игрáю в тéннис / в компью́терные и́гры. 야 이그라유 f프떼니스 / f프깜쀼유떼르늬예 이그릐
나는 테니스를 / 컴퓨터 게임을 합니다.

Я игрáю на пиани́но / на гитáре. 야 이그라유 나삐아니나 / 나기따례
나는 피아노를 / 기타를 연주합니다.

катáться 까따짜	~을(를) 타다 (**на** + 전치격)

Я катáюсь на лыжáх / на конькáх. 야 까따유ㅆ 날릐쟈ㅎ / 나깐까ㅎ
나는 스키를 / 스케이트를 탑니다.

занимáться z자니마짜	~을(를) 하다 (조격)

Я занимáюсь спóртом / йóгой. 야 z자니마유ㅆ 스뽀르땀 / 이요가이
나는 운동을 / 요가를 합니다.

아직 안 배운 표현이나 격이 있지만, 문장 자체를 통으로 여러 번 말하며 자연스럽게 외워 보세요.

러시아 만나GO!

러시아 식 사우나, 'ба́ня 바냐'

추운 나라 중 목욕과 사우나 문화가 발달한 곳이 많습니다. 추위로 유명한 러시아도 그들만의 사우나 문화가 있습니다. 러시아 식 사우나를 바로 'ба́ня 바냐'라고 부릅니다. 요즘 대도시에서는 잘 찾아볼 수 없지만, 지방에서는 아직까지도 사랑받는 러시아인들의 여가 생활 중 하나입니다. 바냐는 뜨겁게 달군 돌에다 물을 끼얹어 수증기를 쐬는 방식의 사우나로, 러시아인들은 바냐 안에서 자작나무로 만든 빗자루로 몸 여기저기를 두드리며 노폐물을 배출하기도 합니다.

바냐와 관련한 재밌는 표현이 하나 있습니다. 러시아인들은 바냐에서 나온 후에는 항상 서로 'С лёгким па́ром!'이라고 말합니다. 직역하면 '가벼운 증기를 축하해!'라는 다소 엉뚱한 표현으로 느껴질 수 있는데, 예전에는 바냐 안을 데우는 과정에서 나오는 유해 물질 때문에 내부의 수증기가 너무 뜨겁고 탁해져서 사람들이 많이 죽거나 다쳤다고 합니다. 그래서 '(가벼운 증기를 쐬고) 무사히 나온 것을 축하해!'라는 의미로 'С лёгким па́ром!'이라고 외치며 서로를 축하하던 것이 지금까지 이어지고 있습니다. 여러분도 진정한 러시아의 겨울을 느끼며 바냐 체험을 해 보는 건 어떨까요? 바냐가 다 끝난 다음, 이렇게 말해 보는 거예요.

С лёгким па́ром! 쓰 료흐낌 빠람 무사히 나온 것을 축하해요!

▲ 달군 돌과 자작나무 빗자루가 있는 바냐

Я изуча́ю ру́сский язы́к.

Уро́к
05

Я изуча́ю ру́сский язы́к.

나는 러시아어를 배웁니다.

▶ 05강

╲ **학습 목표**
좋아하는 과목과 학교 생활에 대해
말할 수 있다.

╲ **공부할 내용**
형용사의 대격
부정어 не의 사용법
изуча́ть / учи́ться / занима́ться
동사의 활용
люби́ть 동사의 활용

╲ **주요 표현**
Я учу́сь в университе́те.
Я занима́юсь в библиоте́ке.
Я изуча́ю ру́сскую исто́рию.
Я не люблю́ слу́шать пе́сни.

◀ 이르쿠츠크의 바이칼호

말문 트GO!

говори́те

🎧 Track 05-01

💬 **Диало́г 1**

유나가 가장 좋아하는 과목은 러시아어입니다.

Юми́н	**Юна́, что ты изуча́ешь в университе́те?** 유나 쉬또 띄 이z주차예쉬 v부니v베르씨쩨쩨
Юна́	**Я изуча́ю ру́сский язы́к, литерату́ру и** 야 이z주챠유 루스끼 이z직 리찌라뚜루 이 **исто́рию.** 이스또리유
Юми́н	**А каки́е предме́ты ты бо́льше всего́** 아 까끼예 쁘리드몌띄 띄 볼셰 f프씨v보 **лю́бишь?** 류비쉬
Юна́	**Я бо́льше всего́ люблю́ ру́сский язы́к.** 야 볼셰 f프씨v보 류블류 루스끼 이z직 **А ещё ру́сскую исто́рию.** 아 이쑈 루스꾸유 이스또리유
Юми́н	**Ты хорошо́ говори́шь по-ру́сски?** 띄 하라쇼 가v바리쉬 빠루스끼
Юна́	**Нет, не о́чень.** 녯 니 오췬

유민 유나, 너는 대학교에서 무엇을 배우니?

유나 나는 러시아어, 문학 그리고 역사를 배우고 있어.

유민 그러면 너는 어떤 과목들을 무엇보다도 가장 좋아하니?

유나 나는 무엇보다도 러시아어를 가장 좋아해. 그리고 또한 러시아 역사도 좋아해.

유민 너는 러시아어로 말을 잘하니?

유나 아니, (나는 러시아어로 말을) 잘하진 못해.

Слова́ изуча́ть 동 배우다, 공부하다 **предме́т** 명 사물, 물체, 과목 **ру́сский** 형 러시아의 **литерату́ра** 명 문학 **исто́рия** 명 역사 **люби́ть** 동 좋아하다, 사랑하다 **бо́льше всего́** 부사구 무엇보다도 가장, 무엇보다도 제일 **по-ру́сски** 부 러시아어로 **о́чень** 부 매우, 엄청

🎯 **포인트 잡GO!**

❶ 대화문에서와 같이, 앞에 이미 언급되어 중복된 표현은 생략 가능합니다.

> **예** Я люблю́ ру́сский язы́к. 야 류블류 루스끼 이z직 나는 러시아어를 좋아해.
> А ещё (я люблю́) ру́сскую исто́рию. 그리고 (또한 나는) 러시아 역사도 좋아해.
> 아 이쑈 (야 류블류) 루스꾸유 이스또리유

❷ бо́льше всего́는 '무엇보다도 가장', '무엇보다도 제일 ~하다'라는 의미로 쓰입니다.

> **예** Я **бо́льше всего́** люблю́ ру́сский язы́к. 나는 **무엇보다도** 러시아어를 **가장** 좋아해.
> 야 볼셰 f프씨v보 류블류 루스끼 이z직

핵심 배우GO!

1 'изуча́ть 동사 + 대격 목적어' 말하기

изуча́ть 이z주챠ㅉ 동사는 '~을(를) 배우다, 공부하다'라는 의미를 나타냅니다. 반드시 목적어 대격과 함께 쓰는 타동사입니다. 상황에 따라 '~을(를) 연구하다'라는 의미로도 활용할 수 있습니다.

- **Что** ты **изуча́ешь** в университе́те?   너는 대학에서 **무엇을 배우니?**
  쉬또 띄 이z주챠예쉬 부니v비르씨쪠쪠

- Я **изуча́ю ру́сский язы́к, литерату́ру и исто́рию.**
  야 이z주챠유 루스끼 이z직 리쩨라뚜루 이 이스또리유

  나는 **러시아어, 문학 그리고 역사를 배우고 있어.**

> **Tip** изуча́ть 동사와 함께 쓸 수 있는 과목명들도 함께 알아 두세요.

ру́сский язы́к 루스끼 이z직	러시아어
коре́йский язы́к 까례이스끼 이z직	한국어
англи́йский язы́к 안글리스끼 이z직	영어
литерату́ра 리쩨라뚜라	문학
исто́рия 이스또리야	역사
хи́мия 히미야	화학
фи́зика f피z지까	물리
матема́тика 마쩨마찌까	수학

> **예** Я изуча́ю англи́йский язы́к. 야 이z주챠유 안글리스끼 이z직   나는 영어를 배우고 있습니다.
> Я изуча́ю матема́тику. 야 이z주챠유 마쩨마찌꾸   나는 수학을 배우고 있습니다.

Обрати́те внима́ние! 주목하세요!

'предме́ты 과목'은 주로 복수 형태로 써야 '과목'이라는 의미로 쓰입니다. 단수로 쓰면 '과목'이라는 의미로도 쓰이지만 '사물, 물체'라는 의미로 더 많이 쓰이니 주의해야 합니다.

> **예** Каки́е предме́ты ты лю́бишь? 까끼예 쁘리드몌띄 띄 류비쉬   너는 **어떤 과목을** 좋아하니?
> Како́й предме́т ты ви́дишь? 까꼬이 쁘리드몟 띄 v비지쉬   너는 **어떤 사물이** 보이니?

말문
트GO!

🎧 Track 05-02

💬 **Диало́г 2**

유나는 보통 도서관에서 공부합니다.

Юлия	**Юна́, где вы у́читесь?** 유나 그제 v븨 우취쩨ㅆ
Юна́	**Я учу́сь в университе́те.** 야 우츄ㅆ v부니v비르씨쩨쩨
Юлия	**Вы лю́бите матема́тику?** v븨 류비쩨 마찌마찌꾸
Юна́	**Нет, я люблю́ не матема́тику, а ру́сскую** 넷 야 류블류 니마찌마찌꾸 아 루스꾸유 **литерату́ру.** 리찌라뚜루
Юлия	**Где вы обы́чно занима́етесь? До́ма?** 그제 v븨 아븨취나 z자니마예쩨ㅆ 도마
Юна́	**Я обы́чно занима́юсь в библиоте́ке.** 야 아븨취나 z자니마유ㅆ v브비블리아쩨께

율리야 유나, 당신은 어디에 재학 중인가
     요?
유나   나는 대학교에 재학 중입니다.
율리야 당신은 수학 배우는 것을 좋아하나요?
유나   아니요. 나는 수학이 아니라 러시아
     문학 배우는 것을 좋아해요.
율리야 당신은 보통 어디에서 공부를 하나
     요? 집에서?
유나   나는 보통 도서관에서 공부해요.

Слова́ **учи́ться** 동 재학하다, (공부하러) 다니다 **занима́ться** 동 자습하다, 독학하다 **обы́чно** 부 보통
до́ма 부 집에서 **библиоте́ка** 명 도서관

🎯 **포인트 잡GO!**

❶ 부정어 не는 부정하고자 하는 단어 바로 앞에 위치합니다.

> 예 ▶ Я люблю́ **не матема́тику**, а литерату́ру.   나는 **수학이 아니라** 문학을 좋아해요
>   야 류블류 니마찌마찌꾸 아 리찌라뚜루
>
>   Я **не люблю́** матема́тику.   나는 수학을 **좋아하지 않아요**
>   야 니류블류 마찌마찌꾸

❷ '집에서'라는 표현은 'в /на + 장소 전치격'이 아닌, 부사 до́ма를 사용합니다.

> 예 ▶ Где вы обы́чно занима́етесь?   당신은 보통 어디에서 공부를 하나요?
>   그제 v븨 아븨취나 z자니마예쩨ㅆ
>
>   Я занима́юсь **до́ма**.   나는 **집에서** 공부를 합니다.
>   야 z자니마유ㅆ 도마

учи́тесь

핵심 배우GO!

1 '공부하다' 동사 учи́ться / занима́ться 쓰임 구분하여 말하기

учи́ться와 занима́ться는 둘 다 장소 전치격과 함께 쓰는 '공부하다' 의미의 동사입니다. 단, 문장에서 활용되는 쓰임은 완전히 다르기 때문에 주의해서 말해야 합니다.

учи́ться 우취짜	(기관)에 다니다 / 재학 중이다 / 수학 중이다 / 유학 중이다
занима́ться z자니마짜	(장소에서) 자습하다 / 독학하다

- **Где** вы **у́читесь**? 그제 v븨 우취쪠ㅆ 　　　　　당신은 어디에 재학 중입니까?
- Я **учу́сь в университе́те**. 야 우츄ㅆ v부니v비르씨쩨쩨 　나는 대학에 다녀요

- **Где** вы **занима́етесь?** 그제 v븨 z자니마예쪠ㅆ 　　　당신은 어디에서 공부합니까?
- Я **занима́юсь в библиоте́ке**. 야 z자니마유ㅆ v브비블리아쩨께 　나는 도서관에서 공부해요

2 люби́ть 동사

люби́ть 동사는 '좋아하다, 사랑하다'라는 의미로 쓰는 동사입니다. 뒤에 목적어인 대격이 따라와서 '~을(를) 좋아하다' 또는 동사 원형이 따라와서 '~하는 것을 좋아하다'라고 표현할 수 있습니다. 1인칭 단수 주격 я 변화형과 전체 동사 강세 변화에 주의하세요.

люби́ть 류비ㅉ **좋아하다 / 사랑하다**			
я	люб**лю́** 류블류	мы	лю́б**им** 류빔
ты	лю́б**ишь** 류비쉬	вы	лю́б**ите** 류비쪠
он, она́	лю́б**ит** 류빗	они́	лю́б**ят** 류뱟

> **예** Я люблю́ ру́сский язы́к. 야 류블류 루스끼 이z직 　　나는 러시아어를 좋아해요
> 　　 Я люблю́ занима́ться до́ма. 야 류블류 z자니마짜 도마 　나는 집에서 공부하는 것을 좋아해요

🎯 **Обрати́те внима́ние!** 주목하세요!

이번 과에서 배운 'изуча́ть + 대격 ~을(를) 배우다', 'учи́ться + 장소 전치격 ~에 재학 중이다', 'занима́ться + 장소 전치격 ~에서 자습하다' 동사들 모두 '공부하다'의 뉘앙스이나 각 의미와 활용법이 다르므로 잘 구분해서 기억해야 합니다.

> **예** Я **изуча́ю** исто́рию. 야 이z주챠유 이스또리유 　　나는 **역사를 배웁니다**.
> 　　 Я **учу́сь в** университе́те. 야 우츄ㅆ v부니v비르씨쩨쩨 　나는 **대학교에 다닙니다**.
> 　　 Я **занима́юсь до́ма**. 야 z자니마유ㅆ 도마 　　　나는 **집에서 공부합니다**.

① **일반 단수 형용사의 대격**

타동사 뒤에 따라오는 직접 목적어 '~을(를)'을 표현할 때 쓰는 격이 바로 대격이었습니다. 형용사는 명사를 수식해 주는 역할을 하기 때문에 꾸며 주는 명사에 따라 형태가 달라집니다. 일반 단수 형용사의 대격 형태를 살펴봅시다.

		남성 활성 명사
남성 / 중성	**-ого**	대부분의 **-ый / -ий**로 끝나는 남성 형용사는 **-ого**로 변화 **예** но́в**ый** 새로운 (남성 단수 주격) Я зна́ю но́в**ого** студе́нт**а**. 나는 **새로운 학생을** 압니다. 야 z즈나유 노v바v바 스뚜젠따 **예** э́т**от** ру́сск**ий** 이 러시아의 (남성 단수 주격) Я не зна́ю э́т**ого** ру́сск**ого** учи́тел**я**. 야 니z즈나유 에따v바 루스까v바 우취쩰랴 나는 **이 러시아 선생님을** 알지 못합니다.
	-его	① 연변화 **-ний**가 **-него**로 변화 **예** после́д**ний** 마지막의 (남성 단수 주격) Я жду после́д**него** ма́льчик**а**. 야 쥐두 빠슬례드녜v바 말취까 나는 **마지막 소년을** 기다리고 있어요 ② 철자 규칙 ж / ш / щ / ч / ц 다음에 강세 없는 о는 올 수 없다는 규칙에 따라 **-его**로 변화 **예** хоро́**ший** 좋은 (남성 단수 주격) Я зна́ю хоро́**шего** арти́ст**а**. 나는 좋은 **아티스트를** 압니다. 야 z즈나유 하로쉐v바 아리찌스따
		남성 / 중성 불활성 명사
	-ый **-ий** **-óй**	주격과 동일 **예** но́в**ый** 새로운 (남성 단수 주격) Я чита́ю но́в**ый** журна́**л**. 나는 **신간 잡지를** 읽습니다. 야 취따유 노v븨 쥬르날
	-ое **-ее**	주격과 동일 **예** но́в**ое** 새로운 (중성 단수 주격) Я хочу́ купи́ть но́в**ое** пальто́. 나는 **새 코트를** 사고 싶어요. 야 하츄 꾸비ㅉ 노v바예 빨또

어미에 따라 변화		
여성	**-ую**	-**ая**로 끝나는 여성 형용사는 **-ую**로 변화 **예** нóв**ая** 새로운 (여성 단수 주격) Я читáю нóв**ую** кни́гу. 나는 새로운 **책을** 읽습니다 야 취따유 노v부유 끄니구
	-юю	-**няя**로 끝나는 연변화 형용사는 **-нюю**로 변화 **예** си́**няя** 파란 (여성 단수 주격) Я ви́жу си́**нюю** маши́ну. 나는 **파란 자동차가** 보입니다. 야 v비쥬 씨뉴유 마쉬누

2 'лю́бить + 동사 원형'의 활용

앞서 배운 동사 현재 변화형 1식 동사와 2식 동사 규칙에 따르면 러시아어에서는 반드시 주어에 따라 동사의 어미 변화가 일어나야 합니다. 즉, 동사 원형을 단독으로는 절대 활용할 수 없다고 이해할 수 있는데요. 앞에 동사가 이미 있는 경우 선행 동사의 목적어 역할로 동사 원형을 활용할 수 있습니다. '~하는 것을 ~하다'라는 의미에서 '~하는 것을'에 해당하는 표현을 동사 원형으로 쓸 수 있다고 이해하면 됩니다.

'лю́бить 좋아하다, 사랑하다' 동사로 문장을 만들어 봅시다.

예 Я **люблю́** читáю кни́ги. (x)

이미 'Я люблю́ 나는 좋아한다'라는 주어 + 동사가 등장했기 때문에 '읽다'의 1인칭 단수 변화인 читáю가 따라올 수 없습니다. 즉 '나는 책 읽는 것을 좋아합니다' 라는 문장이 성립되어야 하므로 читáть가 목적어 자리인 동사 원형 형태를 취해야 합니다.

예 Я **люблю́** читáть кни́ги. 야 류블류 취따ㅉ 끄니기

그럼 '나는 도서관에서 공부하는 것을 좋아합니다.' 라는 문장은 러시아어로 어떻게 말할 수 있을까요?

예 Я **люблю́** занимá**ться** в библиотéке. 야 류블류 z자니마짜 v브비블리아쩨께

위와 같이 '공부하는 것을'에 해당하는 занимáться 동사가 люблю́ 다음에 목적어 용법으로 원형 형태를 취할 수 있습니다.

Запóмните! 기억하세요!

동사는 '명사 주격'에 따라 반드시 어미가 변합니다. 동사 원형은 절대 함부로 쓰지 않으며, 동사의 현재형 은 '주어의 인칭'에 따라 또는 1식 2식 동사 변화 규칙에 따라 바뀐다는 점을 반드시 기억하세요.

예 Я читáть кни́гу́ (x) → **Я читáю кни́гу. (о)** 야 취따유 끄니구 **나는 책을 읽습니다.**

1 일반 복수 형용사의 대격

복수 명사는 남성 / 여성 / 중성 명사 모두 활동체인지 비활동체인지 여부에 따라 달라집니다. 활동체를 수식하는 복수 대격 형용사 변화형은 아주 복잡하기 때문에, 우선 비활동체를 수식하는 복수 대격 형용사 변화형을 숙지합시다.

		복수 비활동체 (주격과 동일)
복수	-ые	대부분의 남성, 여성, 중성 형용사가 **-ые**로 변화 예 но́в**ый** 새로운 Я чита́ю но́в**ые** журна́лы. 나는 **새로운 잡지들을** 읽습니다. 야 취따유 노v븨예 쥬르날릐 예 интере́сн**ый** 재미있는 Я чита́ю интере́сн**ые** кни́ги. 나는 **재미있는 책들을** 읽습니다. 야 취따유 인찌례스늬예 끄니기
	-ие	① 연변화 형용사 ний / няя / нее가 **-ние**로 변화 예 дома́ш**ний** 집의, 가정의 Я де́лаю дома́шн**ие** зада́ния. 나는 **숙제들을** 합니다. 야 젤라유 다마쉬니예 z자다니야 ② к / г / х / ж / ш / щ / ч 다음에는 ы를 쓸 수 없다는 철자 규칙에 따라 **-ие**로 변화 예 ру́сс**кий** 러시아의 Я чита́ю ру́сс**кие** рома́ны. 나는 **러시아 소설들을** 읽습니다. 야 취따유 루스끼예 라마늬

Tip 복수 활동체를 수식하는 형용사가 대격 자리에 놓이면 명사와 마찬가지로 복수 생격의 어미를 빌려 와서 표현할 수 있습니다. 복수 명사 생격 규칙도 아직 살펴보지 않았기 때문에 나중에 함께 공부해 봅시다.

2 부사 по-ру́сски

'나는 러시아어로 말해요'라고 어떻게 말할 수 있을까요? 'Я говорю́ ру́сский язы́к.'은 틀린 문장입니다. 'говори́ть 말하다' 동사는 목적어를 쓰지 않는 자동사이기 때문에 한국어 해석으로만 보면 맞는 문장 같지만, говори́ть 동사 다음에 ру́сский язы́к이라는 목적어가 따라올 수 없습니다.

그래서 '러시아어로'라는 의미를 가진 부사 по-ру́сски를 써서 '**Я говорю́ по-ру́сски** 야 가v바류 빠루스끼' 라고 해야 올바른 문장이 됩니다. '**Я говорю́** + 어떤 언어로'에 해당하는 부사 표현을 다음과 같이 활용해 보세요.

по-ру́сски 빠루스끼	러시아어로
по-коре́йски 빠까레이스끼	한국어로
по-англи́йски 빠안글리스끼	영어로
по-кита́йски 빠끼따이스끼	중국어로
по-япо́нски 빠이뽄스끼	일본어로
по-испа́нски 빠이스빤스끼	스페인어로
по-францу́зски 빠f프란쭈스끼	프랑스어로
по-неме́цки 빠니메쯔끼	독일어로

예 ▶ Я **говорю́ по-англи́йски**.   나는 **영어로 말합니다**.
야 가v바류 빠안글리스끼

Я о́чень хорошо́ **говорю́ по-япо́нски**.   나는 **일본어로** 아주 잘 **말합니다**.
야 오췬 하라쇼 가v바류 빠이뽄스끼

Я пло́хо **говорю́ по-испа́нски**.   나는 **스페인어로** 말을 잘하지 **못합니다**.
야 쁠로하 가v바류 빠이스빤스끼

Tip ▶ 러시아어를 뜻하는 명사구 'ру́сский язы́к'과 러시아어로라는 의미의 부사 'по-ру́сски'는 발음은 비슷하나 마지막 어미가 다르기 때문에 쓸 때 주의해 주세요. 부사 по-ру́сски에는 й가 없습니다.

 Запо́мните! 기억하세요!

говори́ть만이 아니라 'понима́ть 이해하다', 'чита́ть 읽다'와 같은 동사도 '~언어로 이해하다', '~언어로 읽다'라는 의미에서 부사 표현을 쓴다는 점을 함께 알아 두세요. понима́ть나 чита́ть 다음에 이해하는 대상 또는 읽는 대상은 대격 형태로 따라와야 합니다.

예 ▶ Я чита́ю ру́сский язы́к. 나는 러시아어를 읽습니다. (X)
→ Я хорошо́ **чита́ю по-ру́сски**. 나는 **러시아어로** 잘 **읽습니다**. (O)
야 하라쇼 취따유 빠루스끼

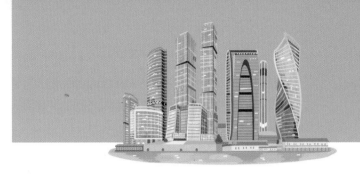

실력 높이GO!

упражнéния

1 주어진 문장을 의미에 맞게 순서대로 나열하세요.

> ❶ Онá хорошó говори́т по-рýсски?
> ❷ Онá изучáет рýсский язы́к.
> ❸ Что Тантáн изучáет в университéте?
> ❹ Нет, не óчень.

// 1 _____

// 2 _____

// 3 _____

// 4 _____

2 주어진 동사 중 의미상 알맞은 동사를 골라 주어에 맞게 쓰세요.

изучáть	~을(를) 배우다
учи́ться	~에 재학 중이다
занимáться	~에서 자습하다

// 1 나는 대학교에 다닙니다.

Я _____ в университéте.

// 2 보리스는 한국어를 배웁니다.

Бори́с _____ корéйский язы́к.

// 3 유나는 보통 집에서 공부합니다.

Юнá обы́чно _____ дóма.

3 다음 빈칸에 들어갈 알맞은 표현을 고르세요.

//1 나는 러시아어를 배웁니다.

Я изуча́ю _____. (ру́сский язы́к / по-ру́сски)

//2 보리스는 한국어로 말을 잘합니다.

Бори́с хорошо́ говори́т _____ . (коре́йский язы́к / по-коре́йски)

//3 유나는 영어로 빨리 읽습니다.

Юна́ бы́стро чита́ет _____ .(англи́йский язы́к / по-англи́йски)

4 주어진 명사를 목적어 대격 형태로 알맞게 바꿔 보세요.

//1 Я изуча́ю _____ литерату́ру. (ру́сский)

//2 Юна́ хорошо́ зна́ет _____ студе́нта. (но́вый)

//3 Юми́н и Ю́лия смо́трят _____ бале́т. (интере́сный)

//4 Танта́н чита́ет _____ стихи́. (хоро́ший)

5 다음 중 문법상 틀린 문장을 바르게 고쳐 보세요.

❶ Юми́н лю́бит говори́т по-ру́сски.

❷ Я люблю́ чита́ть кни́ги.

❸ Роди́тели лю́бят слу́шают му́зыку.

❹ Мы лю́бим исто́рию.

정답

❶ ③ Что Танта́н изуча́ет в университе́те? 딴딴은 대학교에서 무엇을 공부해요? ② Она́ изуча́ет ру́сский язы́к. 그녀는 러시아어를 배우고 있어요 ① Она́ хорошо́ говори́т по-ру́сски? 그녀는 러시아어로 말을 잘하나요? ④ Нет, не о́чень. 아니요, 그렇게 잘하지는 못해요.

❷ ① учу́сь ② изуча́ет ③ занима́ется

❸ ① ру́сский язы́к ② по-коре́йски ③ по-англи́йски

❹ ① ру́сскую 나는 러시아 문학을 배웁니다. ② но́вого 유나는 새로운 학생을 잘 압니다. ③ интере́сный 유민과 율리야는 재미있는 발레를 보고 있습니다. ④ хоро́шие 딴딴은 훌륭한 시를 읽고 있습니다.

❺ ① Юми́н лю́бит говори́т по-ру́сски. → ① Юми́н лю́бит говори́ть по-ру́сски. (о) 유민은 러시아어로 읽는 것을 좋아합니다.

③ Роди́тели лю́бят слу́шают му́зыку. → ③ Роди́тели лю́бят слу́шать му́зыку. (о) 부모님은 음악 듣는 것을 좋아합니다.

어휘 늘리GO!

🎧 Track 05-03

학교, 회사 관련 기본 어휘

학교

учёба 우쵸바	학업, 공부
дéтский сад 제쯔끼 쌷	유치원
шкóла 쉬꼴라	초, 중, 고등학교
университéт 우니v비르씨쪳	대학교
институ́т 인쓰찌뚯	대학교, 연구소
учи́тель 우취쩰	선생님 (초, 중, 고등학교)
учени́к / учени́ца 우취닉 / 우취니짜	학생, 제자 (남) / (여)
шкóльник / шкóльница 쉬꼴닉 / 쉬꼴니짜	초, 중, 고등학생 (남) / (여)
студéнт / студéнтка 스뚜젠뜨 / 스뚜젠뜨까	대학생 (남) / (여)
класс 끌라쓰	교실, 학년 (초, 중, 고등학교)
курс 꾸르쓰	수업 과정, 학년 (대학교)
аудитóрия 아우지또리야	강의실
изуча́ть + 대격 이z주챠ㅉ	~을(를) 배우다
учи́ться + где 우취짜 그제	~에 재학 중이다
занима́ться + где z자니마짜 그제	~에서 자습하다

회사

компáния 깜빠니야 / фи́рма f피르마	회사
óфис 오f피스	사무실
кабинéт 까비넷	집무실, 사장실
дирéктор 지렉따르	장 (사장, 팀장, 교장 등의 의미)
коллéга 깔례가	동료
рабóтать + где 라보따ㅉ 그제	~에서 일하다

* компáния는 주로 법인 회사 등 여러 사업을 하는 규모가 큰 회사를 가리키고, фи́рма는 상대적으로 규모가 작은 개인 사업체를 가리킵니다.

러시아 만나GO!

o России

러시아에서 가장 유명한 대학교, 모스크바 국립 대학교 (МГУ)

러시아에서 가장 유명하며 우리나라에도 잘 알려진 명문 대학을 소개합니다. 바로 모스크바 국립 대학교입니다. 'Моско́вский госуда́рственный университе́т и́мени М.В. Ломоно́сова 모스크바 국립 대학교'의 앞 글자만 따서 'МГУ 엠게우'라고도 부릅니다. 엠게우는 러시아 최초의 대학이기도 합니다.

러시아인들에게 엠게우는 굉장히 큰 의미를 가지고 있습니다. 중세 시기에 거의 모든 유럽 대학에서는 라틴어와 그리스어로 학문을 가르쳤는데요. 로모노소프라는 유명한 러시아의 학자는 모국어로 학문을 배워야 효율적이고 깊이있는 교육을 받을 수 있다고 생각했습니다. 당시 러시아에는 귀족들만 공부할 수 있는 대학 기관이 상트페테르부르크에 단 한 곳 존재했답니다. 그래서 로모노소프는 러시아어로 교육을 제공하면서 재능이 있다면 평민도 공부할 수 있는 대학교를 직접 설립하기로 했는데, 이곳이 바로 모스크바 국립 대학교입니다. 러시아 최초의 대학이라는 점에서도 큰 의미를 가지지만, 당시 귀족 사회였음에도 불구하고 신분에 상관없이 러시아어로 교육의 기회를 제공했다는 점에서 역사적 의의가 있습니다.

엠게우의 본관 건물 또한 유명합니다. 현재 모스크바에 소비에트 정권 때 만들어진 스탈린 양식 건물은 7곳밖에 남아 있지 않습니다. 그중 하나가 바로 엠게우 본관 건물이랍니다. 때문에 엠게우 본관은 모스크바를 대표하는 건축물 중 하나로 손꼽히기도 합니다. 역사적 의미뿐만 아니라 건축물로서도 상당한 가치를 가지고 있는 모스크바 국립 대학교! 직접 한 번 보고 싶지 않나요?

Дава́йте вме́сте пое́дем в МГУ! 엠게우에 함께 갑시다!
다v바이쩨 v브메스쩨 빠예짐 v벰게우

▲ 엠게우 본관 건물 전경

Я хочу́ послу́шать фортепиа́нный конце́рт.

나는 피아노 연주회를 듣고 싶어요.

▶ 06강

＼ **학습 목표**
무엇을 하고 싶은지 묻고 답할 수 있다.

＼ **공부할 내용**
хоте́ть 동사의 활용
игра́ть 동사의 활용
생격의 용법 ❶ 수식

＼ **주요 표현**
Я хочу́ послу́шать
фортепиа́нный конце́рт.
Я о́чень люблю́ класси́ческую
му́зыку.
Вы не хоти́те игра́ть в те́ннис?
Я люблю́ игра́ть на пиани́но.

◀ 상트페테르부르크에 위치한
에르미타시 미술관의 내부 모습

🎧 Track 06-01

📋 Диало́г 1

유나와 딴딴은 함께 연주회에 가기로 했습니다.

Юна́	**Танта́н, ты не хо́чешь послу́шать** 딴딴 · 띄 · 니 호췌쉬 · 빠슬루샤쯔 **фортепиа́нный конце́рт?** f파르떼삐안늬 · 깐쩨르드
Танта́н	**О́чень хочу́. А како́й конце́рт идёт** 오췬 하츄 · 아 · 까꼬이 · 깐쩨르드 · 이죳 **сейча́с?** 씨챠쓰
Юна́	**Фортепиа́нный конце́рт Мо́царта** f파르떼삐안늬 · 깐쩨르드 · 모짜르따 **№ 4 (четы́ре). Я о́чень люблю́ му́зыку** 노메르 취띠리 · 야 · 오췬 · 류블류 · 무z직꾸 **Мо́царта.** 모짜르따 **Дава́й пойдём вме́сте!** 다v바이 · 빠이죰 · v브메스쩨
Танта́н	**Хорошо́! С удово́льствием пойду́.** 하라쇼 · 쑤다v볼스뜨v비옘 · 빠이두 **Я о́чень люблю́ класси́ческую му́зыку.** 야 · 오췬 · 류블류 · 끌라씨췌스꾸유 · 무z직꾸

유나 | 딴딴, 피아노 연주회 듣고 싶지 않니?
딴딴 | 엄청 듣고 싶어. 어떤 연주회가 지금 상연 중이니?
유나 | 모차르트 피아노 협주곡 4번 연주회야. 나는 모차르트의 음악을 무척 좋아해. 함께 가자!
딴딴 | 좋아! 기꺼이 갈게. 나는 클래식 음악을 무척 좋아해.

> **Слова́**　**хоте́ть** 동 원하다, 하고 싶다　**послу́шать** 동 듣다　**фортепиа́нный** 형 피아노의　**конце́рт**
> 명 연주회, 음악회, 콘서트　**вме́сте** 부 함께　**с удово́льствием** 전치사구 기꺼이, 자진해서
> **класси́ческий** 형 고전의, 클래식의

🎯 포인트 잡GO!

❶ 명사 다음에 오는 명사를 생격으로 썼을 땐 마치 형용사처럼 수식의 역할로 활용할 수 있습니다.

　예　Я слу́шаю конце́рт **Мо́царта**.　　　　　나는 **모차르트의** 연주회를 듣고 있습니다.
　　　야 슬루샤유 깐쩨르드 모짜르따

❷ с удово́льствием은 주로 '주어 + с удово́льствием + 동사'로 쓰입니다. 단독으로도 활용 가능합니다.

　예　Я **с удово́льствием** смотрю́ но́вый фильм. 야 쑤다v볼스뜨v비옘 스마뜨류 노v비 f필름
　　　나는 **만족감을 가지고** 신작 영화를 보고 있습니다.
　　　С удово́льствием! 쑤다v볼스뜨v비옘　　　**기꺼이** (갈게)!

핵심 배우GO!

1 хоте́ть 동사로 '~하고 싶다' 말하기

хоте́ть 동사는 '~을(를) 원하다', '~ 하고 싶다'의 의미를 가진 동사입니다. хоте́ть 동사는 현재 시제가 1식, 2식 동사 변화 규칙이 모두 적용되는 혼합 변화형이기 때문에 동사의 변화형 사용에 항상 주의해야 합니다. 이와 같은 동사 변화 규칙은 хоте́ть 동사 하나에만 존재합니다. 현재 시제에서 어간의 자음 변화와 강세 변화에 유의하세요.

хоте́ть 하쩨ㅉ ~을(를) 원하다, ~하고 싶다	
я	хочу́ 하츄
ты	хо́чешь 호췌쉬
он, она	хо́чет 호쳇
мы	хоти́м 하찜
вы	хоти́те 하찌쩨
они́	хотя́т 하쨧

2 хоте́ть 동사 활용하기

хоте́ть 동사는 뒤에 목적어 대격이나 동사 원형과 함께 활용할 수 있습니다.

- **Я хочу́ краси́вый буке́т.** 야 하츄 끄라씨v븨 부껫　　나는 **예쁜 꽃다발을** 원해.
- **Что ты хо́чешь купи́ть?** 쉬또 띄 호췌쉬 꾸삐ㅉ　　너는 무엇을 **사고 싶니?**

부정형인 не хоте́ть는 '~을(를) 원하지 않는다', '~하고 싶지 않다'라는 의미 외에, '~하고 싶지 않니?', '~하지 않겠습니까?'라는 권유의 의미로도 쓰입니다.

- **Ты не хо́чешь** послу́шать конце́рт? 띄 니호췌쉬 빠슬루샤ㅉ 깐쩨르뜨　너 연주회 **듣고 싶지 않니?**
- **Вы не хоти́те** вы́пить ко́фе? v븨 니하찌쩨v 븨삐ㅉ 꼬f폐　당신은 커피를 **마시고 싶지 않나요?**

🎯 Обрати́те внима́ние! 주목하세요!

идти́ 이찌 동사는 원래 '걸어 가다'라는 의미로 쓰이는 운동동사인데, '사건, 행사가 진행되다'라는 의미로도 많이 활용됩니다. 그외에 '(눈, 비가) 오다', '(교통수단이) 가다'의 의미로 자주 쓰이므로 주의해서 기억해야 합니다. 예문과 함께 살펴봅시다.

> **예** Сего́дня идёт дождь (снег).　　　오늘 비가 (눈이) **옵니다.**
> 씨v보드냐 이죳 도쉬ㅉ (스넥)
>
> Вот идёт наш авто́бус.　　　바로 여기 우리 버스가 **가고 있어요.**
> v봇 이죳 나쉬 아f프또부스

говори́те

말문 트GO!

🎧 Track 06-02

 Диало́г 2

율리야는 테니스를 좋아하고, 유민은 음악에 취미가 있습니다.

Юлия Юми́н, вы не лю́бите игра́ть в те́ннис?
유민　　v븨　니류비쩨　이그라ㅉ　f프떼니스

Юми́н Нет, я никогда́ не игра́ю.
넷　야　니까그다　니이그라유

Вы хорошо́ игра́ете в те́ннис?
v븨　하라쇼　이그라예쩨　f프떼니스

Юлия Да, я хоро́шая тенниси́стка. Я давно́
다　야　하로샤야　떼니씨스뜨까　야　다v브노

игра́ю в те́ннис.
이그라유　f프떼니쓰

Юми́н Здо́рово! А я музыка́нт.
z즈도라v바　아　야　무z직깐뜨

Я о́чень хорошо́ игра́ю на пиани́но.
야　오췬　하라쇼　이그라유　나삐아니나

율리야 유민, 당신은 테니스 치는 것을
좋아하지 않나요?

유민 안 좋아해요. 나는 단 한 번도 쳐 본
적이 없어요.
당신은 테니스를 잘 치나요?

율리야 네, 나는 테니스 선수처럼 잘 쳐요.
나는 오랫동안 테니스를 쳐 왔어요.

유민 대단하네요! 반면에 나는 음악을 잘
해요.
나는 피아노를 매우 잘 연주해요.

Слова́ **игра́ть** 동 운동하다, 연주하다, 연기하다　**те́ннис** 명 테니스　**никогда́ не** 부사구 단 한 번도, 결코 ~ 한
적 없다　**тенниси́стка** 명 테니스 선수(여)　**здо́рово** 부 대단하게 / 대단하다　**музыка́нт** 명 음악가,
뮤지션　**пиани́но** 명 피아노

 포인트 잡GO!

❶ никогда́ не는 항상 같이 써야 하는 시간 부사구인데요. 일반적으로 '주어 + никогда́ не + 동사' 순으로
활용합니다. '언제'라는 의미인 의문사 когда́가 들어간다고 해서 의문문으로 활용하지 않습니다. '단 한
번도 / 결코 ~ 한 적 없다'라는 의미의 완전 부정 구문입니다.

　예　Я **никогда́ не** игра́ю в те́ннис.　나는 단 한 번도 테니스를 쳐 본 적이 없습니다.
　　　야 니까그다 니이그라유 f프떼니쓰

❷ 러시아어에서는 부사가 술어로 활용되기도 합니다. Здо́рово가 '대단하게'라는 의미 뿐만 아니라 '대단
하다 / 훌륭하다'라는 의미의 술어로도 활용됩니다.

　예　Он всегда́ **здо́рово** отвеча́ет на вопро́сы.
　　　온 f프씨그다 z즈도라v바 아뜨v비챠옛 나v바쁘로씌　그는 항상 질문에 **훌륭하게** 답변을 합니다. (부사)

　　Здо́рово! Вы хорошо́ игра́ете на пиани́но.
　　z즈도라v바 v븨 하라쇼 이그라예쩨 나삐아니나　**대단해요!** 당신은 피아노를 잘 연주하네요. (부사 술어)

116　GO! 독학 러시아어 첫걸음

핵심 배우GO!

1 игра́ть 동사 다양하게 활용하기

동사 игра́ть는 기본적으로 목적어 대격과 결합하여 '~역할을 수행하다'라는 의미로 쓰입니다. игра́ть 다음에 어떤 형태가 뒤따르는지에 따라 '운동 경기를 하다', '악기 연주를 하다', '연기하다' 등의 다양한 의미로 말할 수 있기 때문에 활용도가 매우 높은 동사입니다.

игра́ть + 대격 역할을 수행하다, 연기하다	Я **игра́ю Ро́мео** в спекта́кле. 야 이그라유 로메오 f프스뻭따끌레 나는 연극에서 **로미오를 연기합니다**.
игра́ть + в 대격 운동 경기를 하다 (구기 종목)	Ю́лия ча́сто **игра́ет в те́ннис**. 율리야 챠스따 이그라옛 f프떼니쓰 율리야는 자주 **테니스를 칩니다**.
игра́ть + на 전치격 악기 연주를 하다	Я о́чень хорошо́ **игра́ю на пиани́но**. 야 오췬 하라쇼 이그라유 나삐아니나 나는 **피아노를** 매우 잘 **연주합니다**. **Tip** '운동 경기를 하다'와 '악기 연주를 하다'의 전치사 활용을 혼동할 수 있으므로 특별히 더 주의해서 기억해 주세요.

Tip 러시아어에서 외래어 중 격 변화가 일어나지 않는 경우가 있는데, 이를 외래 불변 명사라고 합니다. 이번 대화문에 등장한 'пиани́но 피아노'가 대표적인 예입니다. 외래 불변 명사이기에 전치격 자리에 놓여도 형태 변화가 없습니다.

2 игра́ть와 함께 쓸 수 있는 표현 말하기

игра́ть + в 대격 (운동 경기를 하다)	
игра́ть в футбо́л 이그라ㅉ f푸드볼	축구를 하다
игра́ть в гольф 이그라ㅉ v브골f프	골프를 치다
игра́ть в баскетбо́л 이그라ㅉ v브바스낏볼	농구를 하다
игра́ть + на 전치격 (악기 연주를 하다)	
игра́ть на гита́ре 이그라ㅉ 나기따례	기타를 치다
играть на скри́пке 이그라ㅉ 나스끄리ㅃ께	바이올린을 켜다

🎯 Обрати́те внима́ние! 주목하세요!

러시아에서는 직업을 나타내는 명사가 직업명 뿐 아니라 '그 분야에 능통한 사람', '그 종목을 잘하는 사람'의 의미로 활용될 수 있습니다. 대화문에 등장한 'Я хоро́шая тенниси́стка.'라는 문장을 테니스 선수가 말한다면 '나는 훌륭한 테니스 선수입니다.'라는 의미로 볼 수 있지만, 일반인이 말한다면 '나는 테니스 선수처럼 테니스를 매우 잘 칩니다.'라는 의미로 해석될 수 있습니다.

1 일반 단수 명사의 생격

남성, 중성	**-а**	**① 자음으로 끝나는 남성 명사** 예 студе́нт 스뚜젠뜨 → студе́нта 스뚜젠따 대학생 Бори́с 바리쓰 → Бори́са 바리싸 보리스 (남자 이름) **② о로 끝나는 중성 명사** 예 о́зеро 오z제라 → о́зера 오z제라 호수 письмо́ 삐쓰모 → письма́ 삐쓰마 편지
	-я	**① й로 끝나는 남성 명사** 예 музе́й 무z제이 → музе́я 무z제야 박물관 Серге́й 씨르게이 → Серге́я 씨르게야 세르게이 (남자 이름) **② ь로 끝나는 남성 명사** 예 учи́тель 우취쪌 → учи́теля 우취쪌랴 선생님 слова́рь 슬라v바ㄹ → словаря́ 슬라v바랴 사전 **③ е로 끝나는 중성 명사** 예 мо́ре 모례 → мо́ря 모랴 바다 зда́ние z즈다니예 → зда́ния z즈다니야 건물
여성	**-ы**	**① а로 끝나는 대부분의 여성 명사** 예 газе́та 가z제따 → газе́ты 가z제띄 신문 Мари́на 마리나 → Мари́ны 마리늬 마리나 (여자 이름)
	-и	**① я로 끝나는 여성 명사** 예 пе́сня 뻬스냐 → пе́сни 뻬스니 노래 Та́ня 따냐 → Та́ни 따니 타냐 (여자 이름)

Обрати́те внима́ние! 주목하세요!

❶ 중성 명사와 여성 명사는 복수 주격과 단수 생격 어미가 동일합니다. 그런데 복수 주격에서 강세가 변하는 명사들이 있으므로 강세 변화 복수 명사와 단수 생격을 혼동하지 않도록 유의하세요.

 예 сестра́ 씨스뜨라 자매 (단수 주격) → сёстры 쑈스뜨릐 (복수 주격 / 강세 변화 있음)
  сестры́ 씨스뜨릐 (단수 생격 / 강세 변화 없음)

 예 окно́ 아끄노 창문 (단수 주격) → о́кна 오끄나 (복수 주격 / 강세 변화 있음)
  окна́ 아끄나 (단수 생격 / 강세 변화 없음)

❷ 철자 규칙 기억하시나요? к / г / х / ж / ш / щ / ч 다음에는 절대로 -ы를 쓸 수 없기 때문에 대신 -и를 쓴다는 점 잊지 마세요.

여성	-и	②ь로 끝나는 여성 명사
		예 тетра́дь 찌뜨라ㅉ → тетра́ди 찌뜨라지 공책
		пло́щадь 쁠로쉬ㅉ → пло́щади 쁠로쉬지 광장
		③к / г / х / ж / ш / щ / ч + а로 끝나는 여성 명사
		예 кни́га 끄니가 → кни́ги 끄니기 책
		ба́бушка 바부쉬까 → ба́бушки 바부쉬끼 할머니

② 생격의 활용 - 수식

앞서 명사를 수식하는 역할을 하는 품사로 형용사를 배웠습니다. 러시아어에서 형용사 외에도 명사를 수식할 수 있는 방법이 있는데, 바로 생격을 활용한 표현입니다. '명사+명사' 구조에서 뒤에 오는 명사를 생격 형태로 바꾸면, 뒤에 있는 명사의 생격이 앞에 있는 명사를 수식하는 용법이 됩니다. 다음의 예시로 '명사 + 명사 생격' 이 어떻게 쓰이는지 살펴봅시다.

- концéрт Мацýева 깐쩨르뜨 마쭈예v바 **마추예프의** 연주회
- друг Ивáна 드룩 이v바나 **이반의** 친구
- кóмната сестры́ 꼼나따 씨스뜨릐 **여동생의** 방
- день недéли 젠 니젤리 **요일 (일주일의** 하루)
- день рождéния 젠 라쥐졔니야 **생일 (탄생의** 날)

'명사 + 명사 생격'은 형용사 대신 수식의 역할을 하는 용법이기 때문에, 사물의 특성이나 소유 관계를 나타낼 수 있습니다. 따라서, 'какóй 어떤', 'чей 누구의'로 묻는 질문에 대해 답변 문형으로도 활용할 수 있습니다.

- **Какóй** э́то учéбник? 까꼬이 에따 우췌브닉 이것은 **어떤** 교과서입니까?
- Э́то учéбник **рýсского язы́ка**. 에따 우췌브닉 루스까바 이z직까 이것은 **러시아어** 교과서입니다.

- **Чья** э́то кóмната? 취야 에따 꼼나따 이것은 **누구의** 방입니까?
- Э́то кóмната **мáмы**. 에따 꼼나따 마믜 이것은 **엄마의** 방입니다.

위의 규칙은 실제 회화에서 활용도가 매우 높으며, 이 책에서도 앞으로 자주 등장할 표현이니 꼭 익혀 두세요.

Запóмните! 기억하세요!

'명사 + 명사 생격'은 형용사처럼 활용되는 용법이기에 수식의 의미가 없다면 사용할 수 없습니다. 무조건 명사 뒤에 오는 명사를 생격 형태로 쓰는 건 아니라는 점을 알고 있어야 합니다. 즉, 명사의 의미나 성질에 따라 뒤에 생격만이 아니라 아니라 다른 격이나 전치사가 따라올 수도 있습니다.

예를 들어 발레 티켓을 러시아어로 생격을 활용해 *билéт балéта*라고 하면 틀린 표현입니다. 티켓의 특성을 표현하거나 소유 관계를 나타내는 표현이 아니기 때문이죠. 티켓은 어떤 장소로 입장할 때 내는 수단이므로 명사 다음에 바로 '어디로'에 해당하는 장소 표현이 등장합니다. '어디로'에 해당하는 장소 표현은 아직 배우지 않았지만, 우선 모든 명사를 '명사 + 명사 생격' 형태로 쓰는 건 아니라고 알아 두세요.

예 *билéт балéта* (x) → *билéт **на балéт*** (о) 빌롓 나발롓 　발레 티켓(입장권)

① 일반 단수 형용사의 생격

앞서 단수 명사의 생격 변화형을 살펴봤으니, 단수 형용사의 생격 변화형도 함께 알아봅시다.

남성/중성	-ого	대부분의 남성 (-ый / -ий / -ой) / 중성 (-ое) 형용사 **예** нóв**ый** 노v븨 → нóв**ого** 노v바v바 새로운 (남성 단수) нóв**ое** 노v바예 → нóв**ого** 노v바v바 새로운 (중성 단수)
	-его	① 남성 (-ний) / 중성 (-нее) 연변화 형용사 **예** сúн**ий** 씨니이 → сú**него** 씨녜v바 파란 (남성 단수) сú**нее** 씨녜예 → сú**него** 씨녜v바 파란 (중성 단수) ② ж / ш / щ / ч / ц 다음에 강세가 없는 남성 / 중성 형용사 **예** хорóш**ий** 하로쉬 → хорóш**его** 하로셰v바 좋은 (남성 단수) хорóш**ее** 하로셰예 → хорóш**его** 하로셰v바 좋은 (중성 단수)
여성	-ой	대부분의 여성 (-ая) 형용사 **예** нóв**ая** 노v바야 → нóв**ой** 노v바이 새로운 (여성 단수)
	-ей	① -няя 형태로 끝나는 연변화 형용사 **예** сú**няя** 씨냐야 → сú**ней** 씨녜이 파란 (여성 단수) ② ж / ш / щ / ч / ц 다음에 강세가 없는 여성 형용사 **예** хорóш**ая** 하로샤야 → хорóш**ей** 하로셰이 좋은 (여성 단수)

Обратúте внимáние! 주목하세요!

ж / ш / щ / ч / ц 다음에는 강세가 있는 -о만 올 수 있다는 철자 규칙을 배웠습니다. 따라서 ж / ш / щ / ч / ц 다음에 강세가 없다면 형용사 단수 생격 변화형에서도 차선책인 -его나 -ей로 어미를 바꿔야 합니다.

> **예** Э́то слварь нóв**ого** студéнт**а**.　　　　이것은 **새로운 학생의** 사전입니다.
> 에따 슬라v바르 노v바v바 스뚜젠따
>
> Я хочý посещáть урóки рýсск**ого** язык**а**.　나는 **러시아어 수업에** 가고 싶습니다.
> 야 하츄 빠씨샤ㅉ 우로끼 루쓰까v바 이z즤까
>
> Э́то кóмната млáдш**ей** сестр**ы́**.　　　　이것은 **여동생의** 방입니다.
> 에따 꼼나따 믈라드셰이 씨스뜨릐　　　　　(철자 규칙에 해당)

② 소유 형용사의 단수 생격

	남성 / 중성	여성
나의	моего́ 마이v보	мое́й 마예이
너의	твоего́ 뜨v바이v보	твое́й 뜨v바예이
그의	его́ 이v보	
그녀의	её 이요	
우리의	на́шего 나셰v바	на́шей 나셰이
당신의	ва́шего v바셰v바	ва́шей v바셰이
그들의	их 이ㅎ	

> **예** уче́бник моего́ бра́та 우췌브닉 마이v보 브라따   **내 형제의** 교과서
> су́мка мое́й сестры́ 쑴까 마예이 씨스뜨릐   **내 자매의** 가방

> **Tip** 3인칭 소유 대명사 его́ / её / их는 뒤에 어떤 명사가 와도 변하지 않습니다.

> **예** кварти́ра **его́** бра́та 끄v바르찌라 이v보 브라따   **그의 형제의** 아파트
> де́ти **его́** сестры́ 제찌 이v보 씨스뜨릐   **그의 자매의** 아이들

③ 지시 형용사의 단수 생격

	남성 / 중성	여성
이	э́того 에따v바	э́той 에따이
그, 저	того́ 따v보	той 또이

> **예** тетра́дь **э́того** студе́нта 찌뜨라ㅉ 에따v바 스뚜졘따   **이 학생의** 공책
> друг **э́той** де́вушки 드룩 에따이 제v부쉬끼   **이 아가씨의** 친구(남)

Запо́мните! 기억하세요!

일반 형용사뿐 아니라 소유 형용사, 지시 형용사 등 모든 형용사들이 명사의 형태에 따라 똑같이 성, 수, 격 변화를 합니다. 앞으로도 형용사는 항상 명사의 위치에 따라 형태가 변한다는 점을 기억하세요.

> **예** Э́то ко́мната мо**его́** мла́дш**его** бра́т**а**. 에따 꼼나따 마이v보 믈라드셰v바 브라따
> 이것은 **내 남동생의** 방입니다. (남성 단수 생격 변화)
>
> Э́то су́мка э́т**ой** краси́в**ой** де́вушк**и**. 에따 쑴까 에따이 끄라씨v바이 제v부쉬끼
> 이것은 **이 아름다운 아가씨의** 가방입니다. (여성 단수 생격 변화)

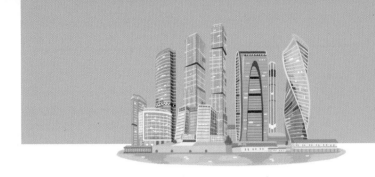

1 주어진 문장을 의미에 맞게 순서대로 나열하세요.

> ❶ Ты не хо́чешь послу́шать фортепиа́нный конце́рт?
> ❷ Фортепиа́нный конце́рт Мо́царта № 4. Дава́й пойдём вме́сте!
> ❸ Хорошо́! С удово́льствием пойду́.
> ❹ О́чень хочу́. Како́й конце́рт идёт сейча́с?

// 1 _____
// 2 _____
// 3 _____
// 4 _____

2 'хоте́ть 원하다' 동사를 주어에 맞는 올바른 형태로 바꾸세요.

// 1 나는 예쁜 꽃다발을 원합니다.

Я _____ краси́вый буке́т.

// 2 유나는 무엇을 사기를 원합니까?

Что Юна́ _____ купи́ть?

// 3 우리는 연주회를 듣고 싶습니다.

Мы _____ слу́шать конце́рт.

3 전치사 в / на 중 빈칸에 들어갈 알맞은 것을 골라 쓰세요.

// 1 나는 피아노를 연주합니다.

Я игра́ю _____ пиани́но.

2 보리스는 축구를 잘합니다.

Бори́с хорошо́ игра́ет _____ футбо́л.

3 딴딴은 기타를 연주하고 싶어합니다.

Танта́н хо́чет игра́ть _____ гита́ре.

4 주어진 명사를 생격 형태로 알맞게 바꿔 보세요.

1 Я хочу́ посеща́ть уро́ки _____. (литерату́ра)

2 Это ко́мната _____. (Бори́с)

3 Юми́н и Юлия хотя́т слу́шать симфо́нию _____ № 3 (три). (Бетхо́вен)

4 Сего́дня у меня́ день _____. (рожде́ние)

5 다음 중 문법상 틀린 문장을 골라 바르게 고치세요.

❶ Юми́н хо́чет ку́пит кни́гу.
❷ Бори́с не хо́чет изуча́ть исто́рию.
❸ Я с удово́льствием чита́ю стихи́ Пу́шкина.
❹ Я люблю́ игра́ть те́ннис.

> 정답

❶ ① Ты не хо́чешь послу́шать фортепиа́нный конце́рт? 너 피아노 연주회 듣고 싶지 않니? ④ О́чень хочу́. Како́й конце́рт идёт сейча́с? 엄청 듣고 싶어. 지금 어떤 연주회가 상연 중이니? ② Фортепиа́нный конце́рт Мо́царта № 4. Дава́й пойдём вме́сте! 모차르트의 피아노 협주곡 4번 연주회야. 함께 가자! ③ Хорошо́! С удово́льствием пойду́. 좋아! 기꺼이 갈게.

❷ ① хочу́ ② хо́чет ③ хоти́м

❸ ① на ② в ③ на

❹ ① литерату́ры 나는 문학 수업에 가고 싶습니다. ② Бори́са 이것은 보리스의 방입니다. ③ Бетхо́вена 유민과 율리야는 베토벤 교향곡 3번을 듣고 싶어합니다. ④ рожде́ния 오늘은 내 생일입니다.

❺ ① Юмин хо́чет ку́пит кни́гу. → ① Юмин хо́чет ку́пить кни́гу. (o) 유민은 책을 사고 싶어합니다.
④ Я люблю́ игра́ть те́ннис. → ④ Я люблю́ игра́ть в те́ннис. (o) 나는 테니스 치는 것을 좋아합니다.

어휘 늘리GO!

лéксика

🎧 Track 06-03

🔘 문화 생활 관련 어휘

смотрéть + 대격 스마뜨례ㅉ ~을(를) 감상하다, 보다	
смотрéть балéт 스마뜨례ㅉ 발롓	발레를 보다
смотрéть спектáкль 스마뜨례ㅉ 스삑따끌	연극을 보다
слýшать +대격 슬루샤ㅉ ~을(를) 듣다	
слýшать концéрт 슬루샤ㅉ 깐쩨르뜨	연주회를 듣다
слýшать óперу 슬루샤ㅉ 오뻬루	오페라를 듣다
читáть + 대격 취따ㅉ ~을(를) 읽다	
читáть ромáн 취따ㅉ 라만	소설을 읽다
читáть клáссику 취따ㅉ 끌라씨꾸	고전을 읽다
посещáть + 대격 빠씨샤ㅉ ~을(를) 방문하다	
посещáть музéй 빠씨샤ㅉ 무z제이	박물관을 방문하다
посещáть галерéю 빠씨샤ㅉ 갈리례유	미술관을 방문하다
искýсство 이쓰꾸스뜨v바 예술	
произведéния искýсства 쁘라이즈z즈v비졔니야 이쓰꾸스뜨v바	예술 작품 (주로 복수 형태)
жи́вопись 쥐v바삐ㅆ 회화	

> **Tip** клáссика는 고전 소설뿐만 아니라 모든 고전 장르를 다 일컫는 표현입니다. 고전 발레, 고전 음악, 고전 소설 등 다양한 의미로 활용 가능합니다. 또는 класси́ческий라는 형용사를 활용할 수도 있습니다.

예	класси́ческий балéт 끌라씨췌스끼 발롓	고전 발레
	класси́ческая мýзыка 끌라씨췌스까야 무z즤까	고전 음악
	класси́ческий ромáн 끌라씨췌스끼 라만	고전 소설

러시아 만나GO!

러시아 음악의 아버지, 차이콥스키

여러분은 고전 음악을 좋아하나요? 평소에 많은 관심이 없었더라도, 음악가 차이콥스키 (**П. И. Чайко́вский**)와 유명한 작품 '백조의 호수 **Лебеди́ное о́зеро**'는 한번쯤 들어 본 적 있을 거예요. 차이콥스키는 러시아가 낳은 가장 위대한 음악가 중 하나인데요. 전 세계적으로 유명한 음악가이지만 러시아인들이 가장 사랑하는 음악가, 러시아 음악의 아버지로 꼽히기도 합니다. 러시아에는 차이콥스키를 기념하기 위한 건축물과 기념 행사들도 많습니다.

대표적으로 러시아 정부는 모스크바에 위치한 음악 대학인 '모스크바 국립 음악원 **Моско́вская госуда́рственная консервато́рия**'의 정식 명칭을 차이콥스키 탄생 100주년을 맞이하여 '차이콥스키 모스크바 국립 음악원 **Моско́вская госуда́рственная консервато́рия и́мени П. И. Чайко́вского**'으로 변경한 바 있습니다. 이후 음악원 본관 앞에 거대한 차이콥스키 기념비를 건립하기도 했습니다. 실제로 차이콥스키는 음악원의 초대 교수진 중 하나였습니다.

차이콥스키에 대한 러시아인들의 애정을 엿볼 수 있는 부분이 하나 더 있습니다. 바로 '차이콥스키 국제 콩쿠르 **Междунаро́дный ко́нкурс и́мени П. И. Чайко́вского**'입니다. 이 콩쿠르는 벨기에의 퀸 엘리자베스 콩쿠르, 폴란드의 쇼팽 콩쿠르와 함께 세계 3대 음악 콩쿠르로 손꼽히는 국제적 행사입니다. 1958년 모스크바 국립 음악원에서 제1회 국제 콩쿠르를 개최한 이후로 4년에 한 번씩 열리는데요. 피아노, 첼로, 바이올린, 성악 4개 분야에서 경연을 통해 뛰어난 음악가를 선발하는 권위있는 행사입니다. 차이콥스키를 기리며 만들어진 음악 콩쿠르이기 때문에 경연 과제도 차이콥스키의 곡이 대부분입니다. 그래서 콩쿠르에 참가하려는 음악들 뿐만 아니라, 차이콥스키를 사랑하는 관중들이 경연을 감상하기 위해 몰려들어 콩쿠르 기간에는 모스크바 음악원 앞이 인산인해를 이룰 정도입니다.

기회가 된다면 차이콥스키의 곡을 러시아에서 직접 감상해 보는 게 어떨까요? 모스크바 음악원 앞 매표소에서 한번 말해 볼까요?

Да́йте биле́ты на конце́рт в Моско́вскую консервато́рию!
다이쩨 빌례띄 나깐쩨르뜨 v브마스꼽스꾸유 깐씨르v바또리유
모스크바 음악원 연주회 표를 주세요!

О ком
ду́мает Бори́с?

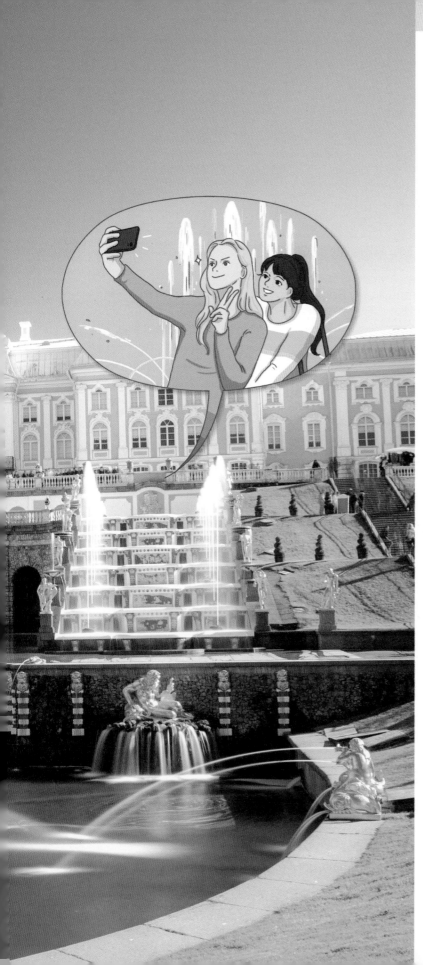

▶ 07강

Уро́к

07

О ком ду́мает Бори́с?

보리스는 누구에 대해 생각하고
있나요?

학습 목표
사람, 사물에 대한 정보를 묻고 답할 수 있다.
서로의 안부를 물어볼 수 있다.

공부할 내용
전치격의 용법
❷ о +전치격 (~에 대해서)의 활용
생격의 용법
❷ у + 생격 (소유 관계)의 활용

주요 표현
Я ча́сто ду́маю о ма́ме и па́пе.
Расскажи́те о Росси́и!
Я хочу́ почита́ть о ру́сской
культу́ре.
Как у вас дела́?

◀ 페테르고프의 여름 궁전

말문 트GO!

говори́те

🎧 Track 07-01

💬 **Диало́г 1**

보리스가 블라디보스토크에 사는 가족들을 그리워한다는 소식입니다.

Юна́	Танта́н, ты не зна́ешь, как у Бори́са 딴딴 띄 니z즈나예쉬 깍 우바리싸 дела́? 질라
Танта́н	У него́ всё хорошо́. А что? 우니v보 f프쑈 하라쇼 아 쉬또
Юна́	Мне ка́жется, у него́ сейча́с пробле́мы. 므녜 까줴쨔 우니v보 씨챠쓰 쁘라블례미
Танта́н	Нет, про́сто он ду́мает о свое́й семье́. 녯 쁘로스따 온 두마옛 아스v바예이 씨몌
Юна́	Они́ живу́т не в Москве́? 아니 쥐v붓 니 v브마스끄v볘
Танта́н	Нет. Они́ живу́т во Владивосто́ке. 녯 아니 쥐v붓 v바v블라지v바스또꼐 Поэ́тому он о́чень скуча́ет по ним. 빠에따무 온 오친 스꾸챠옛 빠님

유나   딴딴, 너 보리스가 어떻게 지내는지 모르니?

딴딴   그에게는 모든 것이 좋아(잘 지내). 그런데 왜?

유나   내 생각에는 그에게 지금 문제가 있는 것 같아.

딴딴   아니야. 그저 그는 자신의 가족에 대해 생각하고 있어.

유나   그들은 모스크바가 아닌 곳에 살고 있니?

딴딴   응. 그들은 블라디보스토크에 살고 있어. 그래서 그는 그들을 무척 그리워해.

 Слова́

каза́ться 동 여겨지다, 생각하다   **пробле́ма** 명 문제, 문제점   **про́сто** 부 단지, 그저   **ду́мать** 동 생각하다   **свой** 형 자신의   **семья́** 명 가족   **скуча́ть** 동 그리워하다, 보고 싶다

 포인트 잡GO!

❶ 동사 каза́ться에 사람을 여격 (수여의 의미)로 함께 써서 '내 생각으로는'이라는 의미로 말할 수 있습니다. 우리는 아직 여격을 배우지 않았기 때문에, мне ка́жется를 통째로 하나의 표현처럼 우선 기억해 두세요. мне ка́жется 대신, 같은 의미의 표현 я ду́маю도 자주 씁니다.

> 예 **Мне ка́жется**, у Бори́са сейча́с пробле́мы. 므녜 까줴쨔 우바리싸 씨챠쓰 쁘라블례미
> = **Я ду́маю**, у Бори́са сейча́с пробле́мы. 야 두마유 우바리싸 씨챠쓰 쁘라블례미
> 내 생각으로는 보리스에게 지금 문제가 있는 것 같아.

❷ 의문사 что는 '무엇'이라는 의미뿐 아니라 '왜'라는 의미로도 활용 가능합니다.

> 예 У Бори́са всё хорошо́. А **что**?   보리스는 모든 것이 다 좋아. 그런데 **왜**?
> 우바리싸 f프쑈 하라쇼 아 쉬또

❸ 동사 скуча́ть는 'по+여격'과 함께 써서 '~을(를) 그리워하다'라는 의미로 씁니다. 여격은 아직 배우지 않았으니, 표현 자체로 기억해 두세요.

1 'y + 생격'을 활용한 안부 묻기

'전치사 y + 생격'을 활용해서 안부를 주고받는 말하기를 할 수 있습니다. 직역하면 '당신이 가지고 있는 일은 어떻습니까?'라는 의미가 되는데, 여기서 '누가 가지고 있는'을 'y + 생격'으로 표현하는 것입니다. 'y + 생격'으로 안부를 묻고 답해 보세요.

- Как **у вас** дела? 깍 우v바쓰 질라   **당신은** 어떻게 지내요?
- **У меня** всё хорошо́. 우미냐 f프쑈 하라쇼   **나는** 모든 것이 다 좋아요

y вас / y меня 대신 일반 명사나 인칭대명사를 생격 형태로 바꿔서 응용해 보세요.

인칭대명사의 생격			
나	меня́ 미냐	우리	нас 나쓰
너	тебя́ 찌뱌	당신, 너희들	вас v바쓰
그, 그것	его́ 이v보	그들	их 이ㅎ
그녀	её 이요		

> **Tip** 3인칭 인칭대명사 его́ / её / их 앞에 전치사 y가 놓이면 발음상의 이유로 н-이 추가됩니다.

- Как **у её** дела? (x) → Как **у неё** дела? (o) 깍 우니요 질라   그녀는 어떻게 지내니?

2 장소 전치사 в와 во 구분하여 말하기

앞서 '~(안)에'라는 장소의 의미로 전치사 в를 쓴다는 것을 배웠습니다. 그런데 장소 '~에서'를 표현할 때 в 대신 во를 쓰기도 합니다. 전치사 в 와 во는 의미와 하는 역할은 같으나 뒤에 오는 명사에 따라 발음의 편의를 위해 o가 추가되었다고 보면 됩니다. 전치사 в 다음 따라오는 명사가 'в +자음', 'ф + 자음'으로 시작하는 경우 발음상의 편의를 위해 o가 추가되어 во가 됩니다.

- Владивосто́к 블라디보스토크 → во Владивосто́ке v바v블라지v바스또꼐 블라디보스토크에서
- Фра́нция 프랑스 → во Фра́нции v바f프란찌이 프랑스에서

🎯 **Обрати́те внима́ние! 주목하세요!**

러시아어에서 부정문에 답변을 할 때 '네'와 '아니요'의 쓰임을 혼동하지 않도록 주의해야 합니다.

> **예** Они́ живу́т **не** в Москве́?   **모스크바가 아닌 곳에** 사니?
> 아니 쥐v붓 니v바스끄v볘
>
> **Нет**. Они́ живу́т во Владивосто́ке. 응. 그들은 블라디보스토크에 살고 있어.
> 넷 아니 쥐v붓 v바v블라지v바스또께

러시아어로는 '모스크바에 살고 있는 게 아니다'라는 부정의 의미이기 때문에 'нет'으로 답변해야 합니다. 부정문에 답변을 할 때, 답변 내용이 부정의 의미라면 반드시 нет으로 답변한다고 기억해 주세요.

 말문 트GO!
говори́те

🎧 Track 07-02

📱 Диало́г 2

율리야는 유민에게 러시아는 크고, 풍요롭고, 흥미로운 나라라고 소개해 줍니다.

Юми́н	**Ю́лия, расскажи́те о Росси́и,**	유민	율리야, 러시아에 대해 이야기해 주세요! 당신은 당신 나라에 대해서 어떻게 생각하나요?
	율리야 라스까쥐쩨 아라씨이	

Юми́н
Ю́лия, расскажи́те о Росси́и,
율리야   라스까쥐쩨   아라씨이
пожа́луйста!
빠좔루스따
Что вы ду́маете о ва́шей стране́?
쉬또 v븨   두마예쩨   아v바셰이   스뜨라녜

Ю́лия
Росси́я о́чень больша́я страна́.
라씨야   오췬   발샤야   스뜨라나
Здесь живу́т не то́лько ру́сские.
z즈졔씨   쥐v붓   니똘까   루스끼예
Ра́зные наро́ды живу́т по-ра́зному.
라z즈늬예   나로듸   쥐v붓   빠라z즈나무
Поэ́тому у нас бога́тая и о́чень
빠에따무   우나쓰   바가따야   이   오췬
интере́сная культу́ра.
인찌례쓰나야   꿀뚜라

Юми́н
Интере́сно! Тепе́рь я хочу́ почита́ть
인찌례쓰나   찌뼤르   야   하츄   빠취따ㅉ
о ру́сской культу́ре!
아루스까이   꿀뚜례

유민 율리야, 러시아에 대해 이야기해 주세요! 당신은 당신 나라에 대해서 어떻게 생각하나요?

율리야 러시아는 매우 큰 나라예요.
여기에는 러시아인들만 사는 것이 아닙니다.
다양한 민족이 다양하게 살아가고 있어요.
그래서 우리 나라에는 풍요롭고 매우 흥미로운 문화가 있어요.

유민 흥미롭네요! 이제 나는 러시아 문화에 대해 조금 읽고 싶어요!

Слова   **рассказа́ть** 동 이야기하다   **пожа́луйста** 부 제발, 부탁합니다   **страна́** 명 나라, 국가   **то́лько** 부 오직, 다만   **ра́зный** 형 다양한   **наро́д** 명 민족   **по-ра́зному** 부 다양하게, 다양한 방식으로   **бога́тый** 형 부유한, 풍요로운   **культу́ра** 명 문화   **почита́ть** 동 조금 읽다, 무언가를 읽다

🎯 포인트 잡GO!

❶ расскажи́те는 동사 'рассказа́ть 이야기하다'의 명령문입니다. 명령문은 아직 배우지 않았으므로, 우선 'расскажи́те 이야기해 주세요'라는 표현 자체를 여러 번 말하면서 기억해 보세요. 또한 '제발', '부탁합니다'라는 의미의 пожа́луйста는 명령문과 자주 함께 쓰이는 표현이므로, Расскажи́те, пожа́луйста!를 통째로 암기해서 활용하면 가장 좋습니다.

> **예**   **Расскажи́те** о Росси́и, **пожа́луйста!** 러시아에 대해 **이야기해 주세요!**
> 라스까쥐쩨 아라씨이 빠좔루스따

❷ '전치사 y + 생격'은 '~한테', '~에'라는 장소의 의미로도 활용할 수 있습니다.

> **예**   **У нас** бога́тая и о́чень интере́сная культу́ра.
> 우나쓰 바가따야 이 오췬 인찌례쓰나야 꿀뚜라 우리 나라에는 풍요롭고 매우 흥미로운 문화가 있어.
>
> **У вас** есть пи́во? 우v바쓰 예스ㅉ 삐바 **당신 가게에** 맥주가 있나요?

1 ду́мать 동사 변화형 활용하기

동사 **ду́мать**는 '생각하다'라는 의미의 1식 변화 동사입니다. 우선 **ду́мать**의 변화형부터 살펴보겠습니다.

ду́мать 두마ㅉ **생각하다 (1식 동사)**			
я	ду́маю 두마유	мы	ду́маем 두마옘
ты	ду́маешь 두마예쉬	вы	ду́маете 두마예쩨
он, она́	ду́мает 두마옛	они́	ду́мают 두마윷

러시아어의 **ду́мать**는 '~을(를) 생각하다'가 아닌 '~에 대해서 생각하다'의 개념입니다. 따라서 대격이 아니라 '~에 대해서'에 해당하는 '**o** + 전치격'이 따라오게 됩니다.

- **Что вы ду́маете** о ва́ш**ей** стран**е́**?   당신은 **당신 나라에 대해** 어떻게 **생각하나요**?
  쉬또 v븨 두마예쩨 아v바셰이 쓰뜨라녜

- **Я ча́сто ду́маю** о сво**е́й** семь**е́**.   나는 자주 나 **자신의 가족에 대해 생각합니다**.
  야 챠스따 두마유 아스v바예이 씨몌

2 형용사와 명사로도 활용되는 ру́сский

러시아어에서 형용사가 명사의 의미로 쓰이는 경우가 있습니다. 대표적인 경우가 바로 **ру́сский**입니다.
ру́сский는 '러시아의'라는 형용사 외에 '러시아인'이라는 명사로도 활용이 가능합니다. 주의할 점은, 명사의 의미여도 형태는 형용사이므로 변화형은 형용사 규칙을 따릅니다.

- Я изуча́ю **ру́сский** язы́к. 야 이z주챠유 루스끼 이z직   나는 **러시아**어를 배웁니다. (형용사 / 남성 단수 대격)
- Э́то **ру́сская** культу́ра. 에따 루스까야 꿀뚜라   이것이 **러시아** 문화입니다. (형용사 / 여성 단수 주격)
- Мой друг **ру́сский**. 모이 드룩 루스끼   내 친구는 **러시아인**입니다. (명사 / 남성 단수 주격)
- Ю́лия **ру́сская**. 율리야 루스까야   율리야는 **러시아인**입니다. (명사 / 여성 단수 주격)
- Здесь живу́т не то́лько **ру́сские**.   여기에는 **러시아인들**만 사는 것이 아닙니다.
  z즈졔ㅆ 쥐v붓 니똘까 루스끼예   (명사 / 복수 주격)

> **Tip** **ру́сский**가 '러시아인'이라는 명사로 활용될 때, 성, 수에 따라 달라지는 형태에 유의하세요.

⊚ Обрати́те внима́ние! 주목하세요!

сейча́с는 '지금 이 순간, 현재 일어나는 일'을 표현하며 **тепе́рь**는 예전과는 다르게 일어나는 일을 표현할 때 즉, '근데 이제는, 반면에 지금은'을 표현합니다.

> **예** Что ты **сейча́с** де́лаешь? 쉬또 띄 씨챠쓰 졜라예쉬 **지금** 너는 무엇을 하고 있니?
> Что ты **тепе́рь** де́лаешь? 쉬또 띄 찌뼤르 졜라예쉬 **이제** 너는 무엇을 할 거니?

① 전치격의 활용 ② o + 전치격

앞서 장소 'где ~에서'를 표현할 때 'в / на + 전치격'을 활용한다고 배웠습니다. 전치격은 장소 표현뿐 아니라 '~에 대해서'라는 정보를 전달할 때도 쓰입니다. '전치사 o + 전치격' 형태를 써서 '~에 대해서'라는 표현을 나타낼 수 있는데, 전치사만 다를 뿐 전치격 명사 어미는 -e / -и로 동일하게 변합니다.

-e	자음 / й / 남성 명사 ь / а / я / о / е로 끝나는 대부분의 명사
-и	① 여성 명사 중 어미가 ь인 명사
-ии	② 남성 ий / 여성 ия / 중성 ие로 끝나는 명사

- Я ду́маю **о** ма́м**е**. 야 두마유 아마몌   나는 **엄마에 대해** 생각합니다.
- Расскажи́те **о** Росси́**и**. 라스까쥐쩨 아라씨이   **러시아에 대해** 말해 주세요.
- Я чита́ю кни́гу **о** ку́льту́р**е**. 야 취따유 끄니구 아꿀뚜례   나는 **문화에 대한** 책을 읽고 있습니다.

② 전치사 o 활용 시 유의 사항

'~에 대한' 정보를 전달할 때 'o + 전치격'으로 표현할 수 있는데, 전치사 o에서 주의해야 할 점이 있습니다. 먼저 o가 아니라 об가 되는 경우입니다. 전치사 o 다음 а / э / и / о / у로 시작하는 단어가 뒤따르면 об의 형태로 변합니다. 의미와 하는 역할은 똑같지만 발음상의 이유로 б가 추가되는 것이라 볼 수 있습니다.

- **А**нто́н 안톤 (남자 이름)   о Анто́не (x) → о**б** Анто́не (o) 아반또녜   안톤에 대해
- **э**кза́мен 시험   о экза́мене (x) → о**б** экза́мене (o) 아비그z자미녜   시험에 대해

다음으로 전치사 в / на 다음에 어미가 -ý(강세 어미)로 변하는 명사인 경우입니다. 앞서 배운 장소 전치격에서 어미가 -у로 변하며 강세가 어미로 바뀌는 남성 명사가 일부 있었습니다. 해당 명사들은 장소 표현일 때만 어미가 -у로 변하는 예외적인 경우였습니다. 즉, 전치사 в / на와 함께 쓸 때만 해당되는 문법 규칙입니다. 따라서 전치사 o와 함께 해당 명사들을 쓴다면 원래의 전치격 규칙에 따라 어미가 바뀌어야 합니다.

주격	장소 где	무엇에 대해 o + 전치격
сад 정원	в саду́ f프싸두	о са́де 아싸졔 정원에 대해
лес 숲	в лесу́ v블리쑤	о ле́се 알례쎄 숲에 대해
мост 다리	на мосту́ 나마스뚜	о мо́сте 아모스쩨 다리에 대해
пол 바닥	на полу́ 나빨루	о по́ле 아뽈례 바닥에 대해
аэропо́рт 공항	в аэропорту́ v바에라빠르뚜	об аэропо́рте 공항에 대해 아바에라쁘르쩨

예 **аэропóрт** 공항 (남성 단수 주격)

→ **в** аэропортý 공항에서
(장소일 때 어미가 **у**, 강세가 어미로 변하는 경우)

→ **об** аэропóрте 공항에 대해서
① **об**가 되는 경우
② 강세 변화 없이 어미가 **е**가 되는 경우

Tip 'аэропóрт 공항'이라는 한 단어만 잘 기억하면, 앞서 익힌 전치사 o의 주의 사항 둘 다 떠올리기 쉽습니다.

3 생격의 활용 ② 소유 구문

수식에 이어 생격의 두 번째 활용법을 살펴보겠습니다. 핵심 배우GO!에서 언급했듯이, 안부를 물을 때 외에, 소유 관계를 말할 때도 생격을 활용할 수 있습니다. '내가 ~을(를) 가지고 있다'라는 우리말과는 다르게, 러시아어에서는 전치사 y를 활용해서 '나에게 ~이 있다'라는 구조로 소유 구문을 표현합니다.

> **y + 생격 (소유한 사람) + есть + 주격 (가지고 있는 대상)**

위와 같이 소유하고 있는 사람을 'y + 생격' 형태로 썼을 때 '~한테, ~에게'라는 소유의 의미를 나타내고, 소유하고 있는 대상을 주격 형태로 썼을 때 '~이(가)'의 의미를 가집니다.

· **У меня** есть **брат**. 우미냐 예스ㅉ 브랏
나에게는 **남자 형제가** 있습니다.

· **У Борúса** есть **сестрá**. 우바리싸 예스ㅉ 씨스뜨라
보리스에게는 **여자 형제가** 있습니다.

· **У Юлии** есть **пальтó**. 우율리이 예스ㅉ 빨또
율리야에게는 **외투가** 있습니다.

· **У вас** есть **дéньги**? 우v바쓰 예스ㅉ 젠기
당신에게는 **돈이** 있나요?.

Tip 러시아어에서는 현재 시제일 때 동사 'быть ~(이)다, ~있다'를 생략할 수 있었습니다. 하지만 'y + 생격'을 활용한 소유 구문에서는 быть 동사를 생략하지 않고 활용할 수 있습니다. 주어에 따라 어미가 변하는 다른 동사들과는 달리 быть는 현재 변화형이 есть 하나밖에 존재하지 않습니다. 그렇기 때문에 '~에게 ~이(가) 있다'라는 소유 구문을 현재형으로 표현할 땐 주어와 상관없이 есть만 활용합니다.

· У студéнта **есть словáрь**. 우스뚜젠따 예스ㅉ 슬라v바ㄹ
학생에게 **사전이 있습니다.** (남성 단수 주어)

· У мáмы **есть газéта**. 우마믜 예스ㅉ 가z제따
엄마에게 **신문이 있습니다.** (여성 단수 주어)

· У бáбушки **есть пальтó**. 우바부쉬끼 예스ㅉ 빨또
할머니에게 **외투가 있습니다.** (중성 단수 주어)

· У Алексáндра **есть дéти**. 우알릭싼드라 예스ㅉ 제찌
알렉산드르에게 **아이들이 있습니다.** (복수 주어)

Запóмните! 기억하세요!

러시아어의 6격 기억하시죠? 주격, 생격, 여격, 대격, 조격, 전치격 모두 대표적인 의미가 있긴 하나, 모든 격이 한 가지씩만의 의미나 쓰임새만 가지고 있는 건 아닙니다. 특히 생격은 수식, 소유 구문 외에도 매우 다양하게 쓰이는 격입니다. 러시아어에서 활용도가 가장 높은 격, 가장 많이 사용하는 격이라고도 볼 수 있습니다. 앞으로도 각 격이 하는 역할과 쓰임새를 잘 구분하면서 러시아어를 공부할 필요가 있습니다.

плюсы

꿀팁 더하GO!

① 일반 단수 형용사의 전치격

3과에서 '장소 где'에 해당하는 표현을 배울 때 단수 명사의 전치격을 살펴보았습니다. 이번 과에서는 **단수 형용사의 전치격 변화형도** 함께 알아봅시다.

남성 /중성	-ом	대부분의 남성 -ый / -ий / -ой / 중성 -ое 형용사 **예** но́в**ый** 노v브이 → но́в**ом** 노v밤 새로운 (남성 단수) но́в**ое** 노v바예 → но́в**ом** 노v밤 새로운 (중성 단수)
	-ем	① 남성 -ний / 중성 -нее 연변화 형용사 **예** си́**ний** 씨니이 → си́**нем** 씨녬 파란 (남성 단수) си́**нее** 씨녜예 → си́**нем** 씨녬 파란 (중성 단수) ② ж / ш / щ / ч / ц 다음에 강세가 없는 남성 / 중성 형용사 **예** хоро́ш**ий** 하로쉬이 → хоро́ш**ем** 하로솀 좋은 (남성 단수) хоро́ш**ее** 하로셰예 → хоро́ш**ем** 하로솀 좋은 (중성 단수)
여성	-ой	대부분의 여성 -ая 형용사 **예** но́в**ая** 노v바야 → но́в**ой** 노v바이 새로운 (여성 단수)
	-ей	① 여성 -няя 연변화 형용사 **예** си́**няя** 씨냐야 → си́**ней** 씨녜이 파란 (여성 단수) ② ж / ш / щ / ч / ц 다음에 강세가 없는 여성 형용사 **예** хоро́ш**ая** 하로샤야 → хоро́ш**ей** 하로셰이 좋은 (여성 단수)

◎ Обрати́те внима́ние! 주목하세요!

러시아어 철자 규칙 중 ж / ш / щ / ч / ц 다음에는 반드시 강세가 있는 -о만 올 수 있다는 규칙이 있었습니다. 따라서 형용사 단수 전치격 변화형에서도 차선책으로 어미를 -ем이나 -ей로 바꿔야 합니다.

> **예** Бори́с говори́т о хоро́ш**ем** учи́тел**е**. 바리쓰 가v바릿 아하로솀 우취쩰례
> 보리스는 **훌륭한 선생님에 대해** 말하고 있습니다. (철자 규칙에 해당)
>
> Я хочу́ почита́ть о ру́сск**ой** культу́р**е**. 야 하츄 빠취따ㅉ 아루스까이 꿀뚜례
> 나는 **러시아 문화에 대해** 조금 읽고 싶습니다.
>
> Я отдыха́ю на больш**о́м** о́зер**е**. 야 아듸하유 나발숌 오z졔례
> 나는 **큰 호수에서** 쉬고 있습니다.

소유 형용사와 재귀 형용사의 단수 전치격

	남성 / 중성	여성
나의	моём 마욤	моéй 마예이
너의	твоём 뜨v바욤	твоéй 뜨v바예이
그의	его 이v보	
그녀의	её 이요	
우리의	нáшем 나셈	нáшей 나셰이
당신의	вáшем v바셈	вáшей v바셰이
그들의	их 이ㅎ	
자신의	своём 스v바욤	своéй 스v바예이

- Что вы дýмаете **о в**á**ш**ем университéт**е**?
  쉬또 v븨 두마예쩨 아v바셈 우니v비르씨쩨쩨

  당신은 당신의 대학교에 대해 어떻게 생각하나요?

- Борúс чáсто дýмает **о** сво**éй** семь**é**.
  바리쓰 챠스따 두마옛 아스v바예이 씨몌

  보리스는 자신의 가족에 대해 자주 생각합니다.

> **Tip** 3인칭 소유 대명사 его / её / их는 뒤에 어떤 명사가 와도 변하지 않습니다.

- Я дýмаю **о его** млáдш**ей** сестр**é**.
  야 두마유 아이v보 믈라드셰이 씨스뜨례

  나는 그의 여동생에 대해 생각하고 있습니다.

3

지시 형용사의 단수 전치격

	남성 / 중성	여성
이	э́том 에땀	э́той 에따이
그, 저	том 똠	той 또이

> **예** Я живý **в** э́т**ом** общежúти**и**.
> 야 쥐v부 v베땀 압쉬쥐찌이

나는 **이 기숙사에서** 살고 있습니다.

> Он ничегó не знáет **о том** студéнт**е**.
> 온 니취v보 니z즈나옛 아똠 스뚜졘쩨

그는 **저 학생에 대해** 아무것도 모릅니다.

의문 형용사의 단수 전치격

	남성 / 중성	여성
어떤	как**óм** 까꼼	как**óй** 까꼬이
누구의	чь**ём** 취욤	чь**ей** 취예이

> **예** **В** как**óм** гóрод**е** вы живёте?
> f프까꼼 고라제 v븨 쥐v뵤쩨

당신은 **어떤 도시에서** 살고 있습니까?

> **О** чь**ей** мáм**е** ты говорúшь?
> 아취예이 마몌 띄 가v바리쉬

너는 **누구의 엄마에 대해** 말하고 있니?

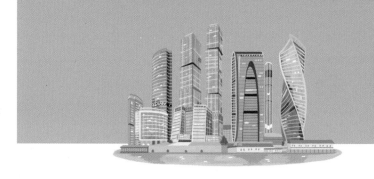

1 주어진 문장을 의미에 맞게 순서대로 나열하세요.

❶ Нет, про́сто он о́чень скуча́ет по семье́.

❷ Танта́н, ты не зна́ешь, как у Бори́са дела́?

❸ Мне ка́жется, у него́ сейча́с пробле́мы.

❹ У него́ всё хорошо́. А что?

// 1 _____

// 2 _____

// 3 _____

// 4 _____

2 괄호 안에 주어진 단어를 생격 규칙에 맞게 바꾸세요.

// 1 당신은 어떻게 지내나요?

Как у _____ дела́? (вы)

// 2 나에게는 자동차가 있습니다.

У _____ есть маши́на. (я)

// 3 보리스는 모든 것이 다 좋아요.

У _____ всё хорошо́. (Борис)

// 4 율리야에게 시간이 있습니까?

У _____ есть вре́мя? (Ю́лия)

3 다음 전치사 в / во / о / об 중 빈칸에 들어갈 알맞은 전치사를 쓰세요.

// 1 나는 이 기숙사에서 살고 있습니다.

Я живу́ _____ э́том общежи́тии.

2 유나는 시험에 대해 생각합니다.

Юна́ ду́мает _____ экза́мене.

3 러시아에 대해 이야기해 주세요!

Расскажи́те _____ Росси́и!

4 보리스의 부모님은 블라디보스토크에서 살고 있습니다.

Роди́тели Бори́са живу́т _____ Владивосто́ке.

4 주어진 단어를 전치격 규칙에 따라 알맞게 바꾸세요.

1 딴딴은 나의 남자 형제에 대해 물어보고 있습니다.

Танта́н спра́шивает о _____ (мой брат)

2 율리야는 러시아에 대해 말하고 있습니다.

Ю́лия говори́т о _____ (Росси́я)

3 유나는 어떤 도시에서 살고 있나요?

В _____ живёт Юна́? (како́й го́род)

5 주어진 단어를 나열해서 알맞은 소유 구문을 만들어 보세요.

1 меня́ / брат / есть / у

_____

2 есть / слова́рь / у / студе́нта

_____

3 у / сестры́ / маши́на / есть

_____

정답

❶ ② Танта́н, ты не зна́ешь, как у Бори́са дела́? 딴딴, 너 보리스가 어떻게 지내는지 모르니? ④ У него́ всё хорошо́. А что? 그에게는 모든 것이 좋아(잘 지내). 그런데 왜? ③ Мне ка́жется, у него́ сейча́с пробле́мы. 내 생각에는 그에게 지금 문제가 있는 것 같아. ① Нет, про́сто он о́чень скуча́ет по семье́. 아니야. 그저 그는 가족을 엄청 그리워해.

❷ ① вас ② меня́ ③ Бори́са ④ Ю́лии

❸ ① в ② об ③ о ④ во

❹ ① моём бра́те ② Росси́и ③ како́м го́роде

❺ ① У меня́ есть брат. 나에게는 남자 형제가 있습니다.
② У студе́нта есть слова́рь. 대학생에게는 사전이 있습니다.
③ У сестры́ есть маши́на. 여자 형제에게는 차가 있습니다.

어휘 늘리GO!

лéксика

🎧 Track 07-03

러시아에서 사람의 이름은 대부분 특정 의미가 있어서, 이름의 종류가 비교적 한정적입니다. 또한 서로 칭할 때 가까운 사이라면 정식 이름보다는 각 이름에 해당하는 애칭으로 많이 부릅니다. 애칭은 이름마다 정해져 있으니, 많이 쓰이는 이름과 애칭을 알아 두면 좋겠죠?

남자 이름

이름	애칭
Алекса́ндр 알릭산드르	Са́ша 싸샤
Алексе́й 알릭쎄이	Алёша 알료샤
Бори́с 바리쓰	Бо́ря 보랴
Ви́ктор v빅따르	Ви́тя v비쨔
Влади́мир v블라지미르	Воло́дя v발로쟈
Дми́трий 드미뜨리	Ди́ма 지마
Ива́н 이v반	Ва́ня v바냐
Михаи́л 미하일	Ми́ша 미샤
Серге́й 씨르게이	Серёжа 씨료쟈
Ю́рий 유리	Ю́ра 유라

여자 이름

이름	애칭
Алекса́ндра 알릭싼드라	Са́ша 싸샤
Анастаси́я 아나스따씨야	На́стя 나스쨔
Екатери́на 이까쩨리나	Ка́тя 까쨔
Мари́я 마리야	Ма́ша 마샤
Ната́лья 나딸리야	Ната́ша 나따샤
О́льга 올가	О́ля 올랴
Светла́на 스v비뜰라나	Све́та 스v볘따
Со́фья 소f피야	Со́ня 쏘냐
Татья́на 따찌야나	Та́ня 따냐
Ю́лия 율리야	Ю́ля 율랴

이 외에도 러시아에서 유행하는 이름은 많습니다. 또한 전통적인 러시아어 이름을 선호했던 과거와는 달리, 요즘에는 아이 이름을 Ро́берт 로베르뜨 (Robert), Ли́ам 리암(Liam), Изабе́лла 이자벨라(Isabella)처럼 영미권이나 다른 유럽권 국가에서 많이 쓰이는 이름으로 지어 주기도 합니다. 여러분도 마음에 드는 자신의 러시아 이름을 하나 지어 보면 어떨까요?

러시아 만나GO!

о Росси́и

러시아인의 이름은 '이름 + 부칭 + 성'으로 구성되어 있는데요. 상황에 따라 호칭을 다양하게 사용합니다. 먼저 가족, 친구, 연인 사이에서 애칭으로 부릅니다. 앞서 어휘 늘리GO! 코너에서 러시아인의 이름마다 정해진 애칭을 익혀 보았죠? 러시아 사람들은 가족 또는 친한 사이에서 애칭이 아닌 정식 이름을 부른다면, 자신과 친하지 않다고 받아들이거나 거리감을 느낄 수 있으니 꼭 애칭으로 부르는 게 좋아요.

Приве́т, Ко́ля! 쁘리v비옛 꼴랴 안녕, 꼴랴! (남자 이름 Никола́й 니깔라이의 애칭)

다음으로 부칭은 아버지의 이름을 가지고 만든 호칭입니다. 부칭은 남자일 땐 -ович / -евич 라는 어미로, 여자일 땐 -овна / -евна라는 어미로 끝납니다. 예를 들어 아버지의 이름이 Влади́мир이라면 아들의 부칭은 Влади́мирович, 딸의 부칭은 Влади́мировна 가 됩니다. '이름 + 부칭'을 쓰는 경우, 존경의 의미를 나타내게 됩니다. 주로 선생님, 교수님, 직장 상사를 부를 때 '이름 + 부칭'으로 말할 수 있습니다. 참고로 러시아에서 우리나라처럼 '선생님'을 뜻하는 어휘 учи́тель는 선생님을 부르는 호칭이 될 수 없습니다. 교수님이나 직장 상사를 부를 때도 마찬가지입니다.

До́брое у́тро, Влади́мир Анто́нович! 도브라예 우뜨라 v블라지미르 안또나v비취
좋은 아침입니다, 블라디미르 안또노비취 씨(선생님)!

마지막으로 '이름 + 성'을 쓰는 경우는 공식적인 상황에서입니다. 즉, 공인이나 유명인을 칭할 때라든지 서류에 서명을 할 때, 공문서에 이름을 기재해야 할 때 등의 경우 '이름 + 성'을 활용할 수 있습니다. 이름을 제외하고 성만 활용하는 경우도 있습니다.

Лев Толсто́й – а́втор рома́на «Война́ и мир».
레f프 딸스또이 아f프따르 라마나 v바이나 이 미르 레프 톨스토이는 소설 '전쟁과 평화'의 작가입니다.

또한 직장 상사나 선생님, 교수님을 직접 부를 때는 '이름 + 부칭'을 활용하지만, 어느 교수님 또는 어느 선생님인지 단순히 지칭할 때도 보통 성으로만 써서 표현합니다.

Профе́ссор Ивано́в чита́ет ле́кцию. 쁘라f폐싸르 이v바노f프 취따옛 렉찌유
이바노프 교수님이 강의를 합니다.

이처럼 상황에 따라 쓰는 호칭이 다르니 경우에 맞게 상대방을 호칭하며 대화할 수 있도록 주의를 기울여야겠죠? 그런데 러시아어 이름은 굉장히 긴 경우가 많아서, 실생활에서 러시아인이 외국인에게 이름을 알려줄 땐 애칭만 알려주면서 처음부터 반말을 하는 경우도 있답니다. 러시아인과 더 친해지기 위해 먼저 한번 말 편하게 하자고 얘기해 보는 건 어떨까요?

Дава́й на ты! 다v바이 나띄 말 편하게 하자!

Я иду́ на Кра́сную пло́щадь.

Уро́к

08

Я иду́ на Кра́сную пло́щадь.

나는 붉은 광장으로 가고 있어요.

▶ 08강

╲ **학습 목표**

운동 동사와 교통수단을 활용한
표현을 사용할 수 있다.

╲ **공부할 내용**

장소 куда́, 'к+여격'의 활용
운동 동사의 활용
교통수단 '~을(를) 타고' 활용하기

╲ **주요 표현**

Куда́ ты идёшь?
Я иду́ к врачу́.
Я е́ду домо́й на метро́.
Я всегда́ хожу́ на рабо́ту
пешко́м.

◀ 상트페테르부르크의 에르미타시 미술관.
세계 3대 박물관 중 하나

말문 트GO!

🎧 Track 08-01

 Диало́г 1

유나는 붉은 광장으로 가는 길에 보리스를 만났습니다.

Бори́с	**Юна́, Приве́т! Куда́ ты идёшь сейча́с?** 유나 쁘리v비옛 꾸다 띄 이죠쉬 씨챠스
Юна́	**Приве́т, Бори́с! Я иду́ на Кра́сную** 쁘리v비옛 바리쓰 야 이두 나끄라쓰누유 **пло́щадь.** 쁠로쉬ㅉ
Бори́с	**Ты идёшь пешко́м?** 띄 이죠쉬 삐쉬꼼
Юна́	**Да, иду́ пешко́м. А ты куда́?** 다 이두 삐쉬꼼 아 띄 꾸다
Бори́с	**А я иду́ к врачу́.** 아 야 이두 끄v브라츄

보리스 유나, 안녕! 너는 지금 어디로
가는 길이니?
유나 안녕, 보리스! 나는 붉은 광장으
로 가고 있어.
보리스 너는 걸어서 가니?
유나 응, 걸어서 가. 그런데 너는 어디
로 가니?
보리스 (반면에) 나는 의사에게 가는
길이야.

Слова́ **куда́** 의문 어디로 **идти́** 동 걸어가다 **сейча́с** 부 지금, 현재 **кра́сный** 형 빨간, 붉은 **пло́щадь**
명 광장 **пешко́м** 부 걸어서

 포인트 잡GO!

❶ 접속사 a는 '반면에, 그런데'라는 대조의 의미를 나타냅니다. 접속사 a를 활용해 되물을 땐 문장 끝을 올
려 말해 주세요.

> **예** **А** ты куда́? 아 띄 꾸다   그러면 너는 어디로?
> **А** я иду́ к врачу́. 아 야 이두 끄v브라츄   (반면에) 나는 의사에게 가는 길이야.

❷ 러시아어에서 사람 이름, 지명 등과 같은 고유 명사의 첫 글자를 대문자로 씁니다. 'Кра́сная пло́щадь
끄라스나야 쁠로쉬ㅉ 붉은 광장' 역시 고유 명사이므로 첫 글자를 항상 대문자로 씁니다.

учи́тесь 핵심 배우GO!

① 'к + 여격'으로 어디로 가는지 말하기

'~에게'라는 표현은 장소 표현 'в / на + 대격'이 아닌 'к + 여격'을 활용합니다.

- Я иду́ в дом дру́га. (X)
- Я иду́ к **дру́гу**. (O) 야 이두 끄드루구 나는 **친구에게** 가는 길이야.

> **Tip** 여격은 아직 배우지 않았지만 '사람의 집으로, ~에게'라는 표현은 장소 표현이 아닌, '전치사 к + 여격'을 써야 한다는
> 점 참고로 알아 둡시다.

② 부사 пешко́м 활용하기

'идти́ 걸어 가다' 동사는 단독으로 쓸 때, 'пешко́м 걸어서'라는 의미의 부사와 함께 활용합니다.

- Я иду́. 야 이두 나는 갑니다. (어색한 문장. X)
- Я иду́ **пешко́м**. 야 이두 삐쉬꼼 나는 **걸어서** 갑니다. (O)

🎯 **Обрати́те внима́ние! 주목하세요!**

러시아어 문장에서 시간 표현은 주로 문장의 맨 앞 또는 맨 뒤에 위치합니다. 시간 표현이 문장 전체를 꾸미는 경우가 대부분이기 때문입니다. 특히 의문사가 있는 의문문의 경우, 시간 표현은 주로 문장 맨 끝에 위치하는 경우가 많습니다.

> **예** **Куда́** ты идёшь **сейча́с**? 꾸다 띄 이죠쉬 씨챠스 너는 지금 어디로 걸어가고 있니?

말문트GO!

говори́те

🎧 Track 08-02

 Диало́г 2

율리야는 보통 걸어서 직장에 갑니다.

Ю́мин　**Ю́лия, на чём вы е́здите на рабо́ту?**
　　　　율리야　　나춈　　v븨　예z즈지쩨　　나라보뚜

Ю́лия　**Я обы́чно хожу́ на рабо́ту пешко́м.**
　　　　야　아븨취나　　하쥬　　나라보뚜　　삐쉬꼼

　　　　Иногда́ е́зжу на метро́. А вы?
　　　　이나그다　예z즈쥬　나미뜨로　아 v븨

Ю́мин　**Я иду́ на рабо́ту пешко́м, а е́ду домо́й**
　　　　야 이두　　나라보뚜　　삐쉬꼼　아 예두　다모이

　　　　на трамва́е.
　　　　나뜨람v바예

　　　　Я не люблю́ е́здить на метро́.
　　　　야　니류블류　예z즈지ㅉ　나미뜨로

유민　율리야 씨, 당신은 무엇을 타고 직장에 다녀요?

율리야　나는 보통 걸어서 직장에 다녀요. 가끔 지하철을 타고 다니기도 해요. 그러면 당신은요?

유민　나는 직장으로는 걸어서 가고 집으로는 전차를 타고 가요. 나는 지하철 타고 다니는 것을 싫어해요.

Слова́ **на чём** 의문 무엇을 타고　**е́здить** 동 타고 다니다　**обы́чно** 부 보통　**иногда́** 부 가끔　**е́хать** 동 타고 가다

 포인트 잡GO!

❶ рабо́та는 기본적으로 '일'이라는 의미지만, 직장, 논문, 작품 등의 의미로도 활용됩니다.

　예　Я иду́ на **рабо́ту** пешко́м. 야 이두 나라보뚜 삐쉬꼼　나는 **직장**으로 걸어서 가요.

핵심 배우GO!

1 'на + 전치격'으로 말하기

'교통수단을 타고'라는 표현은 'на + 전치격'으로 말합니다.

- **На чём** ты е́дешь домо́й?
  나춈 띄 예졔쉬 다모이

  너는 **무엇을 타고** 집으로 가니?

- Бори́с е́дет на уро́к **на авто́бусе**.
  바리쓰 예졧 나우록 나아f프또부쎼

  보리스는 수업에 **버스를 타고** 갑니다.

- Я е́ду домо́й **на метро́**.
  야 예두 다모이 나미뜨로

  나는 **지하철을 타고** 집으로 가.

2 부사 домо́й 활용하기

'집으로'라는 표현은 장소 표현 'в / на + 대격'이 아닌, 부사 домо́й를 사용합니다.

- Я иду́ в дом пешко́м. (X)

- Я иду́ **домо́й** пешко́м.
  야 이두 다모이 삐쉬꼼

  나는 걸어서 **집으로** 갑니다. (O)

 Обрати́те внима́ние! 주목하세요!

'идти́ 걸어 가다', 'е́хать 타고 가다'는 '한 방향으로 가다'라는 의미를 내포하는 정태 동사입니다. 정태 동사를 현재형으로 썼을 때 단일 방향의 의미로도 쓸 수 있습니다.

> 예 Я **иду́** на рабо́ту пешко́м, а **е́ду** домо́й на трамва́е.
> 야 이두 나라보뚜 삐쉬꼼 아 예두 다모이 나뜨람v바예
> 나는 직장으로는 **걸어서 가고**, 집으로는 전차를 **타고 갑니다**.

따라서 위의 예문에서 '갈 때는 (한 방향으로) 걸어서(иду́), 올 때는 (한 방향으로) 타고 간다(е́ду)'라는 의미를 파악할 수 있습니다.

грамма́тика

문법 다지 GO!

1 정태 동사

사람의 움직임과 관련된 모든 동사를 동작 동사라고 부릅니다. 동작 동사는 크게 정태 동사와 부정태 동사로 구분됩니다. 러시아어에서 동작 동사는 실생활에서 활용도가 높은 중요한 개념입니다. 정태 동사는 동작 동사 중에서도 '한 방향으로의 움직임'을 나타낼 때 쓰는 동사입니다. 정태 동사에는 'идти́ 걸어 가다', 'éхать 타고 가다', 'лете́ть 날아가다', 'нести́ 들고 가다' 등이 있습니다. 대표적으로 가장 많이 활용할 수 있는 'идти́ 걸어 가다', 'éхать 타고 가다' 동사의 변화형을 알아보겠습니다.

주격 인칭 대명사	идти́ 이찌 걸어 가다	éхать 예하쯔 타고 가다
я	иду́ 이두	éду 예두
ты	идёшь 이죠쉬	éдешь 예졔쉬
он, она́	идёт 이죳	éдет 예졧
мы	идём 이죰	éдем 예졤
вы	идёте 이죠쩨	éдете 예졔쩨
они́	иду́т 이둣	éдут 예둣

정태 동사를 현재 시제로 쓰면 '지금 어디로 가고 있다'라는 현재 진행의 의미로 쓸 수 있습니다.

- Куда́ ты **идёшь**? 꾸다 띄 이죠쉬　　　　너는 어디로 **(걸어) 가니?**
- Я **иду́** домо́й. 야 이두 다모이　　　　나는 집으로 **(걸어)가.**

- На чём ты **éдешь**? 나춈 띄 예졔쉬　　　　너는 무엇을 **타고 가니?**
- Я **éду** на метро́. 야 예두 나미뜨로　　　　나는 지하철을 **타고 가.**

2 부정태 동사

부정태 동사는 동작 동사 중에서도 '여러 방향으로의 움직임'을 나타낼 때 쓰는 동사입니다. 부정태 동사에는 'ходи́ть 걸어 다니다', 'éздить 타고 다니다', 'лета́ть 날아다니다', 'носи́ть 들고 다니다' 등이 있습니다. 대표적으로 가장 많이 활용할 수 있는 'ходи́ть 걸어 다니다', 'éздить 타고 다니다' 동사의 변화형을 알아보겠습니다.

주격 인칭 대명사	ходи́ть 하지ㅉ 걸어 다니다	е́здить 예z즈지ㅉ 타고 다니다
я	хожу́ 하쥬	е́зжу 예z즈쥬
ты	хо́дишь 호지쉬	е́здишь 예z즈지쉬
он, она́	хо́дит 호짓	е́здит 예z즈짓
мы	хо́дим 호짐	е́здим 예z즈짐
вы	хо́дите 호지쩨	е́здите 예z즈지쩨
они́	хо́дят 호쟛	е́здят 예z즈쟛

Tip ходи́ть 동사는 현재 변화에서 강세 변화가 일어납니다. 발음에 주의하세요.

부정태 동사를 현재 시제로 쓰면 '평소에 ~다닌다'라는 일상 생활 반복의 의미로 쓸 수 있습니다.

- **Мой па́па всегда́ хо́дит** на рабо́ту пешко́м.   나의 아빠는 항상 직장에 **걸어서 다닙니다**.
  모이 빠빠 f프씨그다 호짓 나라보뚜 삐쉬꼼

- **Я обы́чно е́зжу** в университе́т на такси́.   나는 보통 대학교에 택시를 **타고 다닙니다**.
  야 아비취나 예z즈쥬 부니v비르씨쩻 나딱씨

 Запо́мните! 기억하세요!

'люби́ть 좋아하다' 동사를 부정태 동사와 함께 쓸 수 있어요. '한 방향으로 걸어가는 것을 좋아하다'라는 의미가 아니라, '걸어 다니는 행위 자체를 좋아하다'라는 개념에서 부정태 동사만 함께 쓸 수 있습니다.

   예   Я люблю́ идти́ пешко́м (X)   나는 걸어가는 것을 좋아합니다.
         Я люблю́ ходи́ть пешко́м. (O)   나는 걸어 다니는 것을 좋아합니다.
         야 류블류 하지ㅉ 삐쉬꼼

1 장소 표현 куда́

운동 동사와 함께 활용할 수 있는 표현들을 알아봅시다. 앞서 '어디에'라는 의미로 쓰이는 где 형태의 장소 표현을 배웠습니다. 운동 동사는 '~(으)로 간다'라는 이동의 의미가 있기 때문에 где 형태의 장소 표현이 아닌 куда́에 해당하는 장소 표현을 주로 함께 활용합니다. 'куда́ 어디로'라는 의문사로 물었을 때 또는 방향성을 나타내는 장소를 표현할 때 'в / на + 대격'을 활용합니다.

где 어디에	куда́ 어디로
в / на + 전치격	в / на + 대격
в шко́ле 학교에서	в шко́лу 학교로
на рабо́те 직장에서	на рабо́ту 직장으로

// где 어디에

- Я живу́ **в Сеу́ле** 야 쥐v부 f프씨울례   나는 **서울에** 살고 있습니다.
- Сейча́с Юми́н **на рабо́те**. 씨챠쓰 유민 나라보쩨   지금 유민이는 **직장에** 있습니다.

// куда́ 어디로

- Я е́ду **в Сеу́л** 야 예두 f프씨울   나는 **서울로** 가고 있습니다.
- Сейча́с Юми́н идёт **на рабо́ту**.   지금 유민이는 **직장으로** 가고 있습니다.
  씨챠스 유민 이죳 나라보뚜

> **Tip**   전치사 в / на의 쓰임새는 동일합니다. 명사를 전치격으로 쓰는지, 대격으로 쓰는지에 따라 장소 표현 'где 어디에'와 'куда́ 어디로'가 달라집니다.

в	경계 확실 (행정 구역, 건물, 기관 등)
на	경계 불확실 (자연 환경, 방위, 사건, 행사 등)

- Куда́ вы идёте? 꾸다 v븨 이죠쪠   당신은 어디로 (걸어) 가고 있습니까?
- Я иду́ **в** шко́лу пешко́м.   나는 학교에 (걸어) 가고 있습니다.
  야 이두 f프쉬꼴루 뻬쉬꼼
- Я е́ду **на** рабо́ту на метро́.   나는 직장에 지하철을 타고 가고 있습니다.
  야 예두 나라보뚜 나미뜨로

2 **к кому́** 사람에게, ~집으로

전치사 в / на는 장소와 함께 쓰는 표현입니다. '사람에게 / ~집으로'라는 표현은 전치사 'к + 여격'을 활용해야 합니다. 여격은 아직 배우지 않았으므로 가볍게 참고해 두세요.

- **К кому́** ты идёшь? ㅋ까무 띄 이죠쉬   너는 **누구에게** 가고 있니?
- Я иду́ **к врачу́**. 야 이두 끄v브라츄   나는 **의사에게** 가고 있어.

3 **на чём** (교통수단을) 타고

러시아어에서 '~을(를) 타고'라는 표현은 전치사 'на + 전치격'으로 표현합니다. 러시아인들이 자주 이용하는 주요 교통수단과 함께 말해 봅시다.

주격	на чём ~을(를) 타고
авто́бус 아f프또부쓰 버스	на авто́бусе 나아f프또부쎄
трамва́й 뜨람v바이 전차	на трамва́е 나뜨람v바예
тролле́йбус 뜨랄례이부쓰 트롤리 버스	на тролле́йбусе 나뜨랄례이부쎄
маршру́тка 마르쉬루뜨까 미니 버스	на маршру́тке 나마르쉬루뜨께
маши́на 마쉬나 자동차	на маши́не 나마쉬녜
по́езд 뽀예스뜨 기차	на по́езде 나뽀예z즈제
самолёт 싸말룥 비행기	на самолёте 나싸말료쩨
метро́ 미뜨로 지하철	на метро́ 나미뜨로
такси́ 딱씨 택시	на такси́ 나딱씨

🎯 **Обрати́те внима́ние!** 주목하세요!

러시아어에서 외래어 중 격 변화가 일어나지 않는 명사를 외래 불변 명사라고 합니다. метро́, такси́도 외래 불변 명사여서 '~을(를) 타고'라는 표현이 'на + 전치격'이라고 해도 해당 명사는 격 변화가 없습니다.

> **예** Я е́ду в университе́т **на трамва́е**.
> 야 예두 v부니v비르씨쩻 나뜨람v바예
> 나는 대학교로 **전차를 타고** 가고 있습니다.
>
> Студе́нты е́дут в Москву́ **на по́езде**.
> 스뚜젠띄 예둣 v브마스끄v부 나뽀예z즈제
> 학생들은 모스크바로 **기차를 타고** 가고 있습니다
>
> Ю́лия обы́чно е́здит на рабо́ту **на метро́**.
> 율리야 아븨취나 예z즈짓 나라보뚜 나미뜨로
> 율리야는 보통 **지하철을 타고** 직장에 다닙니다.

실력 높이 GO!

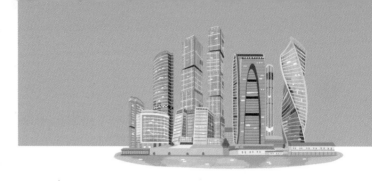

1 주어진 문장을 의미에 맞게 순서대로 나열하세요.

> ❶ А ты куда́?
>
> ❷ Я иду́ на Кра́сную пло́щадь.
>
> ❸ Куда́ ты идёшь?
>
> ❹ А я иду́ к врачу́.

// 1 _____

// 2 _____

// 3 _____

// 4 _____

2 주어에 따라 идти́ 동사의 변화형을 알맞게 써 넣으세요.

// 1 Куда́ _____ ва́ши роди́тели?

// 2 Мой брат _____ на стадио́н.

// 3 Ты _____ пешко́м?

3 다음 한국어 해석을 참조하여, 빈칸에 идти́와 ходи́ть 동사 중 의미상 적절한 것을 써 넣으세요.

// 1 당신은 지금 어디로 걸어 가고 있습니까?

Куда́ вы _____ сейча́с?

// 2 나는 보통 학교에 걸어 다닙니다.

Я обы́чно _____ в шко́лу пешко́м.

// 3 아이들은 걸어 다니는 것을 좋아합니다.

Де́ти лю́бят _____ пешко́м.

// 4 나는 집으로 걸어서 가고 있습니다.

Я _____ домо́й пешко́м.

4 그림에 있는 교통수단을 러시아어로 바꿔서 써 넣으세요.

// 1 Я е́ду в музе́й _____.

// 2 Танта́н е́дет на рабо́ту _____.

// 3 Ю́лия и Бори́с е́дут _____.

5 주어진 문장을 러시아어로 바꿔 보세요.

❶ 너는 걸어서 가니?
❷ 나는 의사에게 가는 길이야.
❸ 너는 무엇을 타고 직장에 다니니?
❹ 나는 지하철 타고 다니는 것을 싫어해.

// 1 _____

// 2 _____

// 3 _____

// 4 _____

정답
❶ ③ Куда́ ты идёшь? 너는 어디로 가는 길이니? - ② Я иду́ на Кра́сную пло́щадь. 나는 붉은 광장으로 가고 있어.
  - ① А ты куда́? 그런데 너는 (어디로 가고 있니)? - ④ А я иду́ к врачу́. (반면에) 나는 의사에게 가는 길이야.
❷ ① иду́т 당신 부모님은 어디로 (걸어) 가고 있습니까? ② идёт 내 남자 형제는 경기장으로 (걸어) 가고 있습니다.
  ③ идёшь 너는 걸어서 가고 있니?
❸ ① идёте ② хожу́ ③ ходи́ть ④ иду́
❹ ① на авто́бусе 나는 박물관에 버스를 타고 갑니다. ② на метро́ 딴딴은 직장에 지하철을 타고 갑니다. ③ на
  маши́не 율리야와 보리스는 차를 타고 갑니다.
❺ ① Ты идёшь пешко́м? ② Я иду́ к врачу́. ③ На чём ты е́здишь на рабо́ту? ④ Я не люблю́ е́здить на
  метро́.

어휘 늘리GO!

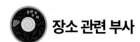

🎧 Track 08-03

💿 **장소 관련 부사**

где 어디에

здесь z즈졔ㅆ	여기에
там 땀	저기에
сле́ва 슬례v바	왼쪽에
спра́ва 스쁘라v바	오른쪽에

куда́ 어디로

сюда́ 슈다	여기로
туда́ 뚜다	저기로
нале́во 날례v바	왼쪽으로
напра́во 나쁘라v바	오른쪽으로
пря́мо 쁘랴마	직진해서, 곧장

자주 쓰이는 운동 동사

정태	부정태	의미
лете́ть 리쩨ㅉ	**лета́ть** 리따ㅉ	날다
плыть 쁠릐ㅉ	**пла́вать** 쁠라v바ㅉ	수영하다
бежа́ть 비좌ㅉ	**бе́гать** 볘가ㅉ	뛰다
нести́ 니스찌	**носи́ть** 나씨ㅉ	(걸어서) 운반하다
везти́ v비스찌	**вози́ть** v바z지ㅉ	(싣고) 운반하다
вести́ v비스찌	**води́ть** v바지ㅉ	(걸어서) 데리고 가다

조금 어려울 수 있으나, 실생활에서 자주 쓰이는 동사이므로 알아 두면 좋습니다.

러시아 만나GO!

о Росси́и

러시아의 흥미로운 교통수단, 'маршру́тка 마르쉬루뜨까'

마르쉬루뜨까라고 불리는 미니 버스는 러시아인들이 굉장히 애용하는 대중교통이에요. 주로 소형 봉고차의 모습을 한 마르쉬루뜨까는 소위 택시 버스라고도 불립니다. 말 그대로 버스 노선을 따라 운행하지만, 그 노선 내에서는 내가 원하는 곳에서 내리고 탈 수 있기 때문이죠. 운이 좋아서 마르쉬루뜨까가 우리 집 앞을 지나간다면, 현관문을 열자마자 탈 수도 있답니다. 보통 마르쉬루뜨까의 노선은 짧은 편이라, 우리 나라의 마을 버스 개념으로 생각해도 좋을 것 같아요. 하나 더 흥미로운 점은, 마르쉬루뜨까에 타면 승객이 한꺼번에 요금을 걷어 기사에게 전달한답니다. 기사가 요금을 굳이 확인하지 않아도 승객들이 알아서 척척 요금을 걷고, 잔돈을 각자 거슬러 받아서 기사에게 주는 것은 러시아의 마르쉬루뜨까에서 볼 수 있는 색다른 모습이에요. 내가 내리고 싶은 곳에서 이렇게 외쳐 볼까요?

Останови́тесь, здесь! 아스따나v비쩨ㅆ z즈졔ㅆ 여기서 내려 주세요!

▲ 마르쉬루뜨까

У меня́ боли́т голова́.

У меня́ боли́т голова́.

나는 머리가 아파요.

▶ 09강

╲ **학습 목표**

소유 구문을 활용해 물건의 소유 여부를
확인할 수 있다.
아픈 증상에 대해 묻고 답할 수 있다.

╲ **공부할 내용**

생격의 활용 ❸ 부정 생격 구문
장소 отку́да의 활용
동사 боле́ть의 활용
-овать / -евать 동사의 활용

╲ **주요 표현**

У меня́ высо́кая температу́ра.
У меня́ нет лека́рства.
Я из больни́цы.
У меня́ боли́т голова́.

◀ 모스크바 국립 대학교(МГУ) 본관 전경

말문 트GO!

 говори́те

🎧 Track 09-01

💬 Диало́г 1

유민은 러시아 역사책과 러-한 사전을 사려고 합니다.

Юми́н	Здра́вствуйте! У вас есть кни́ги z즈드라스트v부이쩨 우v바쓰 예스쯔 끄니기 по исто́рии? 빠이스또리이
Продаве́ц	Коне́чно, есть. 까녜쉬나 예스쯔
Юми́н	Я хочу́ почита́ть о ру́сской исто́рии. 야 하츄 빠취따쯔 아루스까이 이스또리이
Продаве́ц	Вот, пожа́луйста. v봇 빠좔루스따
Юми́н	Спаси́бо большо́е. А у вас есть 쓰빠씨바 발쇼예 아 우v바쓰 예스쯔 ру́сско-коре́йский слова́рь? 루스까까레이스끼 슬라v바르
Продаве́ц	К сожале́нию, у нас нет 끄싸좔례니유 우나쓰 넷 ру́сско-коре́йского словаря́. 루스까까레이v스까바 슬라v바랴 Но есть ру́сско-англи́йский слова́рь. 노 예스쯔 루스까안글리스끼 슬라v바르

유민　안녕하세요! 당신 서점에 역사책이 있나요?

판매원　물론 있죠.

유민　나는 러시아 역사에 대해 읽고 싶어요.

판매원　바로 여기 있습니다.

유민　대단히 감사합니다. 그런데 당신 서점에 러-한 사전은 있나요?

판매원　안타깝게도 우리 서점에 러-한 사전은 없습니다.
　　　하지만 러-영 사전은 있습니다.

> **Слова́** 　коне́чно 부 당연하게, 당연하다　**вот** 부 바로 이것이, 바로 여기에　ру́сско-коре́йский 형 러-한의
> **к сожале́нию** 전치사구 안타깝게도, 유감스럽게도　ру́сско-англи́йский 형 러-영의

🎯 포인트 잡GO!

❶ ч의 발음은 [취]이지만, чн / чт가 연달아 등장할 땐 발음의 편의를 위해 [쉬]로 발음됩니다.

> 예　Коне́**чн**о. 까녜쉬나　　　　　　　물론이죠.
> 　　**Чт**о вы де́лаете? 쉬또 v븨 젤라예쩨　당신은 무엇을 하고 있습니까?

❷ 'по + 여격: ~에 따른' 구문으로 '어떤 분야의 책, 시험, 전공' 등을 표현합니다. 아직 여격은 배우지 않았으므로 어떤 분야를 표현할 때 전치사 по를 사용한다고 우선 기억해 주세요.

> 예　У меня́ сего́дня экза́мен **по литерату́ре**. 나는 오늘 문학 시험이 있습니다.
> 　　우미냐 씨v보드냐 이그z자몌 빠리찌라뚜례

1 부정 생격 구문으로 가지고 있지 않은 대상에 대해 말하기

가지고 있지 않은 대상을 표현할 때 주격이 아닌 생격으로 활용해야 하는데, 이를 부정 생격 구문이라고 합니다.

- У вас **есть ру́сско-коре́йский слова́рь**?
  우v바쓰 예스ㅉ 루스까까례이스끼 슬라v바르
  당신에게는 러-한 사전이 있습니까? (가지고 있는 대상 - 주격)

- У нас **нет ру́сско-коре́йского словаря́.**
  우나쓰 녯 루스까까례이스까v바 슬라v바랴
  우리에게는 러-한 사전이 없습니다. (가지고 있지 않은 대상 - 생격)

그 외에도 러시아어에서 부정 생격이 활용되는 경우가 있습니다. 문법 다지GO! 코너에서 좀 더 자세히 살펴 보겠습니다.

2 к сожале́нию의 활용

원래 'к + 여격'은 '~쪽으로, ~집으로'라는 의미지만, '유감', '안타까움'을 나타내는 명사 сожале́ние 싸찰례 니예와 함께 쓰면 'к сожале́нию 크싸찰례니유 안타깝게도, 유감스럽게도'라는 의미가 됩니다. 원래 우리가 알고 있는 전치사 к와는 다르게 쓰이기 때문에, 통으로 하나의 구문으로 기억하는 것이 좋습니다. 또한 감정 명사를 전치사 к와 함께 쓰면 '~하게도'라는 의미로 활용 가능합니다. 예를 들어, 'сча́стье 샤스찌예 행복'과 함께 'к сча́стью 크샤스찌유'로 쓰이면 '다행히도', 부정의 의미를 더해 'к несча́стью 크니샤스찌유'로 쓰이 면 '불행히도'가 됩니다.

- **К сожале́нию**, у нас нет ру́сско-коре́йского словаря́.
  크싸찰례니유 우나쓰 녯 루스까까례이스까v바 슬라v바랴
  안타깝게도 우리 서점에 러-한 사전은 없습니다.

Обрати́те внима́ние! 주목하세요!

국가 관련 형용사 두 개를 가지고 합성 형용사를 만들 수 있어요. 'слова́рь 사전' 명사와 자주 함께 쓰이는 합성 형용사이므로 함께 기억하면 좋습니다.

> **예** ру́сский 러시아의 + коре́йский 한국의 → **ру́сско-коре́йский** слова́рь **러-한** 사전
> 루스끼 　　　　　 까레이스끼 　　　　 루스까까례이스끼 슬라v바르
>
> 　 кита́йский 중국의 + коре́йский 한국의 → **кита́йско-коре́йский** слова́рь **중-한** 사전
> 끼따이스끼 　　　　 까레이스끼 　　　 끼따이스까까례이스끼 슬라v바르

말문트 GO!

🎧 Track 09-02

 Диало́г 2

유나는 독감에 걸려 병원에 다녀오는 길에 보리스를 만났습니다.

Бори́с	**Юна́, отку́да ты?** 유나 앗꾸다 띄
Юна́	**Я из больни́цы.** 야 이z즈발니찌
	Я о́чень пло́хо себя́ чу́вствую. 야 오친 쁠로하 씨뱌 추스뜨v부유
	Ка́жется, у меня́ грипп. 까줴짜 우미냐 그립
Бори́с	**У тебя́ есть температу́ра?** 우찌뱌 예스ㅉ 찜삐라뚜라
Юна́	**Да, высо́кая. И о́чень боли́т голова́.** 다 v븨쏘까야 이 오친 발릿 갈라v바
Бори́с	**У нас нет лека́рства. На́до купи́ть его́.** 우나쓰 넷 리까르스뜨v바 나다 꾸삐ㅉ 이v보

보리스 유나, 너는 어디에서 (오는 길이니)?
유나 나는 병원에서 (오는 길이야).
나는 컨디션이 너무 안 좋아.
내 생각에는 독감인 것 같아.
보리스 너는 열이 있니?
유나 응, (열이) 높아. 그리고 머리가 엄청 아파.
보리스 우리한테는 약이 없어. 약을 살 필요가 있어.

Слова́ отку́да 의문 어디에서, 어디에서부터 больни́ца 명 병원 чу́вствовать 동 느끼다 грипп 명 독감
боле́ть 동 아프다 температу́ра 명 열, 체온, 온도 голова́ 명 머리 лека́рство 명 약

 포인트 잡GO!

❶ нет은 '아니요'라는 대답도 되지만, 'есть 있다'의 반대 표현인 '없다'의 의미도 있습니다.

> 예 **У вас есть температу́ра?** 당신은 열이 있나요?
> 우v바쓰 예스ㅉ 찜삐라뚜라
>
> **Нет**, у меня́ **нет** температу́ры. **아니요**, 나는 열이 **없습니다**.
> 넷 우미냐 넷 찜삐라뚜릐

❷ 'На́до + 동사 원형'은 '~할 필요가 있다'라는 의미의 부사 술어입니다. 아직 배운 구문은 아니지만, 회화에서 자주 활용됩니다. На́до의 자세한 용법은 14과 문법 다지GO! 코너에서 학습하겠습니다.

> 예 **На́до купи́ть** лека́рство. 나다 꾸삐ㅉ 리까르스뜨v바 약을 **살 필요가 있습니다**.

1 의문사 отку́да로 '~에서부터' 말하기

고정된 장소를 나타내는 'где 어디에서', 방향성을 나타내는 'куда́ 어디로' 외에 장소를 나타내는 표현이 하나 더 있습니다. 바로 의문사 отку́да입니다. 'куда́ 어디로'와는 달리 '~에서부터'라는 의미로 활용할 수 있습니다. 'из / с + 생격'으로 답변할 수 있습니다.

- **Отку́да** ты? 앗꾸다 띄   너는 **어디에서** (오는 길이니)?
- Я **из больни́цы.** 야 이z즈발니찍   나는 **병원에서** (오는 길이야).

의문사 отку́да와 전치사 'из / с + 생격' 관련 자세한 문법 사항은 문법 다지GO! 코너에서 함께 살펴볼게요.

2 'боле́ть 아프다' 동사 다양하게 활용하기

'боле́ть 발례ㅉ 아프다'는 활용도가 다양한 동사입니다. 그중 소유의 의미인 'у + 생격'과 함께 활용해 '~에게 있는 신체 부위가 아프다'라는 의미로 활용할 수 있습니다. 주의할 점은 이때 주어는 신체 부위라는 점입니다. 즉, 신체 부위는 3인칭이므로 주어가 3인칭 단수일 때 боли́т, 주어가 3인칭 복수일 때 боля́т 두 가지 변화형만 활용합니다.

у + 생격 (아픈 사람)	боли́т 발릿	주격 (단수 신체 부위)
	боля́т 발럇	주격 (복수 신체 부위)

- У меня́ **боли́т голова́.** 우미냐 발릿 갈라v바   나는 머리가 아픕니다. (**голова́** 머리 / 여성 단수 주격)
- У меня́ **боля́т глаза́.** 우미냐 발럇 글라z자   나는 눈이 아픕니다. (**глаза́** 눈 (복수) / **глаз**의 불규칙 복수 주격)

боле́ть 동사와 함께 쓸 수 있는 다양한 신체 부위명을 어휘 늘리GO! 코너에서 추가로 함께 공부해 볼게요.

🎯 **Обрати́те внима́ние! 주목하세요!**

전치사 'у + 생격'은 소유의 의미뿐 아니라 다양하게 쓰입니다. 안부를 물을 때도 사람을 'у + 생격' 형태로 쓸 수 있었고, 아픈 증상이나 병명을 표현할 때도 사람을 'у + 생격'을 써서 표현합니다. 'у + 생격'의 또 다른 의미가 앞으로도 이어서 등장할 예정이니, 활용법을 구분해서 익히도록 합시다.

> 예 **У меня́** есть вре́мя. 우미냐 예스ㅉ v브례먀   **나는** 시간이 있습니다. (소유)
> Как **у тебя́** дела́? 깍 우찌뱌 질라   **너는** 어떻게 지내니? (안부)
> **У меня́** грипп. 우미냐 그립   **나는** 독감에 걸렸습니다. (아픈 증상 / 병명)

грамма́тика

① 소유 부정 구문

소유 또는 존재하지 않는 대상을 주격이 아닌 생격으로 표현하는 '부정 생격 구문'의 용법에 대해 상세히 알아보겠습니다. 앞서 'y + 생격'을 활용한 소유 구문을 배웠습니다. '~에게 ~이(가) 있다'라는 의미로, '~에게'에 해당하는 사람을 'y + 생격', '~이(가)'에 해당하는 가지고 있는 대상을 주격 형태로 쓰는 구문이었습니다.

y + 생격 (소유한 사람) + есть + 주격 (가지고 있는 대상)

- **У меня́ есть мла́дший брат.**
  우미냐 예스ㅉ 믈라드쉬 브랏
  나에게 **남동생이** 있습니다.

- **У бра́та есть э́та кни́га.**
  우브라따 예스ㅉ 에따 끄니가
  남동생에게 **이 책이** 있습니다.

- **У ма́мы есть краси́вое пальто́.**
  우마믜 예스ㅉ 끄라씨v바예 빨또
  엄마한테 **예쁜 코트가** 있습니다.

그런데 '~에게 ~이(가) 없다'라는 의미의 문장을 활용할 땐, 가지고 있지 않은 대상이 주격이 아닌 생격 형태로 바뀌게 됩니다. 이를 부정 소유 구문이라고 합니다.

y + 생격 (소유한 사람) + нет + 생격 (가지고 있지 않은 대상)

- **У меня́ нет мла́дшего бра́та.**
  우미냐 넷 믈라드셰v바 브라따
  나에게 **남동생이** 없습니다.

- **У бра́та нет э́той кни́ги.**
  우브라따 넷 에따이 끄니기
  남동생에게 **이 책이** 없습니다.

- **У ма́мы нет краси́вого пальто́.**
  우마믜 넷 끄라씨v바v바 빨또
  엄마한테 **예쁜 코트가** 없습니다.

> **Tip** 앞서 러시아어에서 외래어 중 격 변화를 하지 않는 불변명사를 일컫는 '외래 불변 명사' 개념을 배웠습니다.
> пальто́는 외래 불변 명사로서 명사 자체는 격 변화를 하지 않지만, пальто́를 수식하는 형용사 краси́вый는 부정 생격 구문의 영향을 받아 격 변화가 일어나는 점에 주의하세요.

② 존재 부정 구문

존재 부정 역시 소유 부정 구문과 유사합니다. 'у + 생격'을 활용해 '사람이 대상을 소유하고 있다'를 나타내는 소유 구문과는 달리, 의문사 где에 해당하는 장소 표현 'в / на + 전치격'을 활용해 '~에 ~이(가) 있다'라고 존재 여부를 표현할 수 있습니다. 소유 구문과 마찬가지로 존재하는 대상을 주격 형태로 활용합니다.

> **в / на + 전치격 (장소) + есть + 주격 (존재하는 대상)**

- · **В библиотéке есть э́тот но́вый журна́л.**
  v브비블리아쩨께 예스ㅉ 에땃 노v븨 쥬르날
  도서관에 **이 신간 잡지가** 있습니다.

- · **Моя́ мла́дшая сестра́** в ко́мнате.
  마야 믈랏샤야 씨스뜨라 f프꼼나쩨
  내 여동생이 방에 있습니다.

- · **В на́шем го́роде есть большо́е о́зеро.**
  v브나셈 고라제 예스ㅉ 발쇼예 오z제라
  우리 도시에 **큰 호수가** 있습니다.

현재 시제에서는 동사 'быть ~(이)다, ~있다'의 현재 변화형인 есть를 생략할 수 있었습니다. 따라서 소유 구문에서는 주로 есть를 활용하지만, 존재 구문에서는 есть를 생략하기도 합니다.

그런데 '~에 ~이(가) 없다'라는 의미의 문장을 활용할 땐, 소유 부정 구문과 마찬가지로 존재하지 않는 대상이 주격이 아닌 생격 형태로 바뀌게 됩니다. 이를 존재 부정 구문이라고 합니다.

> **в / на + 전치격 (장소) + нет + 생격 (존재하지 않는 대상)**

- · **В библиотéке нет э́того но́вого журна́ла.**
  v브비블리아쩨께 녯 에따v바 노v바v바 쥬르날라
  도서관에 **이 신간 잡지가** 없습니다.

- · **Мое́й мла́дшей сестры́ нет** в ко́мнате.
  마예이 믈라드셰이 씨스뜨릐 녯 f프꼼나쩨
  내 여동생이 방에 **없습니다.**

- · **В на́шем го́роде нет большо́го о́зера.**
  v브나셈 고라제 녯 발쇼v바 오z제라
  우리 도시에는 **큰 호수가** 없습니다.

 Запо́мните! 기억하세요!

러시아어에서는 항상 '가지고 있거나 존재하는 대상 = 주격', '가지고 있지 않거나 존재하지 않는 대상 = 생격'이라는 규칙으로 명사가 변화한다는 점을 명심하세요.

> 예   У вас есть **газе́та?** 당신에게는 **신문이 있나요?** (가지고 있는 대상 - 주격)
> 우v바쓰 예스ㅉ 가z제따
>
> Нет, у нас **нет газе́ты.** 아니요, 우리는 **신문이 없습니다.** (가지고 있지 않은 대상 - 생격)
> 녯 우나쓰 녯 가z제띄
>
> Ой, сейча́с **меня́** нет до́ма. 어머, 지금 **나는** 집에 **없어.** (존재하지 않는 대상 - 생격)
> 오이 씨챠스 미냐 녯 도마

📍 꿀팁 더하GO!

плюсы

1 장소 откýда의 활용

앞서 잠깐 언급했듯이 의문사 откýда는 '~에서부터'의 의미로 쓰이는 장소 의문사입니다. откýда에 해당하는 답변도 이때까지 공부했던 장소 전치사 в / на가 아니라 다른 장소 전치사인 'из / с + 생격'으로 활용해야합니다. 우선 이때까지 공부했던 장소 표현들과 откýда에 해당하는 장소를 비교해서 살펴보겠습니다.

где 어디에	куда́ 어디로	откýда 어디에서(부터)
в / на + 전치격	в / на + 대격	из / с + 생격
в шко́ле f프쉬꼴례 학교에	в шко́лу f프쉬꼴루 학교로	из шко́лы 이스쉬꼴릐 학교에서
на рабо́те 나라보쩨 직장에	на рабо́ту 나라보뚜 직장으로	с рабо́ты 스라보띄 직장으로(부터)

위와 같이 전치사 в를 쓰는 장소들을 전치사 из와도 함께 쓸 수 있고, 반대로 전치사 на를 쓰는 장소들을 전치사 с와도 함께 쓸 수 있습니다. 즉, 전치사 'из + 생격'은 '~안에서부터', '닫혀진 공간에서부터'라는 의미를 나타내고, 전치사 'с + 생격'은 '~위에서부터', '펼쳐진 공간에서부터'라는 의미를 가집니다.

из	① ~안에서
	예 стол 책상 → из стола́ 이스스딸라 책상 서랍 안에서
	② 행정 구역에서 (국가 / 도시 ...)
	예 Москва́ 모스크바 → из Москвы́ 이z즈마스끄v븨 모스크바에서
	③ 건물 / 기관에서
	예 университе́т 대학교 → из университе́та 이z주니비르씨쩨따 대학교에서

🎯 Обрати́те внима́ние! 주목하세요!

❶ 건물임에도 예외적으로 на를 쓰는 명사들이 있었습니다. 이 경우에도 마찬가지로 откýда에 해당하는 장소를 표현하려면 '전치사 с + 생격'을 활용합니다.

　　예 заво́д 공장　　　　　　　→ с заво́да 즈z자v보다 공장에서
　　　стадио́н 경기장　　　　　→ со стадио́на 싸스따디오나 경기장에서

❷ откýда에 해당하는 장소 '~에서'를 표현할 때, с 대신 со를 쓰기도 합니다. 뒤에 오는 명사에 따라 발음의 편의를 위해 о를 하나 더 추가한 형태로 볼 수 있습니다. 전치사 с 다음에 따라오는 명사가 'с +자음'으로 시작하는 경우 о가 추가되어 со 형태가 됩니다.

　　예 с сто́ла (x) → со сто́ла 싸스딸라 책상 위에서 (○)
　　　с стадио́на (x) → со стадио́на 싸스따지오나 경기장에서 (○)

c	① ~위에서 　**예** стол 책상　→ **со** стол**á** 싸스딸라 책상 위에서 ② 자연 환경에서 (산, 바다, 섬, 호수 ...) 　**예** óстров 섬　→ **с** óстров**а** 쏘스뜨라v바 섬에서 ③ 방위에서 　**예** востóк 동쪽　→ **с** востóк**а** 즈v바스또까 동쪽에서 ④ 사건, 행사에서 　**예** концéрт 콘서트　→ **с** концéрт**а** 스깐쩨르따 콘서트에서

2 　특수 변화 동사 -овать / -евать 활용

동사 '**чýвствовать** 추스뜨v바v바ㅉ 느끼다'는 현재형 변화를 할 때, -ать로 끝나는 1식 동사가 아니라 -овать로 끝나는 특수 변화형 동사입니다. 우리가 아는 규칙과는 다른 형태로 현재형 어미가 변하니 주의해서 기억해야 할 동사입니다. 같은 유형으로 '**танцевáть** 딴쩨v바ㅉ 춤추다', '**рисовáть** 리싸v바ㅉ 그리다' 동사가 있습니다. 이 특수 변화형 동사는 -овать / -евать를 뗀 후 해당 어미를 첨가하는 형식으로 어미가 바뀝니다.

чýвствовать 느끼다 (특수 변화형 동사)			
я	**чýвствую** 추스뜨v부유	мы	**чýвствуем** 추스뜨v부옘
ты	**чýвствуешь** 추스뜨v부예쉬	вы	**чýвствуете** 추스뜨v부예쩨
он, онá	**чýвствует** 추스뜨v부옛	они́	**чýвствуют** 추스뜨v부윳

 Обрати́те внима́ние! 주목하세요!

чýвствовать는 원래 '(감정, 촉감을) 느끼다'를 나타내는 동사입니다. 그런데 '**Я плóхо себя́ чýвствую.**'를 '나는 스스로를 나쁘게 느낀다.'라고 해석하면 의미가 어색하죠? 재귀대명사 '**себя́** 자기 자신을'과 부사 '**хорошó** 좋게 / **плóхо** 나쁘게'를 동사 чýвствовать와 함께 말하면 '건강 상태 또는 몸 컨디션이 좋다 / 나쁘다'를 나타내는 숙어로 활용됩니다. чýвствовать 동사의 원래 의미와 건강 상태를 의미하는 숙어 표현을 구분해서 기억해 두세요.

　예　**Как** вы **себя́ чýвствуете?** 깍 v븨 씨뱌 추스뜨v부예쩨　　당신은 **컨디션이 어떻습니까?**
　　　　Я хорошó себя́ чýвствую. 야 하라쇼 씨뱌 추스뜨v부유　　나는 **컨디션이 좋아요**
　　　　Я плóхо себя́ чýвствую. 야 쁠로하 씨뱌 추스뜨v부유　　나는 **컨디션이 나빠요**

упражнéния 실력 높이 GO!

1 주어진 문장을 의미에 맞게 순서대로 나열하세요.

> ❶ Вот, пожáлуйста.
> ❷ Спасúбо большóе.
> ❸ Здрáвствуйте! У вас есть кнúги по истóрии?
> ❹ Я хочý почитáть о рýсской истóрии.

// 1 _____

// 2 _____

// 3 _____

// 4 _____

2 괄호 안에 주어진 단어를 생격 규칙에 맞게 바꾸어 문장을 완성하세요.

// 1 당신은 약이 없나요?

У вас нет _____? (лекáрство)

// 2 나에게는 자동차가 없습니다.

У меня́ нет _____. (машúна)

// 3 남동생이 방에 없습니다.

_____ нет в кóмнате. (Млáдший брат)

// 4 율리야에게 이 책이 없나요?

У Ю́лии нет _____? (э́та кнúга)

3 빈칸에 동사 'боле́ть 아프다'의 현재 변화형 боли́т / боля́т 중 알맞은 것을 써 넣으세요.

//1 나는 머리가 아픕니다.

У меня́ _____ голова́.

//2 엄마는 눈이 아픕니다.

У ма́мы _____ глаза́.

//3 할머니는 다리가 아픕니다.

У ба́бушки _____ но́ги.

4 다음 전치사 из / с 중 빈 칸에 알맞은 것을 골라 쓰세요.

//1 나는 병원에서 오고 있습니다.

Я иду́ _____ больни́цы.

//2 딴딴은 중국 출신입니다.

Танта́н _____ Кита́я.

//3 내 남동생은 바다에서 오고 있습니다.

Мой мла́дший брат е́дет _____ мо́ря.

5 동사 'чу́вствовать 느끼다'를 주어에 맞도록 알맞게 바꿔 쓰세요.

//1 Я пло́хо себя́ _____ .

//2 Как вы себя́ _____ ?

정답

❶ ③ Здра́вствуйте! У вас есть кни́ги по исто́рии? 안녕하세요. 당신 서점에 역사책이 있나요? ④ Я хочу́ почита́ть о ру́сской исто́рии. 나는 러시아 역사에 대해서 읽고 싶어요. ① Вот, пожа́луйста. 바로 여기 있습니다. ② Спаси́бо большо́е. 대단히 감사합니다.

❷ ① лека́рства ② маши́ны ③ Мла́дшего бра́та ④ э́той кни́ги

❸ ① боли́т ② боля́т ③ боля́т

❹ ① из ② из ③ с

❺ ① чу́вствую 나는 컨디션이 나쁩니다. ② чу́вствуете 당신은 컨디션이 어때요?

어휘 늘리GO!

🎧 Track 09-03

'y + 생격'을 활용하여 '신체 부위가 아프다'라는 표현을 배워 보았습니다.
신체 부위 어휘와 함께 다양하게 응용해 봅시다.

단수 신체 부위

головá 갈라v바	머리
живóт 쥐v봇	배
сéрдце 쎄르쩨	심장 / 마음
спинá 스삐나	허리
рукá 루까	팔 / 손
ногá 나가	다리 / 발
гóрло 고를라	목 (성대)

복수 신체 부위

глазá 글라z자	눈
рýки 루끼	팔 / 손
нóги 노기	다리 / 발
зýбы z주븨	치아

· Сегóдня идёт дождь. Поэ́тому у меня́ боли́т спинá.
  씨v보드냐 이좃 도쉬ㅉ 빠에따무 우미냐 발릿 스삐나   오늘은 비가 옵니다. 그래서 나는 허리가 아픕니다.

· Э́та сýмка óчень тяжёлая. У меня́ боля́т рýки.
  에따 쑴까 오친 찌죨라야 우미냐 발럇 루끼   이 가방은 엄청 무겁습니다. 나는 팔이 아픕니다.

'y + 생격'으로 '~에게 증상이 있다'라고도 말할 수 있습니다. 증상 말하기에 유용한 어휘들도 배워 봅시다.

простýда 쁘라스뚜다	감기
грипп 그립	독감
нáсморк 나스마르끄	코감기
температýра 찜뻬라뚜라	열 / 체온
кáшель 까셸	기침
головнáя боль 갈라v브나야 볼	두통
зубнáя боль z주브나야 볼	치통
боль в животé 볼 v브쥐v바쩨	복통

러시아 만나GO!

러시아의 병원

러시아에서 여행이나 유학 또는 근무 중 몸이 아프다면 병원을 찾아야겠죠? 하지만 외국에서 병원을 찾으려면 어디로 가야 하는지, 절차는 어떻게 되는지 막막할 수 있습니다. 러시아에 외국인들을 위한 병원이 따로 있지만, 외국인 대상 병원은 진료비가 비싼 편이어서 현지 병원을 찾는 사람들도 꽤 있습니다. 그렇다면 러시아의 현지 병원은 어떤지 함께 알아보겠습니다.

대부분의 러시아인들은 몸이 불편할 때 주로 국립 병원에 가서 치료를 받습니다. 러시아에서 우리나라의 대학 병원처럼 큰 종합 병원들은 거의 국가가 관리하는 국립 병원이라고 생각해도 무방합니다. 모든 진료를 다 볼 수 있는 종합 병원이기 때문에 많은 러시아인들은 국립 병원을 선호합니다. 또한 러시아 국민은 국립 병원에서 진료비를 낼 필요가 없다는 점도 국립 병원을 많이 찾는 이유입니다. 얼마 전까지만 해도 국립 병원은 따로 예약을 받지 않았기 때문에, 아침 7시 이전부터 환자들이 진료를 받기 위해 병원에 길게 줄을 선 모습을 볼 수 있었습니다. 국립 병원에서 진료받기 위해서는 평균 4~5시간 정도 기다려야 하기 때문에 조금이라도 대기 시간을 줄이기 위해 아침 일찍부터 병원에 줄을 선다고 합니다. 요즘은 인터넷 예약 사이트가 생겨 미리 인터넷을 통해 진료 예약을 할 수 있게 되었지만, 아직까지도 대부분의 러시아인들은 병원에 가서 진료를 받기 위해 직접 줄을 서고 있습니다.

반면 국립 병원의 시설이 상대적으로 노후되어 더 좋은 의료 서비스를 기대하는 사람들은 최근 유료 개인 병원을 찾는 추세입니다. 비용이 높긴 하나 좀 더 깨끗한 환경에서 의료 서비스를 받을 수 있기 때문에 개인 병원을 선호하는 러시아인들도 많습니다. 또한 개인 병원은 전화 예약이 가능하기 때문에 미리 전화로 예약을 하고 약속된 시간에 맞춰 방문하면 진료를 받을 수 있습니다. 국립 병원처럼 기다릴 필요가 없다는 것도 최근 러시아인들이 개인 병원을 선호하는 이유 중 하나입니다.

타지에서 아플 일이 없으면 가장 좋겠지만, 혹시라도 불편한 곳이 생긴다면 제때 적절한 치료를 받아야겠죠? 이번 과에서 배운 표현을 활용해서 의사에게 어디가 아픈지, 어떤 증상이 있는지 말해 볼까요?

У меня́ боля́т голова́ и го́рло. Ка́жется, у меня́ просту́да.
우미냐 발럇 갈라v바 이 고를라 까줴짜 우미냐 쁘라스뚜다
나는 머리와 목이 아파요. 나는 감기가 걸린 것 같아요.

Ско́лько сейча́с вре́мени?

Уро́к

10

Ско́лько сейча́с вре́мени?

지금 몇 시인가요?

▶ 10강

\ **학습 목표**

시간 표현을 말할 수 있다.

\ **공부할 내용**

시간 표현

수사의 활용

생격의 활용 ❹ 수량 생격

\ **주요 표현**

Ско́лько сейча́с вре́мени?

Сейча́с 4(четы́ре) часа́ 30

(три́дцать) мину́т.

Како́й сего́дня день неде́ли?

Сего́дня пе́рвое января́.

◀ 모스크바 바로크 양식으로 건축된
노보데비치 수도원

🎧 Track 10-01

💬 Диало́г 1

줄리안은 곧 수업이 있어서 서둘러 뛰어갑니다.

Джулиа́н　Танта́н, ско́лько сейча́с вре́мени?
　　　　　 따딴　　스꼴까　씨챠쓰　v브례메니

Танта́н　Сейча́с 4 (четы́ре) часа́ 30 (три́дцать)
　　　　 씨챠쓰　　취띠리　취싸　　　뜨리짜쯔

　　　　 мину́т.
　　　　 미눗

Джулиа́н　Ой, уже́ 4.30?
　　　　　 오이　우줴　취띠리 뜨리짜쯔

　　　　 У меня́ ско́ро уро́к.
　　　　 우미냐　스꼬라　우록

　　　　 На́до спеши́ть. Я опа́здываю.
　　　　 나다　　스뻬쉬쯔　야　아빠z즈디v바유

Танта́н　Беги́ на уро́к! Уда́чи!
　　　　 비기　　나우록　　우다취

줄리안 딴딴, 지금 몇 시니?

딴딴 지금 4시 30분이야.

줄리안 맙소사, 벌써 4시 30분이야?
　　　　나는 곧 수업이야.
　　　　서둘러야 해. 나 지각이야.

딴딴 수업에 뛰어 가! 행운을 빌어!

Слова́　ско́лько 의문 얼마나, 얼만큼　ско́ро 부 곧, 곧이어　спеши́ть 동 서두르다　опа́здывать 동 늦다,
지각하다　бежа́ть 동 뛰어가다　уда́ча 명 행운

🎯 포인트 잡GO!

❶ беги́는 '뛰다', '달려가다'라는 의미를 가진 бежа́ть 동사의 명령형입니다. 즉, '뛰어!', '달려가!'라는 의미
로 볼 수 있겠죠? 명령문 беги́ 다음에 장소 표현 куда́를 써서 '~(으)로 뛰어가! / ~(으)로 달려가!' 라는 의
미도 표현할 수 있습니다. 또한 명령문 беги́ 다음에 -те를 붙이면, 존대의 의미를 가집니다.

　　예　Ю́лия, **беги́те** на рабо́ту! 율리야 비기쩨 나라보뚜　　　　율리야, 직장으로 뛰어 가세요!

❷ 'уда́ча 행운'을 уда́чи!라는 생격 형태로 바꾼다면 '행운을 빌어!', '행운을 빌어요!'라는 의미가 됩니다.
장소 표현 где나 사람 여격을 써서 '~에서 / ~에게 행운을 빌어!'라는 의미로도 활용 가능합니다.

　　예　**Уда́чи** на экза́мене! 우다취 나이그z자미녜　　　시험에서 행운을 빌어요!
　　　　Уда́чи вам! 우다취 v밤　　　　　　　　　　　당신께 행운을 빕니다!

учи́тесь

핵심 배우GO!

1 시각 말하기

러시아어에서 '~시 / ~분입니다'라는 시각 표현은 기본적으로 주격 형태를 씁니다. 'час 시', 'мину́та 분'과 숫자를 활용해서 표현할 수 있습니다.

- **Сейча́с час одна́ мину́та.** 씨챠쓰 챠쓰 아드나 미누따   지금은 1시 1분입니다.
- **Сейча́с два часа́ две мину́ты.** 씨챠쓰 드v바 취싸 드v볘 미누띄   지금은 2시 2분입니다.
- **Сейча́с пять часо́в пять мину́т.** 씨챠쓰 빠쯔 취쏘f프 빠쯔 미눗   지금은 5시 5분입니다.

> **Tip** 숫자에 따라 따라오는 명사의 형태가 변합니다. 따라서 'час 시', 'мину́та 분'는 함께 쓰는 숫자에 따라 형태가 달라집니다. '시'와 '분'을 생략하고 수사만으로도 시간을 표현할 수 있습니다.

1	단수 주격	час 챠쓰 / мину́та 미누따
2 ~ 4	단수 생격	часа́ 취싸 / мину́ты 미누띄
5 ~ 20	복수 생격	часо́в 취쏘f프 / мину́т 미눗

일반적으로 оди́н은 말할 때 생략하지만, 예외적으로 '1분'을 말할 땐 수사 1을 써 주면 자연스럽습니다.

- **Сейча́с час одна́ мину́та.** 씨챠쓰 챠쓰 아드나 미누따   지금은 1시 1분입니다.

마지막으로, 러시아어에서는 수사도 형태가 바뀝니다. 수사 1, 2는 함께 쓰는 명사의 성과 수에 따라 주격 위치에서 형태가 달라집니다.

남성	оди́н 아진	남성, 중성	два 드v바
여성	одна́ 아드나		
중성	одно́ 아드노	여성	две 드v볘
상시 복수 명사	одни́ 아드니		

🎯 Обрати́те внима́ние! 주목하세요!

Ско́лько는 '얼마나', '얼만큼'이라는 의미의 수량 의문사입니다. 수사와 관련된 표현을 물을 때 이 의문사를 활용할 수 있습니다. 주의할 점은 앞서 언급했듯이 러시아어에서는 수사에 영향을 받는 명사들이 생격으로 바뀐다는 점입니다. 이를 수량 생격 규칙이라고 합니다. 문법 다지GO! 코너에서 살펴보겠습니다.

> **예** Ско́лько сейча́с **вре́мени**? 스꼴까 씨챠쓰 v브례메니   지금 **몇 시**입니까?
> Сейча́с 2 **(два) часа́**. 씨챠쓰 드v바 취싸   지금은 **두 시**입니다.

앞으로도 러시아어에서 수량과 관련된 표현이 등장하면 그에 영향을 받는 명사는 생격으로 바뀐다는 사실을 꼭 기억해 주세요.

말문 트GO!

🔊 Track 10-02

📱 **Диало́г 2**

오늘은 1월 1일 토요일입니다.

Ю́лия	**Юми́н, како́й сего́дня день неде́ли?** 유민　　까꼬이　씨v보드냐　　젠니젤리	율리야 유민, 오늘은 무슨 요일인가요?
Юми́н	**Сего́дня... среда́.** 씨v보드냐　　쓰리다	유민　오늘은... 수요일이에요.
Ю́лия	**Что вы! Сего́дня выходно́й. Суббо́та.** 쉬또　v븨　씨v보드냐　v븨하드노이　　쑤보따	율리야 무슨 말씀이에요! 오늘은 휴일이에요. 토요일입니다.
Юми́н	**А, пра́вильно! Я ча́сто пу́таю сре́ду и** 아　쁘라v빌나　야 챠스따　뿌따유　쓰례두　이 **суббо́ту.** 　쑤보뚜	유민　아, 맞네요! 나는 자주 수요일과 토요일을 헷갈려요.
Ю́лия	**А како́е сего́дня число́?** 아　까꼬예　씨v보드냐　취슬로	율리야 그러면 오늘은 며칠인가요?
Юми́н	**Сего́дня пе́рвое января́.** 씨v보드냐　뻬르v바예　인v바랴	유민　오늘은 1월 1일이에요.

Слова́ | **день неде́ли** 명사구 요일　**среда́** 명 수요일　**выходно́й** 형 휴식의, 쉬는　**суббо́та** 명 토요일
пра́вильно 부 정확하게, 정확하다　**пу́тать** 동 헷갈리다　**число́** 명 숫자, 날짜　**пе́рвый** 형 첫번째의
янва́рь 명 1월

🎯 포인트 잡GO!

❶ 의문 형용사 'како́й 어떤'은 의문사지만 형용사이므로 함께 쓰는 명사에 따라 형태가 달라집니다.

> 예 ▶ **Како́й** сего́дня **день** неде́ли? 까꼬이 씨v보드냐 젠니젤리　오늘은 **무슨 요일**인가요?
> （남성 단수 주격）

❷ 형용사 'выходно́й 휴식의, 쉬는'은 명사 'день 날, 하루'와 함께 써서 '휴일', '쉬는 날'이라는 의미로 쓸 수 있습니다. 명사를 생략하고 형용사만 써도 '휴일'이라는 명사 역할을 할 수 있습니다. 복수 형태 'выходны́е (дни)'로 써서 '주말'이라는 의미로도 활용할 수 있습니다.

> 예 ▶ Сего́дня **выходно́й (день).**　　　오늘은 **휴일**입니다. / **쉬는 날**입니다.
> 씨v보드냐 v븨하드노이 (젠)
>
> Как вы прово́дите **выходны́е (дни)?**　당신은 **주말**을 어떻게 보내세요?
> 깍 v븨 쁘라v보지쩨 v븨하드늬예 (드니)

핵심 배우GO!

учи́тесь

1 요일 말하기

'오늘은 ~요일입니다'를 표현할 땐 요일을 주격으로 써야 합니다.

Какóй сегóдня день недéли? 까꼬이 씨v보드냐 젠니젤리 오늘은 무슨 요일입니까?	
Сегóдня понедéльник. 씨v보드냐 빠니젤닉	오늘은 월요일입니다.
Сегóдня втóрник. 씨v보드냐 f프또르닉	오늘은 화요일입니다.
Сегóдня средá. 씨v보드냐 쓰리다	오늘은 수요일입니다.
목요일 четвéрг 취뜨v볘르ㅋ	금요일 пя́тница 빠ㄸ니짜
토요일 суббóта 쑤보따	일요일 воскресéнье v바스끄리쎄ㄴ예

2 날짜 말하기

날짜도 '오늘은 ~며칠입니다'를 표현할 때 날짜를 주격으로 씁니다. 러시아어로 날짜를 쓸 땐 '첫 번째 날짜', '두 번째 날짜'라는 개념으로, 서수를 사용하여 표현합니다.

Какóе сегóдня числó? 까꼬예 씨v보드냐 취슬로 오늘은 며칠입니까?	
Сегóдня пéрвое (числó). 씨v보드냐 뻬르v바예 (취슬로)	오늘은 1일입니다.
Сегóдня пéрвое января́. 씨v보드냐 뻬르v바예 인v바랴	오늘은 1월 1일입니다.

> **Tip** 날짜에 해당하는 числó는 말할 때 생략합니다. 즉, 날짜는 서수 중성 형용사를 써서 표현합니다.

몇 월 며칠을 표현하고 싶다면, 월을 날짜 다음에 생격 형태로 쓸 수 있습니다. 앞서 배운 수식의 역할을 하는 '명사 + 명사 생격'을 활용해 몇 월의 몇 번째 날이라는 형태로 표현합니다. 그 외 서수 표현과 월은 꿀팁 더하 GO! 코너에서 더 자세하게 살펴보도록 하겠습니다.

🎯 Обрати́те внима́ние! 주목하세요!

Что вы говори́те!라는 표현은 '당신은 무엇을 말하고 있습니까?'라는 의미가 아니라 '그게 무슨 말씀이에 요!'라는 의미의 구문입니다. 상대방의 말에 동의하지 않거나, 황당한 얘기를 들었을 때 말할 수 있는 표현 인데요. говори́те를 생략하고 'Что вы!'만 해도 같은 의미로 쓸 수 있습니다. 또한 что라는 의문사를 썼지 만 의문문의 역할이 아니기 때문에 문장 끝에 물음표가 아니라 느낌표를 써야 합니다.

예	**Что вы (говори́те)!** 쉬또 v븨 (가v바리쩨)	**그게 무슨 말씀이에요!**
	Что ты (говори́шь)! 쉬또 띄 (가v바리쉬)	**그게 무슨 소리야!**

1 **일반 명사의 복수 생격**

명사의 복수 생격 변화형은 6격 중에서도 가장 복잡합니다. 기본적으로 복수는 성별과 상관없이 남성, 여성, 중성이 같은 어미로 바뀌지만, 생격에서는 남성 명사 따로, 여성 / 중성 명사가 같은 규칙에 따라 변합니다.

남성	-ов	① 자음으로 끝나는 남성 명사 예 студéнт 스뚜젠뜨 → студéнтов 스뚜젠따f프 대학생 час 챠쓰 → часóв 취쏘f프 시 ② -ц로 끝나고 어미에 강세가 있는 남성 명사 예 отéц 아쪠ㅉ → отцóв 앗쪼f프 아버지 певéц 삐v볘ㅉ → певцóв 삐f프쪼f프 가수
	-ев	① й로 끝나는 남성 명사 예 музéй 무z제이 → музéев 무z제예f프 박물관 герóй 기로이 → герóев 기로예f프 영웅, 주인공 ② ц로 끝나고 어간에 강세가 있는 남성 명사 예 инострáнец → инострáнцев 외국인 이나스뜨라녜ㅉ 이나스뜨란쪠f프 америкáнец → америкáнцев 미국인 아몌리까녜ㅉ 아몌리깐쪠f프
	-ей	① ь로 끝나는 남성 명사 예 учи́тель 우취쩰 → учителéй 우취쩰례이 선생님 словáрь 슬라v바르 → словарéй 슬라v바례이 사전 ② ж / ш / щ / ч로 끝나는 남성 명사 예 врач v브라취 → врачéй v브라체이 의사 карандáш 까란다쉬 → карандашéй 까란다셰이 연필
여성, 중성	어미 탈락	а / о로 끝나는 대부분의 여성, 중성 명사 예 минýта 미누따 → минýт 미눗 분 мéсто 메스따 → мест 메스뜨 자리, 장소
	-ий	ия / ие로 끝나는 여성, 중성 명사 예 лéкция 롁찌야 → лéкций 롁찌이 강의, 강연 здáние z즈다니예 → здáний z즈다니이 건물
	-ей	ь로 끝나는 여성 명사 예 плóщадь 쁠로쉬ㅉ → площадéй 쁠로쉬졔이 광장 тетрáдь 찌뜨라ㅉ → тетрадéй 찌뜨라졔이 공책

2 일반 형용사의 복수 생격

복수	**-ых**	ые로 끝나는 대부분의 남성, 여성, 중성 형용사 **예** но́вые 노v븨예 → но́вых 노v븨ㅎ 새로운 молоды́е 말라듸예 → молоды́х 말라듸ㅎ 젊은
	-их	ие로 끝나는 남성, 여성 중성 형용사 **예** си́ние 씨니예 → си́них 씨니ㅎ 파란 хоро́шие 하로쉬예 → хоро́ших 하로쉬ㅎ 좋은

3 생격의 활용 ④ 수량 생격

러시아어에서 수사의 영향을 받는 명사가 복수가 아닌 생격 형태로 바뀝니다. 이를 수량 생격이라고 합니다. 생소한 문법 규칙이기 때문에 수사 다음에 오는 명사를 복수 형태로 쓰지 않도록 주의해야 합니다. 수량 생격의 형태 변화를 배워 보겠습니다.

1) 셀 수 있는 명사에 해당하는 규칙 - 수사에 따라 변화

1	단수 주격	час
2 – 4	단수 생격	часа́
5 – 20	복수 생격	часо́в

> **Tip** 21 이상의 수는 끝자리의 수에 따라 형태가 결정됩니다.

21, 31, 41 ...	끝자리가 1로 끝나는 경우	단수 주격
22, 23, 24 ...	끝자리가 2~4로 끝나는 경우	단수 생격
25, 26, 27, 28, 29, 30 ...	끝자리가 5~0으로 끝나는 경우	복수 생격

2) 셀 수 있는 명사인지, 셀 수 없는 명사인지에 해당하는 규칙 - 셀 수 있는지 없는지에 따라 변화

мно́го 므노가 많이	셀 수 있는 명사 - **복수 생격**
ма́ло 말라 적게	
ско́лько 스꼴까 얼마나	셀 수 없는 명사 - **단수 생격**

🎯 Запо́мните! 기억하세요!

발음상의 편의를 위해 단어에 삽입되거나 없어지는 모음을 출몰 모음이라고 합니다. 출몰 모음에는 -o, -e, ё가 있습니다.

❶ 출몰 모음이 삽입되는 경우: 여성 명사와 중성 명사가 복수 생격으로 바뀔 때

예 (-a / -o 모음 탈락 후 к를 포함한 2개 이상의 어미가 남았을 경우)
студе́нтка 스뚜젠뜨까 → студе́нтк (x) / студе́нток (o) 스뚜젠딱 여대생
окно́ 아끄노 → окн (x) / о́кон 오깐 창문

❷ 출몰 모음이 없어지는 경우: -ец / -ок 등 특정 어미로 끝나는 명사가 격 변화를 할 때

예 отец 아쩨쯔 → оте́цов (x) / отцо́в 앗쪼f프 아버지 (복수 생격)
ры́нок 릐낙 → на ры́ноке (x) / на ры́нке 나륀께 시장 (장소 где - на + 전치격)

1 날짜 표현 - 서수의 활용

앞서 살펴보았듯 러시아어로 몇 월 며칠을 표현할 때 날짜는 서수 중성 형용사를, 월은 생격을 써서 표현합니다.

	달 - 주격	달 - 생격
1월	янва́рь 인v바ㄹ	января́ 인v바랴
2월	февра́ль f피v브랄	февраля́ f피v브랄랴
3월	март 마르뜨	ма́рта 마르따
4월	апре́ль 아쁘렐	апре́ля 아쁘렐랴
5월	май 마이	ма́я 마야
6월	ию́нь 이윤	ию́ня 이유냐
7월	ию́ль 이율	ию́ля 이율랴
8월	а́вгуст 아v브구스뜨	а́вгуста 아v브구스따
9월	сентя́брь 씬쨔브ㄹ	сентября́ 씬찌브랴
10월	октя́брь 악쨔브ㄹ	октября́ 악찌브랴
11월	ноя́брь 나야브ㄹ	ноября́ 나이브랴
12월	дека́брь 지까브ㄹ	декабря́ 지까브랴

일을 서수 중성 형용사 형태로 쓴 다음 위의 1월부터 12월의 생격 변화형을 써 주면, '몇 월 며칠'이라는 표현이 완성됩니다. 서수는 어휘 늘리GO! 코너에 자세히 수록되어 있으니 참고하세요.

- Сего́дня **второ́е ма́рта**.
  씨v보드냐 f프따로예 마르따

  오늘은 **3월 2일**입니다.

- Сего́дня **два́дцать пя́тое декабря́**.
  씨v보드냐 드v바짜ㅉ 빠따예 지까브랴

  오늘은 **12월 25일**입니다.

- Сего́дня **четы́рнадцатое а́вгуста**.
  씨v보드냐 취띄르나짜따예 아v브구스따

  오늘은 **8월 14일**입니다.

2 기타 복수 생격 규칙

문법 다지GO! 코너에서 살펴본 대부분의 명사가 변하는 규칙 외에도 복수 생격 변화 규칙이 존재합니다.
일부 명사에 해당되는 경우이므로 우선 참고해 둡시다.

| 여성 | -ь | -я 로 끝나는 여성 명사 |
| | | 예 неде́ля 니젤랴 → неде́ль 니젤 주 (시간) |

상시 복수 명사	어미 탈락	항상 복수 형태로만 쓰는 상시 복수 명사
		예 брю́ки 브류끼 → брюк 브룩 바지
		ша́хматы 샤ㅎ마띄 → ша́хмат 샤ㅎ맛 체스

3 불규칙 복수 생격

규칙적으로 변하는 복수 명사 외에도 함께 알아 두면 좋을 복수 생격 명사들을 함께 살펴보겠습니다.

단수 주격	복수 생격
брат 브랏 남자 형제	бра́тьев 브라찌예fㅍ
стул 스뚤 의자	сту́льев 스뚤ㄹ예fㅍ
друг 드룩 친구	друзе́й 드루z제이
семья́ 씨먀 가족	семе́й 씨몌이
сестра́ 씨스뜨라 여자 형제	сестёр 씨스쬬르
мать 마ㅉ 어머니	матере́й 마찌례이
дочь 도취 딸	дочере́й 다춰례이
человéк 췰라v벡 사람	люде́й 류제이
	человéк 췰라v벡
ребёнок 리뵤낙 아이	дете́й 지쩨이
дéньги 젠기 돈	дéнег 졔녝
год 곧 년, 살	лет 롓

- У меня́ мно́го **друзе́й**.   나는 친구가 많습니다. (나에게 많은 친구가 있습니다)
  우미냐 므노가 드루z제이

- Мне 25 (два́дцать пять) **лет**.   나는 25살입니다.
  므녜 드v바짜ㅉ 빠ㅉ 롓

Обрати́те внима́ние! 주목하세요!

'человéк 사람'은 복수 생격이 두 개입니다. 사람이라는 의미일 땐 복수 생격이 люде́й지만, 수를 헤아릴 때
쓰는 단위인 '~명'이라는 의미일 땐 복수 생격이 주격과 동일한 человéк입니다.

　　예　На пло́щади мно́го **люде́й**. 나쁠로쉬지 므노가 류제이　광장에 많은 **사람이** 있습니다.
　　　　В аудито́рии 5 **человéк**. v바우지또리이 빠ㅉ 췰라v벡　강의실에 다섯 **명이** 있습니다.

실력 높이 GO!

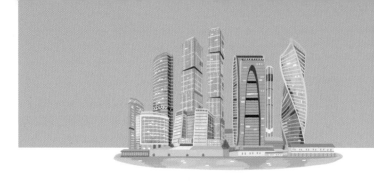

1 주어진 문장을 의미에 맞게 순서대로 나열하세요.

> ❶ А какóе сегóдня числó?
> ❷ Сегóдня средá.
> ❸ Сегóдня пéрвое января́.
> ❹ Какóй сегóдня день недéли?

// 1 _____

// 2 _____

// 3 _____

// 4 _____

2 'час 시'와 'минýта 분'을 숫자에 맞게 알맞은 형태로 빈칸에 쓰세요.

// 1 지금은 3시 5분입니다.

Сейчáс 3 (три) _____ 5 (пять) _____ .

// 2 지금은 1시입니다.

Сейчáс _____ .

// 3 지금은 6시 3분입니다.

Сейчáс 6 (шесть) _____ 3 (три) _____ .

// 4 지금은 12시입니다.

Сейчáс 12 (двенáдцать) _____ .

3 보기에 있는 요일 중 한국어 해석과 같은 요일을 골라 격에 맞게 쓰세요.

> 보기
>
> средá / пя́тница / суббóта / втóрник

// 1 오늘은 **화요일**입니다. (주격)

Сегóдня _____ .

//2 나는 **금요일**을 좋아합니다. (대격)

Я люблю _____.

//3 나는 **수요일과 토요일**을 자주 헷갈립니다. (대격)

Я ча́сто пу́таю _____ и _____.

4 괄호 안에 주어진 단어를 의미상 알맞은 순서대로 나열하세요.

//1 오늘은 1월 1일입니다. (сего́дня / января́ / пе́рвое)

_____

//2 오늘은 무슨 요일입니까? (неде́ли / сего́дня / день / како́й)

_____

//3 지금은 몇 시인가요? (сейча́с / вре́мени / ско́лько)

_____

//4 지금은 11시입니다. (часо́в / оди́ннадцать / сейча́с)

_____

5 다음 중 문법상 틀린 문장을 고르세요.

❶ Како́е сего́дня день неде́ли?
❷ Сего́дня пе́рвое января́.
❸ Сего́дня выходно́й.
❹ Сейча́с 12 часа́ 5 мину́т.

정답

❶ ④ Како́й сего́дня день неде́ли? 오늘 무슨 요일이에요? ② Сего́дня среда́. 오늘은 수요일이에요.
① А како́е сего́дня число́? 그러면 오늘은 며칠이에요? ③ Сего́дня пе́рвое января́. 오늘은 1월 1일이에요.

❷ ① часа́ / мину́т ② час ③ часо́в / мину́ты ④ часо́в

❸ ① вто́рник ② пя́тницу ③ сре́ду / суббо́ту

❹ ① Сего́дня пе́рвое января́. ② Како́й сего́дня день неде́ли? ③ Ско́лько сейча́с вре́мени?
④ Сейча́с оди́ннадцать часо́в.

❺ ① Како́е сего́дня день неде́ли? (x) → ① Како́й сего́дня день неде́ли? (о) 오늘 무슨 요일이에요?
④ Сейча́с 12 часа́ 5 мину́т. (x) → ④ Сейча́с 12 часо́в 5 мину́т. (о) 지금은 12시 5분입니다.

어휘 늘리GO!

Track 10-03

러시아어로 1부터 1000까지 기수와 서수를 말해 봅시다.

	기수	서수
1	оди́н 아진	пéрвый 뻬르v븨
2	два 드v바	второ́й f프따로이
3	три 뜨리	трéтий 뜨례찌이
4	четы́ре 취띄리	четвёртый 취뜨v뵤르띄
5	пять 빠ㅉ	пя́тый 빠띄
6	шесть 셰스ㅉ	шесто́й 쉬스또이
7	семь 쎔	седьмо́й 씨지모이
8	во́семь v보씸	восьмо́й v바씨모이
9	дéвять 제v비ㅉ	девя́тый 지v뱌띄
10	дéсять 제씨ㅉ	деся́тый 지쌰띄
11	оди́ннадцать 아지나짜ㅉ	оди́ннадцатый 아지나짜띄
12	двенáдцать 드v비나짜ㅉ	двенáдцатый 드v비나짜띄
13	тринáдцать 뜨리나짜ㅉ	тринáдцатый 뜨리나짜띄
14	четы́рнадцать 취뜨르나짜ㅉ	четы́рнадцатый 취뜨르나짜띄
15	пятнáдцать 삐ㄸ나짜ㅉ	пятнáдцатый 삐ㄸ나짜띄
16	шестнáдцать 쉬스나짜ㅉ	шестнáдцатый 쉬스나짜띄
17	семнáдцать 씸나짜ㅉ	семнáдцатый 씸나짜띄
18	восемнáдцать v바씸나짜ㅉ	восемнáдцатый v바씸나짜띄
19	девятнáдцать 지v빗나짜ㅉ	девятнáдцатый 지v빗나짜띄
20	двáдцать 드v바짜ㅉ	двадцáтый 드v바짜띄
30	три́дцать 뜨리짜ㅉ	тридцáтый 뜨리짜띄
40	со́рок 쏘락	сороково́й 싸라까v보이
50	пятьдеся́т 삐지쌴	пятидеся́тый 삐지지쌰띄
60	шестьдеся́т 쉬지쌴	шестидеся́тый 쉬스찌지쌰띄
70	сéмьдесят 쎔지쌴	семидеся́тый 씨미지쌰띄
80	во́семьдесят v보씸지쌴	восьмидеся́тый v바씨미지쌰띄
90	девяно́сто 지v비노스따	девяно́стый 지v비노스띄
100	сто 스또	со́тый 쏘띄
200	двéсти 드v베스찌	двухсо́тый 드v부ㅎ쏘띄
300	три́ста 뜨리스따	трёхсотый 뜨료ㅎ쏘띄
400	четы́реста 취띄리스따	четырёхсотый 취뜨료ㅎ쏘띄
500	пятьсо́т 삧쏫	пятисо́тый 삐찌쏘띄
600	шестьсо́т 쉿쏫	шестисо́тый 쉬스찌쏘띄
700	семьсо́т 씸쏫	семисо́тый 씨미쏘띄
800	восемьсо́т v바씸쏫	восьмисо́тый v바씨미쏘띄
900	девятьсо́т 지v빗쏫	девятисо́тый 지v비찌쏘띄
1000	ты́сяча 띄씨챠	ты́сячный 띄씨취늬

Tip 21 이상의 수사는 두 개의 수사를 합쳐서 쓸 수 있습니다.

러시아 만나GO!

러시아인이 좋아하는 약속 장소

러시아의 '지하철역 ста́нция метро́'은 궁전이나 박물관처럼 매우 아름답습니다. 처음 러시아에 지하철을 건설할 때 일반인들도 궁전의 화려함과 아름다움을 느낄 수 있도록 실제 궁전과 흡사하게 만들었다고 해요. 그래서 지하철역 내부에 성당처럼 스테인드글라스로 장식되어 있거나, 천장에 샹들리에가 달려 있기도 합니다. 덕분에, 러시아에서 지하철역은 교통수단을 이용하기 위한 장소일 뿐만 아니라 외국인들에게 이색적인 관광지가 되기도 합니다.

러시아인들에게 지하철역은 만남의 장소이기도 합니다. 전 세계 어느 나라든 지하철역을 약속 장소로 자주 택하고는 하죠? 러시아인들도 마찬가지로 지하철역에서 자주 약속을 잡곤 해요. 때문에 지하철역 근처에는 일행을 만나기 위해 기다리는 사람들을 항상 볼 수 있습니다. 사람들로 항상 북적이는 지하철역 근처에는 키오스크(가판대)도 많습니다. 간단한 간식거리뿐만 아니라 꽃이나 기념품을 살 수도 있어서, 기다리는 사람이 오기 전 선물을 사기에도 좋답니다.

지하철역뿐만 아니라 '붉은 광장 Кра́сная пло́щадь'에서 만나기로 약속을 정하는 사람들도 많습니다. 붉은 광장은 모스크바를 상징하는 중앙 광장이자, 크렘린 궁과 같은 역사적인 관광지들이 인접하여 관광객들뿐만 아니라 모스크바 현지 시민들도 자주 찾는 장소입니다. 특히 새해에는 붉은 광장에서 새해를 기념하는 큰 행사와 불꽃놀이가 열리기 때문에 수많은 사람들이 함께 새해를 축하하기 위해 붉은 광장에 모입니다.

이번 과에서 배운 시간 표현을 활용해서, 러시아 친구와 약속을 정해 볼까요?

Сего́дня пе́рвое января́. Сего́дня Но́вый год!
씨v보드냐 뻬르v바예 인v브랴 씨v보드냐 노v븨 곧

Дава́й встре́тимся на Кра́сной пло́щади!
다v바이 f프쓰례찜샤 나끄라스나이 쁠로쉬지

오늘은 1월 1일이야. 오늘은 새해야! 붉은 광장에서 만나자!

Что ты де́лал вчера́?

Что ты де́лал вчера́?

너는 어제 뭐 했니?

▶ **11강**

╲ **학습 목표**

시간 표현을 활용해 과거에 무엇을 했는지
묻고 답할 수 있다.

╲ **공부할 내용**

동사의 과거 시제
동사의 상 ❶ 불완료상 HCB / 완료상 CB
시간 표현 когда́

╲ **주요 표현**

Что ты де́лал вчера́?
Вчера́ я ходи́л на фотовы́ставку.
Я сиде́л до́ма весь день.
Я роди́лся пе́рвого января́.

◀ 러시아 미술 발전에 지대한 영향을 끼쳤으며
명작들을 감상할 수 있는 트레치야코프 미술관

말문 트 GO!

говори́те

🎧 Track 11-01

Диало́г 1

줄리안은 주말에 상트페테르부르크에 다녀왔습니다.

Юна́ Джулиа́н, что ты де́лал в э́ти выходны́е?

Джулиа́н Я е́здил в Санкт-Петербу́рг.

Э́то о́чень краси́вый го́род.

Юна́ Здо́рово! Я то́же хочу́ пое́хать туда́.

Джулиа́н А что ты де́лала в выходны́е?

Юна́ В суббо́ту я ходи́ла на фотовы́ставку.

В воскресе́нье я весь день сиде́ла

до́ма.

유나	줄리안, 너는 이번 주말에 무엇을 했니?
줄리안	나는 상트페테르부르크에 갔다 왔어. 엄청 아름다운 도시야.
유나	멋지다! 나도 거기 가 보고 싶어.
줄리안	그러는 너는 주말에 뭐 했니?
유나	토요일에는 사진전에 갔다 왔어. 일요일에는 하루 종일 집에만 있었어.

Слова́ **выходно́й** 형 휴식의, 쉬는 명 주말 **е́здить** 동 '(타고) 다니다, 갔다 오다'의 부정태 **ви́деть** 동 '보다, 보이다'의 불완료 **пое́хать** 동 '(타고) 가다, 출발하다'의 완료 **ходи́ть** 동 '(걸어) 다니다, 갔다오다'의 부정태 **фотовы́ставка** 명 사진전 **весь** 형 모든, 전부의, 종일, 내내 **сиде́ть** 동 '앉아 있다'의 불완료

포인트 잡GO!

❶ '하루 종일 어디도 가지 않고 집에 있다'의 의미일 땐 'сиде́ть 앉아 있다' 동사로 더 자주 말합니다.

예 Я **сиде́ла до́ма** весь день.   나는 하루 종일 **집에 있었어.**

❷ весь는 '모든, 전부의'라는 의미뿐만 아니라, 대격 자리에 놓였을 때 시간적인 '모든, 전부의' 즉, '종일, 내내'라는 의미로 연결되어 자주 쓰입니다.

예 **Все студе́нты** изуча́ют ру́сский язы́к.   **모든 학생들이** 러시아어를 배우고 있습니다.
(все 모든, 전부의 - 복수 주격)

Я смотре́л сериа́лы **весь день.**   나는 **하루 종일** 드라마를 시청했습니다.
(весь 종일, 내내 - 남성 단수 대격)

1 요일 표현하기

앞서 '오늘은 ~요일입니다'를 표현할 때 요일을 주격으로 쓴다는 점을 배웠습니다. 하지만 '~요일에'라고 'когда́ 언제'에 해당하는 정확한 요일을 나타낼 땐 요일을 주격이 아닌 'в + 대격'으로 표현합니다.

· **В суббо́ту** я ходи́ла на фотовы́ставку.   **토요일에** 나는 사진전에 갔다 왔어.

· **В воскресе́нье** я весь день сиде́ла до́ма.   **일요일에** 나는 하루 종일 집에 있었어.

대화문에 등장한 토요일과 일요일 외에도, 'когда́ 언제'에 해당하는 요일 표현을 함께 살펴봅시다.

	주격 '~요일'	в + 대격 '~요일에'
월	понеде́льник	**в** понеде́льни**к**
화	вто́рник	**во** вто́рник
수	среда́	**в** сре́д**у**
목	четве́рг	**в** четве́рг
금	пя́тница	**в** пя́тниц**у**
토	суббо́та	**в** суббо́т**у**
일	воскресе́нье	**в** воскресе́нь**е**

Tip ① 대격에서 여성 명사는 어미에 따라 변화가 일어나지만, 남성 / 중성 비활동체는 대격과 주격이 동일했습니다. 그렇기 때문에 여성 형태인 수요일, 금요일, 토요일만 'в + 대격' 자리에서 어미 변화가 일어나고, 나머지 남성 또는 중성 형태인 월요일, 화요일, 목요일, 일요일은 주격과 형태가 동일합니다.

예 **В** понеде́льни**к** я ходи́ла на конце́рт.   **월요일에** 나는 콘서트에 갔다 왔어요.

В суббо́т**у** моя́ семья́ обы́чно е́здит на да́чу.   **토요일에** 내 가족은 보통 다차에 다녀 오곤 해요.

② 전치사 в 다음에 'в+ 자음', 'ф + 자음'이 등장하는 경우 발음상의 편의를 위해 전치사 в는 во 형태로 변합니다.

예 **Во вт**о́рник я смотре́ла но́вый фильм.   **화요일에** 나는 신작 영화를 봤습니다.
(в + 요일 대격: ~요일에)

Джулиа́н живёт **во Фра́**нции.   줄리안은 **프랑스에** 삽니다. (в + 장소 전치격: ~에)

Обрати́те внима́ние! 주목하세요!

'~ 요일에'라는 의미뿐만 아니라 '~날에', '~일에'라는 의미를 표현할 때 'в + 대격'을 활용할 수 있습니다.

예 Что ты де́лал **в э́ти выходны́е**?   너는 **이번 주말에(쉬는 날에)** 뭐했니?

В э́тот день я е́здила в Санкт-Петербу́рг.   **이날에** 나는 상트페테르부르크에 갔다 왔어.

Track 11-02

Диало́г 2

율리야의 생일은 크리스마스, 유민의 생일은 새해 첫날입니다.

Ю́лия	Юми́н, когда́ у вас день рожде́ния?
Юми́н	Я роди́лся пе́рвого января́.
	А како́го числа́ вы роди́лись?
Ю́лия	Я родила́сь два́дцать пя́того декабря́.
Юми́н	О, вы роди́лись на Рождество́!
Ю́лия	А вы на Но́вый год.
Юми́н	Ю́лия, у меня́ ско́ро день рожде́ния.
	Я хочу́ пригласи́ть вас к себе́.
Ю́лия	С удово́льствием приду́.

율리야 유민, 당신의 생일은 언제인가요?
유민 나는 1월 1일에 태어났어요.
 그러면 당신은 며칠에 태어났나요?
율리야 나는 12월 25일에 태어났어요.
유민 오, 당신은 성탄절에 태어났네요!
율리야 반면 당신은 새해네요.
유민 율리야, 나는 곧 생일이에요.
 나는 당신을 내 집에 초대하고 싶어요.
율리야 기꺼이 갈게요.

Слова́ день рожде́ния 명사구 생일 роди́ться 동 '태어나다'의 완료 Рождество́ 명 성탄절 Но́вый год 명사구 새해 ско́ро 부 곧 пригласи́ть 동 '초대하다'의 완료 с удово́льствием 전치사구 기꺼이, 자진해서 прийти́ 동 '오다, 도착하다'의 완료

 포인트 잡GO!

❶ 러시아어로 '~의 생일이다' 표현은 소유 구문 'y + 생격'을 써서 '~한테 생일이 있다' 형태의 구문으로 나타냅니다.

예 Когда́ **у вас** день рожде́ния? **당신의** 생일은 언제입니까?
У меня́ сего́дня день рожде́ния. **나는** 오늘 생일입니다.

❷ 사람을 'к + 여격' 형태로 쓰면 '~집으로', '~에게로'라는 의미입니다. 따라서 재귀 대명사와 함께 'к себе́'라는 표현은 '내 집으로', '자신의 집으로'라는 의미로 볼 수 있습니다.

예 Я хочу́ пригласи́ть вас **к себе́**. 나는 당신을 **내 집에 (나 자신의 집에)** 초대하고 싶어요.

 учи́тесь

1 날짜 표현하기

시각 표현과 마찬가지로, 날짜 역시 '~일입니다'를 표현할 땐 서수 중성 주격으로 썼습니다. 하지만 '~요일에' 라는 표현을 'в + 대격'으로 표현하듯, 'когда́ 언제'에 해당하는 날짜를 표현할 땐 날짜를 주격이 아닌 생격으로 표현해야 합니다. '며칠에'에 해당하는 날짜를 묻고 답하며 말해 봅시다.

- Сего́дня **два́дцать пя́тое** декабря́.   오늘은 12월 **25일입니다.** (날짜 주격)
- Я родила́сь **два́дцать пя́того** декабря́.   나는 12월 **25일에** 태어났습니다. (날짜 생격)

날짜를 묻고 답할 때 когда́뿐만 아니라 '며칠에'라는 의문사를 활용할 수도 있습니다. 'како́е число́ 며칠 입니까?'를 생격으로 쓴 형태인 како́го числа́를 '며칠에'라는 의미로 활용합니다.

- **Когда́** вы родили́сь?   당신은 **언제** 태어났습니까?
- **Како́го числа́** вы родили́сь?   당신은 **며칠에** 태어났습니까?

	서수 중성 주격 '~일입니다'	생격 '~며칠에'
1일	пе́рвое	пе́рвого
2일	второ́е	второ́го
20일	двадца́тое	двадца́того
21일	два́дцать пе́рвое	два́дцать пе́рвого

> **Tip** 숫자 1부터 20까지는 하나의 서수로 존재하지만, 21 이상의 수는 마지막에 위치한 수사만 서수로 바꿉니다. 21 이 상의 수는 격 변화가 일어날 때 마지막의 서수만 바꿉니다. 월은 날짜와 상관없이 항상 뒤에서 수식해 주는 생격의 위치에 놓입니다.

🎯 Обрати́те внима́ние! 주목하세요!

주어의 인칭에 따라 어미가 6가지로 변했던 동사의 현재 변화형과는 달리, 동사의 과거 변화형은 '주어의 성, 수'에 따라 변합니다. 즉, 동사의 과거 변화형은 '남성 / 여성 / 중성 / 복수'에 따라 어미가 4가지 형태 로 변합니다. 따라서 주어가 똑같이 я라고 해도, 과거 시제일 땐 남성인지 여성인지에 따라 동사의 어미가 달라질 수 있습니다. 동사 과거 변화형의 규칙은 문법 다지GO! 코너에서 자세히 학습하겠습니다.

> **예** Я ча́сто **смотрю́** сериа́лы.   나는 드라마를 자주 시청합니다. (현재 시제)
> **Я роди́лся** пе́рвого января́.   나는 1월 1일에 태어났어요. (주어 я가 남성인 경우)
> **Я родила́сь** пе́рвого января́.   나는 1월 1일에 태어났어요. (주어 я가 여성인 경우)

грамма́тика

문법 다지GO!

① 동사의 과거 시제

동사의 현재 변화형은 주어의 인칭에 따라 어미가 6가지로 변했습니다. 과거 시제 변화 규칙을 살펴보기 전, 현재 변화형 규칙을 한번 더 확실히 복습해 보겠습니다.

1식 동사 (-ать / -ять) 어미 -ть 떼고 해당 어미 추가		2식 동사 (-ить / -еть) 어미 -ить / -еть 떼고 해당 어미 추가	
я	-ю	я	-ю / -у
ты	-ешь	ты	-ишь
он, она́, оно́	-ет	он, она́, оно́	-ит
мы	-ем	мы	-им
вы	-ете	вы	-ите
они́	-ют	они́	-ят / -ат

위와 같이 주어의 인칭에 따라 변했던 동사 현재 변화와는 달리, 과거 변화는 '주어의 성, 수'에 따라 변화가 일어납니다. 즉 주어가 '남성, 여성, 중성, 복수'인지에 따라 동사의 과거 시제는 총 4가지의 어미로 변화합니다.

동사의 과거 변화형 규칙 (-ть) 어미 -ть 떼고 해당 어미 추가	
남성 (я, ты, он)	-л
여성 (я, ты, она́)	-ла
중성 (оно́)	-ло
복수 (мы, вы, они́)	-ли

또한, 과거 시제는 현재 변화처럼 1식 동사, 2식 동사로 구분하는 것이 아니라, 동사 원형에서 어미 -ть만 떼고 주어에 해당하는 어미를 붙입니다.

чита́ть 읽다		говори́ть 말하다	
남성 (я, ты, он)	чита́л	**남성** (я, ты, он)	говори́л
여성 (я, ты, она́)	чита́ла	**여성** (я, ты, она́)	говори́ла
중성 (оно́)	чита́ло	**중성** (оно́)	говори́ло
복수 (мы, вы, они́)	чита́ли	**복수** (мы, вы, они́)	говори́ли

> **Tip** ① 주어의 인칭에 따라 변했던 현재형과는 달리, 과거 시제는 주어의 성, 수에 따라 어미가 달라지기 때문에 'я 나', 'ты 너'가 주어일 땐 성별에 따라 어미 변화형이 달라집니다.
>
> 예 Что ты **де́лал** вчера́? 너는 어제 **뭐 했니**? (ты가 남자인 경우)
> Что ты **де́лала** вчера́? 너는 어제 **뭐 했니**? (ты가 여자인 경우)
>
> ② 주어 вы는 '당신'이라는 존칭의 의미로도 쓰이지만, '당신들 / 너희들'이라는 2인칭 복수 인칭 대명사이기 때문에 어떤 의미로 쓰이든 과거 시제로 쓸 때는 항상 복수 형태의 어미를 취합니다.
>
> 예 **Юлия**, что **вы де́лали** вчера́? 율리야, 당신은 어제 무엇을 **했나요**? (вы - 존칭의 의미)
> **Ребя́та**, что **вы де́лали** вчера́? 얘들아, 너희들은 어제 무엇을 **했니**?
> (Ребя́та '여러분, 얘들아'라는 의미. 여러 명의 대상을 부를 때 사용하는 표현 / вы - 2인칭 복수의 의미)

동사 과거 변화의 기타 규칙은 이후 살펴볼 예정이며, 우선 오늘 공부한 가장 기본적인 과거 규칙을 확실히 기억합시다.

동사의 상 ① 불완료상(НСВ)과 완료상(СВ)

러시아어 동사에는 '상'이라는 아주 중요한 개념이 있습니다. 동사의 상을 활용하여 동작이나 상황이 진행 중인지 또는 이미 완료되었는지 표현할 수 있습니다. 동작이나 상황을 표현할 때 꼭 필요한 개념인 동사의 상은 '불완료상'과 '완료상' 두 가지가 존재합니다.

불완료상 (НСВ)	지속 / 반복되는 상황을 표현할 때	완료상 (СВ)	완료 / 일회성 행위를 표현할 때

러시아어에서 동작, 상황, 행위의 진행, 완료, 반복, 1회성 여부 등을 동사의 상으로 표현하므로 앞으로 동사를 외울 때 '불완료상 – 완료상' 짝을 통으로 암기해야 합니다. 반드시 알고 있어야 할 불완료상(НСВ)과 완료상(СВ) 동사 짝을 먼저 살펴보겠습니다.

불완료상 (НСВ)	완료상 (СВ)	의미
ви́деть	уви́деть	보이다
говори́ть	сказа́ть	말하다
де́лать	сде́лать	하다, 만들다
ду́мать	поду́мать	생각하다
знать	узна́ть	알다
игра́ть	сыгра́ть	(운동 경기)하다, 연주하다
отдыха́ть	отдохну́ть	쉬다, 휴식하다
покупа́ть	купи́ть	사다, 구매하다
приглаша́ть	пригласи́ть	초대하다
слу́шать	послу́шать	듣다
смотре́ть	посмотре́ть	보다

앞으로 계속 등장할 불완료상-완료상 동사를 항상 짝으로 외우도록 합니다. 이번 과에서는 동사들의 불완료상 – 완료상 형태를 눈에 익히고, 이어지는 12과에서 동사의 상을 좀 더 자세히 학습하겠습니다.

 Запо́мните! 기억하세요!

어미가 -ся로 끝나는 동사를 변화시킬 땐 우선 어미 -ся를 뗀 후 남는 동사의 부분을 우리가 알고 있는 규칙에 따라 바꾼 후, 마지막 어미가 자음으로 끝나면 -ся , 모음으로 끝나면 -сь를 붙이면 됩니다. 때문에 동사를 과거 시제로 바꿀 때에는 자음 -л로 끝나는 남성형만 -ся가 붙고, 나머지 -ла, -ло, -ли로 끝나는 여성, 중성, 복수형은 -сь 형태가 됩니다.

учи́ться 과거 시제	
남성 (я, ты, он)	учи́**лся**
여성 (я, ты, она́)	учи́**лась**
중성 (оно́)	учи́**лось**
복수 (мы, вы, они́)	учи́**лись**

꿀팁 더하GO!

1 **'когда́ 언제'에 해당하는 정확한 시간 표현**

앞서 10과에서 살펴보았듯이 러시아어에서는 시간을 주격으로 썼을 때 '~요일입니다', '~시입니다', '며칠입니다' 등의 표현으로 활용할 수 있었습니다. 그런데 'когда́ 언제'라는 의문사를 사용하여 말할 땐 시간을 주격으로 쓰는 것이 아니라 'в + 대격', 'в / на + 전치격', '조격', '생격' 등 각각 시간 표현에 맞는 다른 문법 규칙에 따라 써야 올바른 답변을 말할 수 있습니다. 핵심 다지GO! 코너에서 배운 'в + 요일 대격: ~요일에'와 '날짜 생격: ~며칠에' 외에도 'когда́ 언제'에 해당하는 정확한 시간 표현들을 추가적으로 배워 보겠습니다.

когда́ 언제 / во ско́лько 몇 시에 ~?	
1시에 / 1분에	**в** ча**с** / мину́т**у**
2시에 / 2분에	**в 2 (два)** час**а́** / **2 (две)** мину́т**ы**
5시에 / 5분에	**в 5 (пять)** час**о́в** / **5 (пять)** мину́**т**

- **Во ско́лько** ты смо́тришь телеви́зор?　　　　너는 **몇 시에** 텔레비전을 시청하니?
- Я смотрю́ телеви́зор **в 7 (семь) часо́в**.　　　　나는 **7시에** 텔레비전을 시청해.

> **Tip** ① 러시아어에는 수사에 따라 명사의 형태가 달라지는 수량 생격 문법 규칙이 있습니다. 이는 수사의 영향을 받는 명사의 형태가 변한 것일 뿐, 전체적으로 격의 영향을 받는 것은 수사이기 때문에 항상 수사의 형태를 보고 격을 결정해야 합니다. 우리가 알고 있는 수사 оди́н, два, три... 형태는 수사의 주격 혹은 대격이라고 볼 수 있습니다. 수사의 격 변화는 매우 복잡하므로 우선 수사에도 격이 존재한다는 사실을 기억하세요.
>
> **예** Сейча́с **2 (два)** часа́.　　　　지금은 **2시입니다.** (два가 주격 위치)
> 　　　Я обе́даю в **12 (двена́дцать)** часо́в.　나는 **12시에** 점심 식사를 합니다. (двена́дцать가 'в + 대격' 위치)
>
> ② 수사 2는 함께 쓰는 명사의 성별에 따라 형태가 달라집니다. 남성, 중성과 함께 쓸 때는 два, 여성과 함께 쓸 땐 две라는 형태를 씁니다.
>
> **예** час 시 (남성) → **два** часа́ 2시
> 　　　мину́та 분 (여성) → **две** мину́ты 2분

2 **на + 시간 전치격**

'неде́ля 주'를 'на + 시간 전치격'으로 쓰면 '~주에'라는 의미가 됩니다.

когда́ 언제 / на како́й неде́ле 몇 째 주에 ~ ?	
이번 주에	**на** э́той неде́л**е**
지난주에	**на** про́шл**ой** неде́л**е**
첫째 주에	**на** пе́рв**ой** неде́л**е**

- **Когда́** ты е́здил в Москву́?　　　　너는 모스크바에 **언제** 다녀왔니?
- Я е́здил в Москву́ **на про́шлой неде́ле**.　나는 모스크바에 **지난주에** 다녀왔어.

3 в + 시간 전치격

'ме́сяц 월'이나 'год 년, 해'를 'в + 시간 전치격'으로 쓰면 '~월에', '~년에'라는 의미가 됩니다.

когда́ 언제 / в како́м ме́сяце 몇 월에 ~?	
이번 달에	**в** э́том ме́сяц**е**
지난달에	**в** про́шл**ом** ме́сяц**е**

1월부터 12월까지에 해당하는 남성 명사들 또한 'в + 시간 전치격' 형태로 써서 '~월에'를 표현할 수 있습니다.

1월에	**в** январ**е́**	7월에	**в** ию́л**е**
2월에	**в** феврал**е́**	8월에	**в** а́вгуст**е**
3월에	**в** ма́рт**е**	9월에	**в** сентябр**е́**
4월에	**в** апре́л**е**	10월에	**в** октябр**е́**
5월에	**в** ма́**е**	11월에	**в** ноябр**е́**
6월에	**в** ию́н**е**	12월에	**в** декабр**е́**

- **В како́м ме́сяце** роди́тели отдыха́ли на мо́ре?
  몇 월에 부모님은 바다에서 휴가를 보냈습니까?

- Они́ отдыха́ли на мо́ре **в а́вгусте.** 　그들은 **8월에** 바다에서 휴가를 보냈습니다.

когда́ 언제 / в како́м году́ 몇 년에 ~?	
올해에	в э́том году́
작년에	в про́шлом году́

- **В како́м году́** роди́лся твой сын? 　네 아들은 **몇 년에** 태어났니?

- Он роди́лся **в про́шлом году́.** 　그는 **작년에** 태어났어.

> **Tip** '1997년에' 혹은 '2002년에'와 같이 정확한 연도도 'в + 시간 전치격'으로 표현합니다. 다만 천 단위의 수사가 아직
> 은 많이 어려우므로, 참고로만 기억해 둡시다.

Обрати́те внима́ние! 주목하세요!

문장 내에 시간이 2 개 이상 등장하는 경우에는 항상 뒤에서 수식해 주는 생격 형태로 시간을 표현합니다.

> **예**　Я купи́л маши́ну в ма́е про́шл**ого** го́д**а**. 나는 **작년** 5월에 차를 샀어요.
> (про́шлый год가 뒤에서 생격 수식)
> Я за́втракаю в 7 (семь) часо́в у́тр**а**. 나는 **아침** 7시에 아침식사를 합니다.
> (у́тро가 뒤에서 생격 수식)

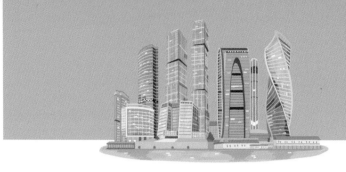

1 주어진 문장을 의미에 맞게 순서대로 나열하세요.

> ❶ Что ты де́лал в э́ти выходны́е?
> ❷ Я весь день сиде́ла до́ма.
> ❸ А что ты де́лала?
> ❹ Я е́здил в Санкт-Петербу́рг.

// 1 _____

// 2 _____

// 3 _____

// 4 _____

2 주어진 시간 표현 중 빈칸에 들어갈 알맞은 시간 표현을 골라 쓰세요.

// 1 나는 토요일에 영화를 봤습니다.

Я смотре́л фильм _____ . (суббо́та / в суббо́ту)

// 2 지금은 7시입니다.

Сейча́с _____ . (7 (семь) часо́в / в 7 (семь) часо́в)

// 3 올해 우리는 바다에 갔다 왔습니다.

_____ мы е́здили на мо́ре. (Э́тот год / В э́том году́)

// 4 내 남동생은 1월에 태어났습니다.

Мой мла́дший брат роди́лся _____ . (янва́рь / в январе́)

3 주어진 동사를 주어에 맞게 과거 변화형으로 바꾸세요.

// 1 Па́па _____ телеви́зор. (смотре́ть)

// 2 Что ты _____ вчера́? (де́лать)

//3　В пя́тницу я _____ на фотовы́ставку. (ходи́ть)

//4　Студе́нты _____ в библиоте́ке весь день. (занима́ться)

4　주어진 동사 중 НСВ (불완료상)과 СВ(완료상)을 구분해서 쓰세요.

보기

смотре́ть 보다 / купи́ть 사다 / ду́мать 생각하다
пригласи́ть 초대하다 / сде́лать 하다 / сказа́ть 말하다

НСВ (불완료상): _____ .

СВ (완료상): _____ .

5　다음 중 문법상 틀린 문장을 고르세요.

❶　Како́е число́ вы родили́сь?
❷　Вчера́ я хожу́ в теа́тр.
❸　Я слу́шала конце́рт в э́ту суббо́ту.
❹　Бори́с де́лал дома́шнее зада́ние в 8 (во́семь) часо́в.

정답

❶　① Что ты де́лал в э́ти выходны́е? 너는 이번 주말에 뭐 했니? ④ Я е́здил в Санкт-Петербу́рг. 나는 상트 페테르부르크에 다녀왔어. ③ А что ты де́лала? 그러면 너는 뭐 했니? ② Я весь день сиде́ла до́ма. 나는 하루 종일 집에 있었어.

❷　① в суббо́ту ② 7 (семь) часо́в ③ В э́том году́ ④ в январе́

❸　① смотре́л 아빠가 텔레비전을 시청했습니다. ② де́лал (주어가 남성일 경우) / де́лала (주어가 여성일 경우) 너는 어제 뭐 했니? ③ ходи́л (주어가 남성일 경우) / ходи́ла (주어가 여성일 경우) 금요일에 나는 사진전에 갔다 왔어요. ④ занима́лись 학생들이 도서관에서 하루 종일 공부했습니다.

❹　① НСВ (불완료상): смотре́ть / ду́мать ② СВ (완료상): купи́ть / пригласи́ть / сде́лать / сказа́ть

❺　① Како́е число́ вы родили́сь? → ① Како́го числа́ вы родили́сь? 당신은 며칠에 태어났습니까? ② Вчера́ я хожу́ в теа́тр. → ② Вчера́ я ходи́л / ходи́ла в теа́тр. 어제 나는 극장에 갔다 왔어요.

🎧 Track 11-03

시간 표현 관련 부사들

일과

вчерá	어제
сегóдня	오늘
зáвтра	내일
ýтром	아침에
днём	낮에
вéчером	저녁에
нóчью	밤에

계절

веснóй	봄에
лéтом	여름에
óсенью	가을에
зимóй	겨울에

기타 시간 부사

давнó	오래 전에
недáвно	최근에
рáньше	예전에, 더 일찍
рáно	일찍, 이르게
пóздно	늦게
снача́ла	먼저 / 처음에
потóм	나중에
скóро	곧

- **Лéтом** я обы́чно éзжу на мóре. **여름에** 나는 보통 바다에 다녀옵니다.
- Óчень **пóздно**. Порá идти́ домóй. 몹시 **늦었습니다**. 집에 갈 시간입니다.

러시아 만나GO!

о России

러시아인들의 여가 공간, 'дáча 다차'

러시아인들은 주말이나 방학, 휴가 때 주로 무엇을 하며 여가 시간을 보낼까요? 러시아의 겨울은 춥기 때문에 주로 실내에서 즐길 수 있는 발레나 연극 등 공연을 보러 가는 사람들이 많아요. 본격적으로 겨울 스포츠를 즐길 수 있는 나라 또는 반대로 따뜻한 나라로 여행을 떠나기도 합니다.

러시아의 겨울은 춥기도 하거니와 여름 방학(휴가)에 비해 2주 남짓으로 별로 길지도 않기 때문에, 러시아인들은 상대적으로 긴 여름 방학(휴가) 기간을 적극적으로 활용하여 여가를 즐기곤 합니다. 이때 여행을 가거나 고향을 찾는 사람들도 있지만 대부분의 러시아인들은 다차에서 휴가를 즐긴답니다.

다차는 '러시아 식 별장'이라고 할 수 있습니다. 생활 공간인 통나무집에 작은 텃밭이 딸린 주말 농장 개념이라고 볼 수 있지요. 대도시에 사는 사람들 중 약 60%는 다차를 소유하고 있다고 합니다. 19세기 제정 러시아 때 귀족들이 수도 주변 근교에 다차를 지어 놓고 주말이나 연휴에 여가 생활을 즐기던 것이 다차의 시작이라고 볼 수 있어요. 이후 1970년대 소비에트 정권에서 일반 국민들도 다차를 가질 수 있도록 토지를 분배하면서, 다차는 귀족들의 전유물이 아닌 러시아 국민 대부분의 여가 공간으로 자리 잡았습니다. 소비에트 정권 시기의 다차는 거의 대부분 비슷한 규모와 형태로 만들어졌지만, 오늘날의 다차는 소유자의 소득 수준이나 취향에 따라 규모나 건물 양식에 차이를 보입니다.

다차는 보통 자신이 살고 있는 도시에서 1시간 남짓 떨어진 근교에 마련하는 경우가 대부분입니다. 러시아인들은 주말에 별다른 약속이 없으면, 가족들과 함께 다차에 가서 물놀이도 하고 샤슐릭(러시아 식 꼬치 요리)을 구워 먹는가 하면, 틈틈이 텃밭도 가꾸며 시간을 보냅니다. 특히 학생들은 여름 방학 내내 다차에서 시간을 보내기도 합니다. 이 정도면 다차는 러시아인들에게 없어서는 안 될 중요한 여가 공간이라고 볼 수 있겠죠?

방학이나 휴가를 즐기러 다차로 가는 러시아 친구들에게, 잘 쉬다 오라고 이야기해 볼까요?

Хорóшего óтдыха! Хорóших выходны́х!

하로셰v바 오듸하 하로쉬ㅎ v븨하드늬ㅎ
좋은 휴식이 되길 바라(요)! 좋은 주말이 되길 바라(요)!

Я приглашу́ вас
на мой день рожде́ния.

Я приглашу́ вас на мой день рожде́ния.

나는 당신을 내 생일에 초대합니다.

▶ 12강

\ **학습 목표**

전화 통화 표현을 말할 수 있다.

미래 시제를 활용해 앞으로의 계획을 말할
수 있다.

\ **공부할 내용**

동사의 미래 시제

동사의 상 ❷ 불완료상 - 완료상과

함께 쓰는 표현

мочь 동사의 활용

\ **주요 표현**

Что ты бу́дешь де́лать за́втра?

Мо́жно Ю́лию к телефо́ну?

Приходи́те к нам в го́сти!

Спаси́бо за приглаше́ние.

◀ 모스크바의 볼쇼이 극장

말문트 GO!

говори́те

🎧 Track 12-01

Диало́г 1

보리스와 딴딴은 주말에 무엇을 할 계획인가요?

учи́тель	Ребя́та, что вы бу́дете де́лать за́втра?
Бори́с	Я пое́ду во Владивосто́к к роди́телям.
	И че́рез неде́лю верну́сь в Москву́.
учи́тель	Отли́чный план, Бори́с!
	А Танта́н, что ты бу́дешь де́лать?
Танта́н	Я бу́ду смотре́ть карти́ны
	в Третьяко́вской галере́е.
	Я давно́ хоте́ла пойти́ туда́.
учи́тель	Хорошо́! Хоро́ших выходны́х!

선생님	얘들아, 너희는 내일 무엇을 할 거니?
보리스	나는 블라디보스토크에 부모님께 갈 거예요.
	그리고 일주일 후에 모스크바로 돌아올 거예요.
선생님	훌륭한 계획이야, 보리스!
	그러면 딴딴, 너는 무엇을 할 거니?
딴딴	나는 트레치야코프 미술관에서 그림을 볼 거예요.
	나는 오래 전부터 거기 가 보고 싶었어요.
선생님	좋아! 좋은 주말 보내렴.

Слова́ ребя́та 명 얘들아, 여러분 че́рез + 대격 전 ~후에 верну́ться 동 '돌아오다, 돌아가다'의 완료 отли́чный 형 훌륭한 план 명 계획 галере́я 명 미술관, 갤러리 давно́ 부 오래전부터 пойти́ 동 '(걸어서) 가다, 출발하다'의 완료 пое́хать 동 '(타고) 가다, 출발하다'의 완료

포인트 잡GO!

❶ 'ребя́та 얘들아, 여러분'는 'ребёнок 아이'의 또 다른 복수 형태입니다. 여러 명의 무리를 부를 때 쓰는 호칭입니다. 나보다 나이가 많은 상대방이나 직장 상사, 선생님에게는 사용하지 않습니다.

　예　**Ребя́та**, что вы бу́дете де́лать за́втра?　**얘들아**, 너희 내일 뭐 해? /
　　　　　　　　　　　　　　　　　　　　　　　　여러분, 당신들은 내일 무엇을 하나요?

❷ 'Госуда́рственная Третьяко́вская галере́я 국립 트레치야코프 미술관'은 모스크바에 있는 국립 미술관입니다. 트레치야코프라는 상인이 훌륭한 예술 작품들을 수집해 자신의 집에 전시하다가, 후에 모스크바 시에 자신의 집과 모든 예술 작품들을 기증하여 미술관으로 꾸며진 유명한 곳입니다.

1 верну́ться 동사 활용

동사 верну́ться는 '돌아오다 / 돌아가다'라는 의미로 쓰이는 완료상 동사입니다. 우선 верну́ться 동사의 변화형을 살펴보겠습니다.

верну́ться '돌아오다' 완료상 미래	
я	верну́сь
ты	вернёшься
он, она́	вернётся
мы	вернёмся
вы	вернётесь
они́	верну́тся

верну́ться '돌아오다' 완료상 과거	
он	верну́лся
она́	верну́лась
оно́	верну́лось
они́	верну́лись

- Че́рез неде́лю **я верну́сь** в Москву́. 1주일 후에 나는 모스크바로 **돌아올 거예요** (완료상 미래)
- Мы **верну́лись** из Москвы́. 우리는 모스크바에서 **돌아왔습니다.** (완료상 과거)

또한 верну́ться 동사는 'куда́ 어디로'에 해당하는 장소인 'в / на + 대격'이나 'отку́да 어디에서부터'에 해당하는 장소 'из / с + 생격'과 함께 활용할 수 있습니다.

> **Tip** 불완료상 동사 возвраща́ться도 물론 존재하지만, '여러 번 돌아오다'라는 반복의 의미보다는 '한 번 돌아왔다', '이미 돌아왔다'라는 일회성, 완료의 의미로 더 자주 활용되기 때문에 완료상 верну́ться를 우선 기억하세요.

2 че́рез + 대격

'че́рез + 대격'은 '~후에'라는 시간적인 의미로 쓰이는 전치사입니다. 남성, 중성, 복수 형태의 시간 명사는 비활동체이므로 대격 위치에서 주격과 동일합니다. 그렇기 때문에 여성 명사의 대격 변화형(-a로 끝나는 명사 → -у / -я로 끝나는 명사 → -ю)을 특히 주의해서 활용해 주세요.

- Я бу́ду учи́ться в Росси́и **че́рез год.** 나는 1년 후에 러시아에서 공부할 거예요 (**год** - 대격 남성 비활동체)
- **Че́рез неде́лю** я верну́сь в Москву́. 나는 1주일 후에 모스크바로 돌아올 거예요. (**неде́ля** - 대격 여성)

🎯 Обрати́те внима́ние! 주목하세요!

불완료상 미래 시제는 'быть ~(이)다' 동사를 활용해 'быть 미래 변화형 + 불완료상 동사원형' 형태를 써서 표현하고, 완료상은 현재 시제가 없는 대신 '인칭에 따른 동사 변화형'을 미래 시제로 활용합니다. 따라서 동사의 상을 정확히 구분할 수 있어야 합니다.

> **예** Что вы **бу́дете де́лать** за́втра? 여러분은 내일 **무엇을 합니까?**
> (불완료상 미래 시제)
>
> Я **пое́ду** во Владивосто́к к роди́телям. 나는 블라디보스토크로 부모님에게 **갑니다.**
> (완료상 미래 시제)

🎧 Track 12-02

💬 **Диало́г 2**

내일은 유민의 생일입니다. 유민은 율리야를 파티에 초대합니다.

Ю́лия	Алло́, слу́шаю вас.
Юми́н	Алло́, э́то Юми́н.
	Мо́жно Ю́лию к телефо́ну?
Ю́лия	Э́то я, Юми́н. Как у вас дела́?
Юми́н	Прекра́сно! Спаси́бо.
	Кста́ти, за́втра у меня́ день рожде́ния.
	И хочу́ пригласи́ть вас.
	Приходи́те ко мне в го́сти!
Ю́лия	С удово́льствием приду́.
	А где мы мо́жем встре́титься?
Юми́н	Дава́йте встре́тимся о́коло стади́она
	«Лужники́» в 6 (шесть) часо́в!
Ю́лия	Хорошо́, договори́лись!
	Спаси́бо за приглаше́ние.

율리야 여보세요, 말씀하세요.

유민 여보세요. 나는 유민입니다.
율리야를 바꿔 줄 수 있나요?

율리야 나예요, 유민. 어떻게 지냈어요?

유민 아주 훌륭해요. 고마워요.
그나저나 율리야, 내일 내 생일이에
요. 그래서 당신을 초대하고 싶어요.
내 집으로 놀러 오세요!

율리야 기꺼이 갈게요.
그러면 우리는 어디서 만날 수 있을
까요?

유민 6시에 '루쥐니끼' 경기장에서 만납
시다!

율리야 좋아요, 약속했어요!
초대해 줘서 고마워요.

Слова́ **мо́жно** 부 해도 좋다, 해도 된다 (허락) **кста́ти** 부 그나저나, 그런데, 그래서 **приходи́ть** 동 '도착하다' 의 불완료 **прийти́** 동 '도착하다'의 완료 **мочь** 동 '할 수 있다 (가능성)'의 불완료 **встре́титься** 동 '(~ 와 함께) 만나다'의 완료 **договори́ться** 동 '(~와 함께) 약속하다'의 완료

🎯 **포인트 잡GO!**

❶ 러시아어에서는 미래 시제라도 확정된 계획을 표현할 땐 현재형으로 말할 수 있습니다.

❷ 전화 통화에서 э́то …라는 표현은 직역에 따른 '이 사람은 …입니다'가 아니라, '나는 …입니다'라는 표현으로 쓰입니다. 전화 통화 시 я …라고 말하지 않도록 주의하세요.

❸ 전화를 받았을 때, Я слу́шаю вас. 또는 주어를 생략하고 Слу́шаю вас.라고 합니다. 직역하면 '나는 당신 말을 듣고 있어요.'라는 의미인데, 한국어에서 통화 시 '말씀하세요' 정도의 의미로 해석하면 자연스럽습니다.

учи́тесь

1 'за + 대격'의 용법 활용하기

'за + 대격'은 '~에 대한'이라는 의미로 활용할 수 있습니다. 대표적으로 '~에 대한 감사'를 표현할 때 쓰입니다. 따라서 '~에 대해 고맙습니다'를 'спаси́бо за + 대격: ~에 대해 고맙습니다' 구문으로 나타낼 수 있습니다.

· Спаси́бо **за письмо́**.　　　　　　　**편지** 고마워요. (편지 써 준 것에 대해)

'~에 대한 감사'뿐만 아니라, 'за + 대격'을 활용해 '~에 대한 미안함'도 나타낼 수 있습니다. 'извини́(те) за + 대격: ~에 대해 미안합니다' 구문으로 말하기를 연습해 보세요.

· Извини́ **за всё**.　　　　　　　**모든 것이** (모든 것에 대해) 미안해.

2 мочь의 용법 활용하기

мочь는 반드시 동사 원형과 함께 써서 '~할 수 있다'라는 의미로 활용되는 조동사입니다. 앞서 -ть로 끝나는 동사의 변화 규칙을 살펴봤는데 어미가 -чь로 끝나는 동사 원형도 존재합니다. -ть 동사 변화 규칙과는 조금 다른 부분이 있으면서 변화 규칙이 복잡하기 때문에 우선은 мочь의 현재 변화형만 기억하세요. -чь로 끝나는 동사 원형의 자세한 변화 규칙은 18과에서 본격적으로 살펴보도록 하겠습니다.

'мочь ~할 수 있다' 현재 변화형			
Я	мог**у́**	мы	мо́**жем**
ты	мо́**жешь**	вы	мо́**жете**
он, она́, оно́	мо́**жет**	они́	мо́**гут**

> **Tip** 현재 변화형에서 주격 인칭 대명사에 따른 자음 변화와 강세 변화에 주의하세요.

· Где **мы мо́жем** встре́титься?　　　　우리는 어디서 만날 수 있을까요?
· **Вы мо́жете** купи́ть биле́ты на бале́т?　당신이 발레 입장권을 구매해 줄 수 있나요?
· **Де́ти** са́ми **мо́гут** де́лать дома́шние зада́ния. 아이들이 스스로 숙제를 할 수 있습니다.

🎯 Обрати́те внима́ние! 주목하세요!

гость는 원래 손님이라는 의미의 남성 명사입니다. 그런데 'Приходи́те ко мне в го́сти! 내 집으로 놀러 오세요!'라는 문장에서는 гость가 손님이라는 의미로 쓰이지 않습니다. 또한 이 문장에서 гость는 'в + 복수 대격' 위치에 놓여 있다고 볼 수 있는데, 대격에서는 활동체일 때 생격 어미로 변한다는 규칙과도 맞지 않습니다. 즉, гость는 'в го́сти'라는 장소 형태로 활용했을 때 '놀러'라는 의미로도 쓸 수 있습니다. 또한, в го́сти는 운동 동사와 함께 자주 활용된다는 점까지 함께 기억하세요.

> **예** ▶ Приходи́те ко мне **в го́сти**!　　　내 집으로 **놀러** 오세요!
> 　　Вчера́ я ходи́ла к дру́гу **в го́сти**.　어제 나는 친구에게 **놀러** 갔다 왔어요.

① 동사의 미래 시제

동사의 미래 변화형도 주어의 인칭에 따라 6가지 형태의 어미로 변합니다. 주의할 점은, 불완료상과 완료상의 미래 시제 변화형이 다르므로 구분해야 합니다. 불완료상 동사는 'быть + 불완료상 동사 원형'으로 미래 시제를 나타낼 수 있습니다. 이때 быть는 불완료상의 미래 시제를 나타내는 조동사의 역할로 쓰이며, быть 동사가 주어의 인칭에 따라 미래 시제로 형태가 바뀝니다. 완료상 동사는 의미 자체가 이미 완료된 행위를 나타내므로 현재 시제는 존재하지 않고 과거 시제와 미래 시제만 존재합니다. 하지만 완료상 동사가 인칭에 따라 1식, 2식 현재형처럼 변하는 것을 볼 수 있는데요. 이는 현재 시제가 아니라 완료상 동사의 미래 시제라는 점을 반드시 기억해야 합니다. 따라서 동사가 불완료상인지 완료상인지 명확하게 구분하고 있어야 불완료상 현재 시제인지, 완료상 미래 시제인지 알 수 있습니다.

불완료상 동사 미래 변화		완료상 동사 미래 변화		
быть + 불완료상 동사 원형			1식 동사	2식 동사
я	бу́ду	я	-ю	-ю / -у
ты	бу́дешь	ты	-ешь	-ишь
он, она́, оно́	бу́дет	он, она́, оно́	-ет	-ит
мы	бу́дем	мы	-ем	-им
вы	бу́дете	вы	-ете	-ите
они́	бу́дут	они́	-ют	-ят / -ат

- **불완료상 미래** (быть + 불완료상 동사 원형)

- Что ты **бу́дешь де́лать** за́втра?　　　　너는 내일 **뭐 할 거야**?

- За́втра я **бу́ду смотре́ть** фильм.　　　　나는 내일 영화를 **볼 거야**.

- **완료상 미래** (인칭에 따른 동사 변화형)

- Я обяза́тельно **прочита́ю** э́тот рома́н.　　　나는 반드시 이 소설을 **다 읽을 거야**.

> **Tip** ① 동사가 현재형으로 변할 때, 원형과 다르게 자음 변환이 일어나는 경우가 있습니다. 자주 활용되는 완료상 동사 중 자음 변환이 일어나는 대표적인 동사들을 아래의 표로 기억하세요. 그 외의 동사들은 맨 앞의 Ready! 코너에도 설명을 수록하였으니 수시로 참고하세요.

- **1인칭 단수 주어 я일 때 자음 변환이 일어나는 경우**

купи́ть '사다'의 완료상		пригласи́ть '초대하다'의 완료상	
я	куп**лю́**	я	пригла**шу́**
ты	ку́пишь	ты	пригласи́шь
он, она́, оно́	ку́пит	он, она́, оно́	пригласи́т
мы	ку́пим	мы	пригласи́м

ВЫ	ку́пите	ВЫ	приглаcи́те
ОНИ́	ку́пят	ОНИ́	приглаcя́т

уви́деть '보이다'의 완료상		спроcи́ть '묻다'의 완료상	
я	уви́**жу**	я	спро**шу́**
ты	уви́дишь	ты	спро́сишь
он, она́, оно́	уви́дит	он, она́, оно́	спро́сит
мы	уви́дим	мы	спро́сим
вы	уви́дите	вы	спро́сите
они́	уви́дят	они́	спро́сят

- 동사 전체에 자음 변환이 일어나는 경우

написа́ть '쓰다'의 완료상		сказа́ть '말하다'의 완료상	
я	напи**шу́**	я	ска**жу́**
ты	напи́**шешь**	ты	ска́**жешь**
он, она́, оно́	напи́**шет**	он, она́, оно́	ска́**жет**
мы	напи́**шем**	мы	ска́**жем**
вы	напи́**шете**	вы	ска́**жете**
они́	напи́**шут**	они́	ска́**жут**

- Я **приглашу́** друзе́й к себе́ в го́сти. 나는 친구들을 내 집으로 **초대할 거예요**.
- Я **напишу́** письмо́ роди́телям. 나는 부모님께 편지를 **쓸 거예요**.
- Бори́с обяза́тельно **ска́жет** об э́том. 보리스는 반드시 이에 대해서 **얘기할 거야**.

> **Tip** ② 불완료상과 완료상 동사가 상황에 따라 다르게 쓰인다는 점을 앞서 11과에서 언급했습니다. 불완료상은 지속, 반복되는 행위뿐만 아니라 '행위 자체'에 초점을 맞춰 말할 때 활용할 수 있습니다. 반면, 완료상은 완료, 1회성 행위, '결과 자체'에 초점을 맞춰 말할 때 활용할 수 있습니다. 또한 완료상은 이미 끝냈거나, 앞으로 끝낼 행위를 이야기할 때 쓰는 상이기 때문에 과거 시제와 미래 시제만 존재합니다. 상황에 따라 어떤 동사의 상을 사용할 것인지 구분에 주의합시다.
>
> 예 Я **ча́сто приглаша́ю** друзе́й к себе́ в го́сти. 나는 친구들을 **자주** 내 집으로 **초대합니다**. (현재 반복)
> Танта́н **бу́дет покупа́ть** газе́ты **ка́ждый день**. 딴딴은 매일 신문을 **살 겁니다**. (미래 반복)
> Мы **бу́дем отдыха́ть весь день**. 우리는 하루 종일 쉴 거예요. (미래 지속)
> Я **уже́ сде́лал** дома́шнее зада́ние. 나는 **이미** 숙제를 **다 했어요**. (과거 완료)
> За́втра я **спрошу́** учи́теля об э́том. 나는 내일 선생님에게 이에 대해서 **물어볼 거예요**. (미래 일회성)

 Запо́мните! 기억하세요!

быть 동사는 장소 где와 함께 쓸 땐 '~에 있다'라는 의미로, 명사와 형용사와 함께 쓸 때는 '~(이)다'라는 의미로 활용된다는 문법 규칙은 이미 배웠습니다. 불완료상 동사와 함께 써서 '~ 할 것이다'라는 미래 시제 조동사로도 활용할 수 있습니다. быть 동사가 어떤 의미로 쓰이든 변화형은 동일합니다.

> 예 На про́шлой неде́ле я **был в музе́е**. 지난주에 나는 **박물관에 있었습니다**.
> (장소 где / '~에 있다')
> Мой брат **студе́нт**. 내 남동생은 **대학생입니다**.
> (명사 / '~(이)다')
> Ю́лия **бу́дет слу́шать** конце́рт. 율리야는 연주회를 **들을 거예요**.
> (불완료상 동사 원형 / '~할 것이다')

동사의 상 ② 불완료상(HCB), 완료상(CB)과 함께 쓰는 표현

1 불완료상과 함께 쓰는 표현

① 빈도 부사 (как ча́сто 얼마나 자주)

ча́сто	자주	ре́дко	드물게
всегда́	항상	иногда́	가끔
обы́чно	보통	никогда́ не	단 한 번도, 결코

· Бори́с **всегда́ ду́мает** о свои́х роди́телях.　보리스는 **항상** 자신의 부모님에 대해 **생각합니다**.

· Я **никогда́ не слу́шаю** класси́ческую му́зыку.　나는 **단 한 번도** 클래식 음악을 **들은 적이 없어요**.

② 진행 부사 (как до́лго 얼마 동안)

до́лго	오랫동안	недо́лго	잠깐 동안

· Бори́с **до́лго ду́мал** об э́той пробле́ме.　보리스는 이 문제에 대해서 **오랫동안 생각했어요**.

③ 시간 대격 '~동안'

문장 내에서 전치사 없이 시간을 대격 형태로 쓴다면 '~동안'이라는 지속적인 의미를 가집니다.

· Я **рисова́л** э́ту карти́ну **неде́лю**.　나는 이 그림을 **일주일 동안** 그렸습니다.

> **Tip**　시간 명사를 대격 형태로 썼을 때 '~동안'이라는 의미로 쓰이지만, 수사와 함께 쓰인다면 '수량 생격'의 규칙에 따라 명사의 형태가 달라질 수 있습니다.

· Юми́н **живёт** в Москве́ **5 лет**.　유민은 모스크바에서 **5년 동안 살고 있습니다**.

(**год** 단수 대격 → 5 + **лет** 복수 생격)

④ 형용사를 활용한 시간 표현

весь + 시간 대격 '종일, 내내'	весь день (남성 대격)	하루 종일	всё у́тро (중성 대격)	아침 내내
	всю неде́лю (여성 대격)	일주일 내내	все кани́кулы (복수 대격)	방학 내내
ка́ждый + 시간 대격 '매 ~, ~마다'	ка́ждый день (남성 대격)	매일	ка́ждое у́тро (중성 대격)	매일 아침
	ка́ждую неде́лю (여성 대격)	매주	ка́ждые кани́кулы (복수 대격)	방학마다

> **Tip**　원래 весь는 '모든, 전부의'라는 의미이지만, '시간 대격'과 함께 쓰면 '종일, 내내'라는 지속적인 시간 표현이 됩니다. 또한 ка́ждый도 원래 '각각의, 개별의'라는 의미이지만, 시간 대격과 함께 쓰면 '매 ~, ~마다'라는 반복

의 시간 표현이 됩니다. весь와 ка́ждый가 시간적인 의미로 쓰일 땐 불완료상과 함께 쓰이지만, 원래의 형용사 의미일 땐 완료상과도 함께 쓰일 수 있기 때문에 항상 의미상의 차이를 기억하며 활용해야 합니다.

2 완료상과 함께 쓰는 표현

① 부사

уже́	이미, 벌써	обяза́тельно	반드시, 꼭
наконе́ц	마침내	впервы́е	처음에, 최초로

- Юна́ **уже́ купи́ла** проду́кты.   유나는 **이미** 식재료를 **샀습니다.**
- Танта́н **наконе́ц сде́лала** дома́шнее зада́ние.   딴딴은 **마침내** 숙제를 **다 했습니다.**

② за + 시간 대격 '~만에'

시간 명사를 대격 형태로 쓰면 불완료상과 함께 써서 '~동안'이라는 지속의 의미로 활용됨을 배웠습니다. 그런데, 시간 명사를 'за + 시간 대격'형태로 쓰면 완료상과 함께 써서 '~만에'라는 결과의 의미를 나타냅니다.

- Я **нарисова́л** э́ту карти́ну **за неде́лю.**   나는 이 그림을 **일주일 만에** 다 그렸습니다.

> **Tip** '시간 대격: ~동안'의 규칙과 마찬가지로, 'за + 시간 대격' 형태에서도 수사와 함께 쓰인다면 '수량 생격'의 규칙에 따라 명사의 형태가 달라질 수 있습니다.
>
> **예** Лев Толсто́й написа́л рома́н «Война́ и мир» за 6 (шесть) лет.
> 레프 톨스토이는 소설 '전쟁과 평화'를 6년 만에 다 썼습니다. (год → 6 + лет 복수 생격)

③ весь + 일반 명사

앞서 весь가 시간 대격과 함께 쓰여 '종일, 내내'라는 의미일 때, 불완료상 동사와 함께 쓰는 지속적인 의미의 시간 표현을 나타낸다고 배웠습니다. 그런데, весь가 일반 명사와 함께 쓰여 원래의 의미인 '모든, 전부의'라는 의미로 쓰인다면, '모든 것을 끝낸다'라는 목적어의 역할로 완료상과도 함께 쓸 수 있습니다.

- Юна́ **посмотре́ла весь фильм.**   유나는 **영화 전체를** 다 봤습니다.
- Я **купи́ла всё.**   나는 **모든 것을** 다 샀습니다.

> **Tip** 앞서 언급했듯이 весь의 의미와 역할에 따라 불완료상 - 완료상 동사 모두와 함께 쓸 수 있기 때문에, весь가 '모든, 전부의'라는 의미로 쓰이는지, '종일, 내내'라는 의미로 쓰이는지 잘 구분해 주세요.
>
> **예** Джулиа́н **чита́л** кни́гу **всю неде́лю.** 줄리안은 **일주일 내내** 책을 **읽었습니다.** ('종일' / 불완료상)
> Джулиа́н **прочита́л всю кни́гу** за оди́н день. 줄리안은 하루 만에 **모든 책을** 다 읽었습니다. ('모든' / 완료상)

Запо́мните! 기억하세요!

'за + 대격'의 두 가지 용법을 배웠습니다. '고마움, 미안함' 관련 표현과 함께 사용하여 '~에 대한 고마움, 미안함'이라는 의미로도 쓸 수 있고, 시간 대격과 함께 사용하여 '~만에'라는 완료의 의미로도 쓸 수 있습니다.

> **예** Спаси́бо **за пода́рок.**   **선물에 대해** 고마워요.
> Я сде́лала дома́шнее зада́ние **за 3 (три) часа́.** 나는 **3시간 만에** 숙제를 다 했습니다.

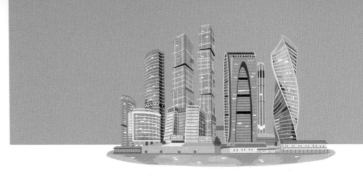

1 주어진 문장을 의미에 맞게 순서대로 나열하세요.

> ❶ Э́то я. Как у вас дела́?
> ❷ Алло́, слу́шаю вас.
> ❸ Прекра́сно! Спаси́бо. А как у вас?
> ❹ Алло́. Мо́жно Ю́лию к телефо́ну?

// **1** _____

// **2** _____

// **3** _____

// **4** _____

2 주어진 부사 중 한국어 해석과 일치하는 것을 써 넣으세요.

> **보기**
>
> всегда́ / никогда́ не / ужé / кáждый мéсяц / весь день

// **1** 나는 하루 종일 집에 있었습니다.

Я _____ сиде́л до́ма.

// **2** 보리스는 단 한 번도 한국어를 배워 본 적이 없습니다.

Бори́с _____ изуча́л коре́йский язы́к.

// **3** 유나는 항상 주말에 연주회에 다녀옵니다.

Юна́ _____ хо́дит на конце́рт в выходны́е.

// **4** 율리야는 이미 친구들을 자신의 집으로 초대했습니다.

Ю́лия _____ пригласи́ла друзе́й к себе́ в го́сти.

// **5** 줄리안은 매달 파리에 다녀오곤 합니다.

Джулиа́н е́здит в Пари́ж _____ .

3 주어진 동사를 주어에 맞게 미래 변화형으로 바꾸세요.

//1 내일 내가 이 문제에 대해 말할게요.

  За́втра я _____ об э́той пробле́ме. (сказа́ть - '말하다'의 완료상 동사)

//2 너는 이번 주말에 무엇을 할 거니?

  Что ты _____ в э́ти выходны́е? (де́лать - '하다'의 불완료상 동사)

//3 나는 반드시 자동차를 살 거예요.

  Я обяза́тельно _____ маши́ну. (купи́ть - '사다'의 완료상 동사)

//4 학생들은 토요일에 도서관에서 하루 종일 공부할 거예요.(занима́ться - '공부하다, 자습하다'의 불완료상 동사)

  В суббо́ту студе́нты _____ в библиоте́ке весь день. (занима́ться)

4 다음 중 문법상 틀린 문장을 고르세요.

---

❶ За́втра я бу́ду посмотре́ть фильм.

❷ Я купю биле́ты на бале́т.

❸ Я бу́ду отдыха́ть весь день.

❹ Бори́с де́лал дома́шнее зада́ние за 4 часа́

❹ Мы рабо́таем ка́ждый день.

❹ Танта́н обяза́тельно напи́шет письмо́.

정답

❶ ② Алло́, слу́шаю вас. 여보세요. 말씀하세요. ④ Алло́. Мо́жно Ю́лию к телефо́ну? 여보세요. 율리야를 바꿔 줄 수 있나요? ① Э́то я. Как у вас дела́? 나예요. 어떻게 지냈어요? ③ Прекра́сно! Спаси́бо. А как у вас? 아주 훌륭해요! 훌륭해요. 그러는 당신은 어떻게 지냈어요?

❷ ① весь день ② никогда́ не ③ всегда́ ④ уже́ ⑤ ка́ждый ме́сяц

❸ ① скажу́ ② бу́дешь де́лать ③ куплю́ ④ бу́дут занима́ться

❹ ① За́втра я бу́ду посмотре́ть фильм. (x) → ① За́втра я бу́ду смотре́ть фильм. (o)
  내일 나는 영화를 볼 거예요.
  ② Я купю биле́ты на бале́т. (x) → ② Я куплю́ биле́ты на бале́т. (o) 나는 발레 표를 살 거예요.
  ④ Бори́с де́лал дома́шнее зада́ние за 4 часа́. (x) → ④ Бори́с де́лал дома́шнее зада́ние 4 часа́. (o)
  보리스는 숙제를 4시간 동안 했어요.
  ④ Бори́с сде́лал дома́шнее зада́ние за 4 часа́ (o)
  보리스는 숙제를 4시간 만에 다 했어요.

Спаси́бо!

어휘 늘리GO!

🎧 Track 12-03

🎧 감사, 사과, 축하, 초대 관련 표현

감사

Спаси́бо!	고맙습니다!
Большо́е спаси́бо!	매우 고맙습니다!
Огро́мное спаси́бо!	대단히 고맙습니다!
благодари́ть + 사람 대격	~에게(사람 대격) 고마워하다

Tip спаси́бо는 원래 '고마움, 감사'라는 의미의 중성 명사이기 때문에 중성 형태의 형용사와 함께 씁니다. 우리말로 '매우 고맙습니다'라고 생각하여 'о́чень спаси́бо!'라고 하면 '부사 + 명사'가 되기 때문에 문법적으로 틀린 표현이 됩니다.

- Большо́е спаси́бо за письмо́! 편지에 (대해) 매우 고맙습니다.

사과

Извини́(те)	미안해 (미안해요)
Прости́(те) + 사람 대격	~을(를) 용서해 줘 (용서해 주세요)

- Извини́те за всё. 모든 게 다 미안해요. (모든 것에 대해 미안해요)

축하

поздравля́ть + 사람 대격 + с 조격 (기념일)	~에게(사람 대격) ~을(기념일 с + 조격) 축하하다

일상 회화에서는 '축하하다' 동사와 사람 대격을 생략한 채 'с + 기념일 조격'만 활용하기도 합니다.

- Поздравля́ю вас с днём рожде́ния. / С днём рожде́ния!
  당신에게 생일을 축하합니다 / 생일 축하해(요)!

초대

приходи́ть + к 사람 여격 + в го́сти	~집에 놀러 오다 / 가다
пригласи́ть + 사람 대격 + куда́	~을(를) ~(으)로 초대하다

- Приходи́(те) ко мне в го́сти! 우리 집에 놀러 와! (놀러 오세요!)
- Я хочу́ пригласи́ть тебя́ на вечери́нку. 나는 너를 파티에 초대하고 싶어.

о Росси́и 러시아 만나GO!

러시아인이 좋아하는 기념일

러시아에서 12월 25일 크리스마스는 기념하지 않는다는 사실 알고 계셨나요? 젊은이들이 크리스마스를 즐기긴 해도 대부분의 러시아인들은 러시아 정교를 믿기 때문에, 기독교의 기념일인 크리스마스를 그리 중요하게 생각하지 않아요.

러시아에서는 크리스마스 대신 1월 1일 즉, 'Но́вый год 새해'를 1년 중 가장 크게 기념하고 축하해요. 새해를 위해 트리를 꾸미고, 가족이나 친구들에게 줄 선물을 사고, 다함께 즐길 새해 식탁을 차리죠. 러시아에서 새해 만찬에 즐기는 메뉴는 구운 거위나 오리 요리예요. 얼마 전까지만 해도 새해 첫날을 시작으로 1월 13일 전후까지 약 2주 동안은 러시아의 가장 큰 연휴라 이 기간에 러시아인들은 따뜻한 나라나 고향이 있는 도시로 휴가를 떠나곤 했습니다. 앞서 러시아인들은 러시아 정교를 믿는다고 언급했는데요. 러시아 정교회 달력에 따르면 1월 7일이 러시아의 크리스마스, 1월 13일~14일이 러시아의 새해이기 때문에, 1월 1일부터 1월 13일까지 국가 전체가 쉬는 법정 휴일로 정했다고 볼 수 있습니다. 1월 1일부터 13일까지는 대부분의 학교나 회사, 기관들이 아예 업무를 보지 않았기 때문에 유학을 준비 중이거나 러시아 회사와 거래를 하는 사람들은 이 기간을 피해 미리 업무를 처리하곤 했답니다. 2주 간의 연휴가 너무 길어 업무에 방해가 된다는 의견이 많아, 최근에는 열흘 정도만 쉬기도 합니다.

'Но́вый год 새해' 외에 러시아인들이 좋아하는 또 다른 기념일로, 길고 혹독한 겨울이 지나 빨리 봄이 오기를 기원하는 봄맞이 축제가 있어요. 'Ма́сленица 마슬레니차'라고 하는데요. 러시아 정교회의 사순절 직전 일주일 동안 열리는 행사입니다. 겨울이 끝나는 2월 말에서 3월 초 무렵, 종교적인 이유로 금식을 시작하는 사순절 직전에 기름지고 영양가 높은 음식을 먹고 술을 마시며 일주일 동안 즐기는 축제예요. 마슬레니차를 대표하는 음식이 바로 '블리́ны 블린'이라 불리는 러시아 식 팬케이크입니다. 마슬레니차라는 단어의 어원 자체가 러시아어 'ма́сло 버터'에서 유래한 만큼, 금식을 시작하기 전 러시아인들은 우유와 버터, 달걀이 듬뿍 들어간 블린을 먹었다고 해요. 또한, 노랗고 동그란 모양의 블린이 태양을 상징한다고 생각하여 얼른 따뜻한 봄이 오길 바라는 마음으로 블린을 먹기 시작했다는 설도 있어요.

이외에도 세계 여성의 날 (3월 8일), 노동절 (5월 1일), 전승 기념일 (5월 9일) 등 러시아인들이 중요하게 생각하는 기념일이 많습니다. 러시아인들이 기념일에 서로에게 건네는 축하 인사를 함께 말해 볼까요?

С наступа́ющим пра́здником!

쓰나쓰뚜빠유쉼 쁘라즈니깜
다가오는 기념일을 (명절을) 축하드립니다!

Дава́й пода́рим мла́дшей сестре́ духи́!

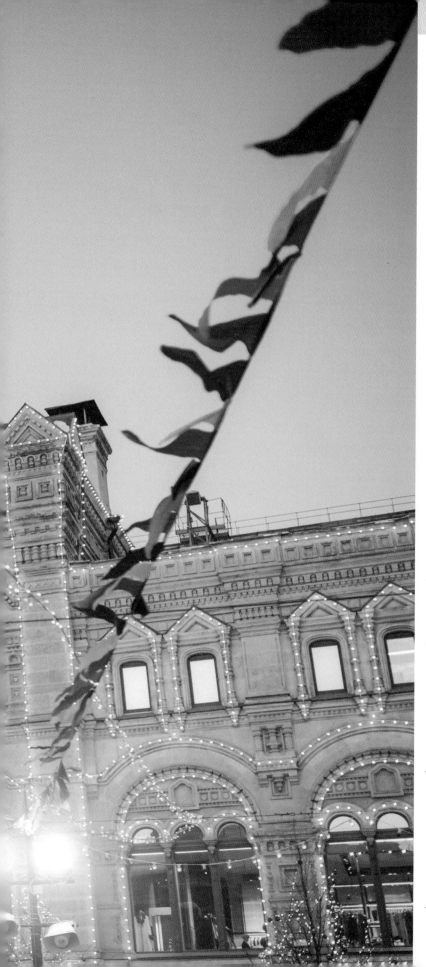

Дава́й пода́рим мла́дшей сестре́ духи́!

여동생에게 향수를 선물해 주자!

▶ 13강

╲ 학습 목표

청유 명령문을 활용해 제안을 할 수 있다.

╲ 공부할 내용

여격의 용법 ❶ 수여

여격의 용법 ❷ 나이 표현

нра́виться – понра́виться

동사의 활용

╲ 주요 표현

Я ду́маю, что подари́ть сестре́.

Мне о́чень нра́вятся э́ти духи́.

Вы не ска́жете, где продаю́т духи́?

Ско́лько ей лет?

◀ 크리스마스를 맞이한 굼 백화점

🎧 Track 13-01

💬 Диало́г 1

오늘은 유나의 생일입니다. 유민은 생일 선물로 무엇을 살까요?

Бори́с	Приве́т, Юми́н! Что ты де́лаешь?
Юми́н	Я ду́маю, что подари́ть Юне́. У неё сего́дня день рожде́ния. Но не зна́ю, что купи́ть ей.
Бори́с	Дава́й поду́маем вме́сте! Как но́вый кошелёк? Ду́маю, это бу́дет хоро́ший пода́рок.
Юми́н	Она́ неда́вно купи́ла кошелёк.
Бори́с	А как духи́? Ра́ньше она́ говори́ла, что ей понра́вились мои́.
Юми́н	О, э́то хоро́шая иде́я!

보리스 안녕, 유민! 너 뭐 하고 있어?
유민 나는 유나에게 무엇을 선물할지 생각 중이야.
오늘 그녀의 생일이거든.
그런데 무엇을 그녀에게 사 줘야 할지 모르겠어.
보리스 같이 생각해 보자!
새 지갑은 어때?
좋은 선물이 될 것 같아.
유민 그녀는 얼마 전에 지갑을 샀어.
보리스 그러면 향수는 어때?
전에 그녀가 내 것이 마음에 든다 고 말했어.
유민 오, 그거 좋은 생각이야!

Слова́   **подари́ть** 동 '선물하다'의 완료   **поду́мать** 동 '생각하다'의 완료   **вме́сте** 부 함께   **кошелёк** 명 지갑   **пода́рок** 명 선물   **духи́** 명 향수   **понра́виться** 동 '마음에 들어 하다'의 완료   **иде́я** 명 생각, 아이디어

🎯 포인트 잡GO!

❶ '의문사 + 동사 원형'은 '~을(를) 할지 / ~할 수 있는지'라는 의미로 쓰이는 구문입니다.

> 예   Я ду́маю, **что подари́ть** бра́ту.   나는 오빠에게 **무엇을 선물할지** 생각 중이야.
> Я не зна́ю, **как пригото́вить борщ.**   나는 보르쉬(러시아 식 야채 수프)를 **어떻게 요리해야 할지** 모르겠어요.

❷ 러시아어에서는 '~의 생일이다'라는 표현을 나타낼 때, 소유 구문인 'у + 생격'을 써서 나타냅니다.

> 예   **У меня́** сего́дня день рожде́ния. **나는** 오늘 생일입니다.
> **У мое́й ба́бушки** ско́ро бу́дет день рожде́ния. **내 할머니는** 곧 생신입니다.

1 동사 'понра́виться 마음에 들어 하다' 활용하기

понра́виться 동사는 마음에 들어 하는 사람이 여격, 마음에 드는 대상이 주격 형태로 등장해 '~에게 ~이 (가) 마음에 들다'로 쓰이는 용법에 주의해야 합니다.

- **Ей** понра́вились **мои́ духи́**.   그녀에게 내 향수가 마음에 들었다.

마음에 들어 하는 사람이 여격 형태인 ей, 마음에 드는 대상이 주격 형태인 мои́ духи́로 등장하며, 또한 주어 가 духи́라는 복수 주격이기 때문에 동사가 복수 형태인 понра́вились가 된 것이라고 파악할 수 있습니다.

2 понра́виться 동사와 함께 쓸 수 있는 인칭대명사의 여격 활용하기

주격	여격	주격	여격
я	мне	мы	нам
ты	тебе́	вы	вам
он, оно́	ему́	они́	им
она́	ей		

- **Тебе́** понра́вилось э́то пальто́?   너는 이 코트 마음에 드니?

위 예문에서도 마음에 들어 하는 사람인 '너'는 여격 형태인 тебе́, 마음에 들어 하는 대상인 '이 코트'가 주격 형태인 э́то пальто́로 등장하며, 또한 주어가 중성 주격이기 때문에 동사가 понра́вилось가 되었음을 알 수 있습니다.

'понра́виться 마음에 들다' 동사는 과거 시제뿐만 아니라 미래 시제로도 활용할 수 있으며, 짝꿍으로 불완 료상 동사 'нра́виться 선호하다'도 있습니다. нра́виться 동사의 자세한 용법은 문법 다지GO! 코너에서 살펴보겠습니다.

Обрати́те внима́ние! 주목하세요!

люби́ть 동사는 좋아하는 사람이 주격, 좋아하는 대상이 대격 형태로 등장하는 '~이(가) ~을(를) 좋아하다' 라는 의미로 쓰인다면, 'нра́виться - понра́виться'는 좋아하는 사람이 여격, 좋아하는 대상이 주격으로 등장해서 '~에게 ~이(가) 선호되다 / 마음에 들다'라는 의미로 쓰입니다.

> 예   **Я люблю́** духи́.   나는 향수를 좋아합니다.
> (좋아하는 사람 - 주격 я / 좋아하는 대상 - 대격 духи́)
>
> **Мне нра́вятся** духи́.   나는 향수를 선호합니다.
> (좋아하는 사람 - 여격 мне / 좋아하는 대상 - 주격 духи́)

Диало́г 2

유민이 여동생에게 줄 선물을 사려고 합니다.

Юми́н	Извини́те, пожа́луйста, вы не ска́жете, где продаю́т духи́?
Прохо́жий	Духи́ продаю́т в магази́не «Парфюме́рия».
Юми́н	Спаси́бо большо́е.

[В магази́не]

Юми́н	Мо́жно вас? Я хочу́ купи́ть же́нские духи́ для сестры́. Вы мо́жете что-то порекомендова́ть мне?
Продаве́ц	Коне́чно. Ско́лько ей лет?
Юми́н	Ей 20 (два́дцать) лет.
Продаве́ц	Мне ка́жется, ей подойдёт э́то.
Юми́н	Мне то́же нра́вится за́пах. Я возьму́ их.

유민 죄송합니다.
향수를 어디에서 파는지 말씀해 주실 수 있나요?

보행자 향수를 '향료' 가게에서 팔아요.

유민 대단히 고맙습니다.

[가게에서]

유민 저기요?
나는 여동생을 위한 향수를 사고 싶어요.
당신은 나에게 무언가 추천을 해 줄 수 있나요?

점원 물론이죠. 그녀는 몇 살인가요?

유민 그녀는 20살이에요.

점원 나는 그녀에게 이것이 어울릴 것 같아요.

유민 나도 향이 마음에 들어요.
내가 이것을 살게요.

> **Слова́** продава́ть 동 '팔다, 판매하다'의 불완료 **для** + 생격 전 ~을(를) 위해, ~을(를) 위한 **что-то** 명 무엇인가, 무언가 **порекомендова́ть** 동 '추천하다'의 완료 **подойти́** 동 '접근하다, 다가가다, 어울리다, 적합하다'의 완료 **за́пах** 명 향, 냄새 **взять** 동 '잡다, 빌리다, 가지고 가다'의 완료

포인트 잡GO!

❶ 러시아에서 점원 또는 판매원을 부를 때 'Мо́жно вас?'라는 표현을 자주 씁니다. '저기요 / 실례합니다' 등의 의미로 쓸 수 있는 표현인데요. 직역하자면 '당신에게 부탁해도 되나요?'이며, 중간에 '부탁하다'라는 의미의 попроси́ть가 생략된 표현입니다. 남직원을 부를 땐 'молодо́й челове́к 젊은이, 청년', 여직원을 부를 땐 'де́вушка 아가씨'로도 자주 말합니다.

> 예 Де́вушка, **мо́жно вас?**   저기요, **실례합니다?** (여직원을 부를 때)

❷ 물건을 살 때 '이거 살게요'라는 표현은 'купи́ть 사다' 동사가 아닌 'взять 가지고 가다' 동사를 씁니다.

> 예 Я **возьму́** э́ту матрёшку.   내가 이 마트료시카를 **살게요**

① 여격으로 나이 표현하기

러시아어에서는 사람의 나이 또는 사물의 연식을 나타낼 때 '~(사람 / 사물 여격)에게 ~살(나이 주격)가 있다' 라는 개념으로 사람 또는 사물을 여격으로 표현합니다. 또한 질문을 할 땐 수량 의문사인 'ско́лько 얼마나'로 표현합니다.

- **Ско́лько** ей лет? 　　　　　　　　　　　　　　그녀는 **몇** 살입니까?
- **Ей** 20 (два́дцать) лет. 　　　　　　　　　　　**그녀는** 20살입니다.

> **Tip** 앞에서 배운 수량 생격 규칙에 따라 '~살 / ~세'에 해당하는 год은 형태가 바뀝니다.
>
> 　예　Мне 21 (два́дцать оди́н) **год.** 　　　　　나는 21살입니다.
> 　　　Ей 32 (три́дцать два) **го́да.** 　　　　　　그녀는 32살입니다.
> 　　　Тебе́ 15 (пятна́дцать) **лет**? 　　　　　　너는 15살이니?

② 불특정 다수 구문 말하기

러시아어 문장에서 주어가 생략되는 경우가 있습니다. 바로 주어가 '일반적인 사람들', '불특정 다수의 사람들' 인 경우인데, 특정 인물이 아닌 일반적인 사람들이 주어이므로 굳이 언급하지 않는 경우로 파악하면 됩니다. 이 경우, 동사를 반드시 3인칭 복수 они́ 형태로 써야 해요. 동사를 3인칭 복수 형태로 써야만 '일반적인 사람들'에 해당하는 주어가 생략되었다는 사실을 알 수 있습니다.

- Вы не ска́жете, где **продаю́т** духи́? 　　　향수를 어디에서 파는지 말씀해 줄 수 있나요?

위의 예시처럼 주어인 사람들을 생략하고 동사를 3인칭 복수 они́ 형태인 **продаю́т**을 써서, '(불특정 다수의 사람들이) 향수를 어디에서 팔고 있다'라는 의미의 문장을 만들 수 있습니다. 앞으로도 주어가 없고 동사가 3인칭 복수형인 문장을 본다면, 불특정 다수 구문임을 알아차릴 수 있어야 합니다.

🎯 **Обрати́те внима́ние! 주목하세요!**

подойти́는 '접근하다', '다가가다'라는 의미의 완료상 동사입니다. 그런데 '사람 여격 + подойдёт + 단수 주어' 또는 '사람 여격 + подойду́т + 복수 주어' 형태로 쓰면, '~에게 ~이(가) 어울릴 것이다' 라는 미래의 의미로도 활용할 수 있습니다. 또한, 완료상 과거를 써서 어울렸다, 불완료상인 подходи́ть를 써 항상 어울린다는 의미로도 말할 수 있습니다.

　예　Тебе́ **подойдёт** бе́лый цвет. 　　너에게 흰색이 **어울릴 것 같아.** (완료상 미래)
　　　Ему́ **подхо́дят** э́ти духи́. 　　　　그에게 이 향수가 **어울려요.** (불완료상 현재)

이번 과에서는 여격을 배워 보겠습니다. 여격은 기본적으로 '수여'의 의미를 나타낼 때 쓰는 격입니다. 즉, 대상을 받는 사람을 여격 형태로 썼을 때 '~에게'라는 의미로 활용할 수 있습니다. 먼저 여격 형태의 명사가 어떻게 변하는지 함께 살펴볼게요.

① 일반 명사의 여격

남성/중성	-у	① 자음으로 끝나는 남성 명사	예 студе́нт → студе́нту 대학생
		② o로 끝나는 중성 명사	예 письмо́→ письму́ 편지
	-ю	① й로 끝나는 남성 명사	예 Серге́й → Серге́ю 세르게이 (남자 이름)
		② ь로 끝나는 남성 명사	예 учи́тель→учи́телю 선생님
		③ e로 끝나는 중성 명사	예 зда́ние → зда́нию 건물
여성	-e	a / я로 끝나는 대부분의 여성 명사	예 сестра́ → сестре́ 여자 형제 Та́ня → Та́не 타냐 (여자 이름)
	-и	ь로 끝나는 여성 명사	예 пло́щадь→пло́щади 광장
	-ии	ия로 끝나는 여성 명사	예 Мари́я → Мари́и 마리야 (여자 이름)

| 복수 | -ам | 자음 / a / o로 끝나는 대부분의 명사 | 예 студе́нт → студе́нтам 대학생 письмо́→пи́сьмам 편지 сестра́→сёстрам 여자 형제 |
| | -ям | й / ь / я / e로 끝나는 대부분의 명사 | 예 музе́й → музе́ям 박물관 учи́тель →учителя́м 선생님 пе́сня → пе́сням 노래 зда́ние → зда́ниям 건물 |

> **Tip** 명사가 복수로 변할 때 강세가 변하거나 불규칙하게 바뀐다면, 격 변화에서도 바뀐 강세와 불규칙 변화형이 적용됩니다.

- сестра́ 단수 주격 / сёстры 복수 주격 (강세 변화) → сёстрам 복수 여격
- брат 단수 주격 / бра́тья 복수 주격 (불규칙) → бра́тьям 복수 여격
- челове́к 단수 주격 / лю́ди 복수 주격 (불규칙) → лю́дям 복수 여격

2 **여격의 활용 ① 수여**

앞서 언급했듯이 여격은 '대상을 받는 사람'을 나타낼 때 쓰는 격입니다. 즉, '주다'라는 뉘앙스를 가진 동사와 함께 자주 활용해서 '~에게 주다' 라는 의미로 활용할 수 있습니다.

불완료상	완료상	의미
дава́ть	дать	'~에게 ~을(를)' 주다
покупа́ть	купи́ть	'~에게 ~을(를)' 사 주다
чита́ть	прочита́ть	'~에게 ~을(를)' 읽어 주다
дари́ть	подари́ть	'~에게 ~을(를)' 선물하다
помога́ть	помо́чь	'~에게' 도움을 주다
сове́товать	посове́товать	'~에게' 조언하다
расска́зывать	рассказа́ть	'~에게' 이야기하다
пока́зывать	показа́ть	'~에게 ~을(를)' 보여 주다

- Я **дал** каранда́ш **бра́ту**.
  나는 연필을 **남자 형제에게 주었습니다**.

위 동사 외에도 '주다'라는 의미를 가진 동사 다음에는 사람이 여격 형태로 등장한다는 점을 꼭 기억하세요.

3 **여격의 활용 ② 동사 нра́виться - понра́виться**

불완료상 нра́виться 동사도 완료상과 마찬가지로 마음에 들어 하는 사람이 여격, 마음에 들어 하는 대상이 주격 형태로 등장해 '~에게 ~이(가) 선호되다'라는 의미로 쓰입니다. 또한, 마음에 들어 하는 대상이 주격이기 때문에 동사의 변화형도 주격인 대상에 따라 변합니다.

> 사람 (여격) + нра́виться - понра́виться + 대상 (주격)

또 한 가지 주의할 점은, 불완료상과 완료상 동사의 의미가 다르다는 것입니다. 이 동사는 불완료상이 반복, 완료상이 1회의 의미로 쓰이지 않고, нра́виться는 '지속적으로 좋아하거나 (현재, 과거) 현재 마음에 들다(현재)'라는 의미가 크고, понра́виться는 '마음에 들다(과거, 미래)'라는 의미로 사용합니다.

нра́виться 불완료상 현재 '지속적으로 선호하다 / 지금 마음에 들어 하다'		понра́виться 완료상 미래 '마음에 들어 할 것이다'	
он, она́, оно́	нра́вится	он, она́, оно́	понра́вится
они́	нра́вятся	они́	понра́вятся

> **Tip** 불완료상 현재와 완료상 미래는 주어의 인칭에 따라 변화형이 6가지 어미이지만, 주어로 등장하는 마음에 들어 하는 대상은 주로 3인칭인 사물이기 때문에 3인칭 단수, 복수 형태의 주어가 주로 사용됩니다.

🎯 **Запо́мните! 기억하세요!**

동사 'помога́ть - помо́чь 도와주다'는 한국어 해석과 혼동하지 않도록 주의해야 합니다. '~을(를) 도와주다'로 해석해 사람을 대격 형태로 쓰는 것이 아니라, '~에게 도움을 주다'라는 개념으로 도움 받는 사람을 여격 형태로 쓰는 동사입니다.

> **예** Я всегда́ **помога́ю ма́ме** гото́вить у́жин.
> 나는 항상 **엄마에게** 저녁 준비하는 것을 **도와줍니다**.

1 일반 형용사의 여격

앞서 명사의 여격 변화형을 살펴봤으니, 일반 형용사의 여격 변화형도 함께 알아봅시다.

남성 / 중성	**-ому**	대부분의 남성 (-ый / -ий / -ой) / 중성 (-ое) 형용사 예 но́в**ый** (남성 단수) / но́в**ое** (중성 단수) → но́в**ому** 새로운
	-ему	① 남성 (-ний) / 중성 (-нее) 연변화 형용사 예 си́**ний** (남성 단수) / си́**нее** (중성 단수) → си́**нему** 파란 ② ж / ш / щ / ч / ц 다음에 강세가 없는 남성 / 중성 형용사 예 хоро́ш**ий** (남성 단수) / хоро́ш**ее** (중성 단수) → хоро́ш**ему** 좋은
여성	**-ой**	대부분의 여성 (-ая) 형용사 예 но́в**ая** (여성 단수) → но́в**ой** 새로운
	-ей	① няя 형태로 끝나는 연변화 형용사 예 си́**няя** (여성 단수) → си́**ней** 파란 ② ж / ш / щ / ч / ц 다음에 강세가 없는 여성 형용사 예 хоро́ш**ая** (여성 단수) → хоро́ш**ей** 좋은

철자 규칙에 따라 ж / ш / щ / ч / ц 다음에는 강세가 없을 시 о를 쓸 수 없습니다. 여격 변화형에서도 마찬가지로, 해당 자음 뒤에 강세가 없다면 어미는 -ему 또는 -ей로 바뀝니다.

- Я сове́тую мла́дше**му** бра́т**у** изуча́ть ру́сский язы́к.
  나는 **남동생에게** 러시아어를 배우라고 조언합니다.

복수	**-ым**	대부분의 복수(-ые) 형용사 예 но́в**ые** (복수) → но́в**ым** 새로운
	-им	① ние 형태로 끝나는 연변화 형용사 예 си́**ние** (복수) → си́**ним** 파란 ② к / г / х / ж / ш / щ / ч + ы가 올 수 없는 형용사 예 хоро́ш**ие** (복수) → хоро́ш**им** 좋은

또 다른 철자 규칙에 따라, 자음 к / г / х / ж / ш / щ / ч 다음에는 -ы가 올 수 없기 때문에 대신 -и를 씁니다. 여격 복수 변화형에서도 해당 자음 뒤에는 -ым이 올 수 없기 때문에 -им으로 씁니다.

- Ма́ма купи́ла игру́шки ма́леньк**им** де́т**ям**.
  엄마가 **어린아이들에게** 장난감을 사 주었습니다.

2 **дава́ть - дать 동사의 변화형**

여격을 쓰는 가장 대표적인 동사, '주다'라는 의미의 '**дава́ть - дать**' 동사는 불완료상과 완료상 모두 다 현재 변화형이 불규칙하게 변하기 때문에 변화형에 더욱 주의해야 합니다. 우선 불완료상인 **дава́ть**는 -вать를 제외하고 주어의 인칭에 따라 어미를 변화시킵니다. 반면 완료상인 **дать**는 완전 불규칙 동사이기 때문에 더 주의해서 기억해야 합니다.

주어	**дава́ть** 불완료상 현재	**дать** 완료상 미래
я	да**ю́**	да**м**
ты	да**ёшь**	да**шь**
он, она́	да**ёт**	да**ст**
мы	да**ём**	да**ди́м**
вы	да**ёте**	да**ди́те**
они́	да**ю́т**	да**ду́т**

- Оте́ц ча́сто **даёт** мне интере́сные кни́ги.
  아버지는 자주 나에게 재미있는 책을 주십니다. (**дава́ть** 현재)

- За́втра я **дам** тебе́ но́мер Бори́са.
  내일 내가 너에게 보리스의 (전화)번호를 줄게. (**дать** 미래)

дава́ть - дать 동사의 현재형이 불규칙하게 변하는 반면, 과거형은 우리가 알고 있는 규칙에 따라 변합니다. 즉, 어미 -ть를 떼고 주어의 성, 수에 따라 해당 어미(-л / -ла / -ло / -ли)를 붙여 줍니다.

주어	**дава́ть** 불완료상 과거	**дать** 완료상 과거
он	дава́**л**	да**л**
она́	дава́**ла**	да**ла́**
оно́	дава́**ло**	да́**ло**
они́	дава́**ли**	да́**ли**

дава́ть - дать 동사는 변화형이 자주 헷갈리는 동사이기도 하지만, 회화에서 활용도가 매우 높기 때문에 변화형에 더욱 주의해서 기억하세요.

 Запо́мните! 기억하세요!

'**дава́ть - дать**'가 들어가는 동사들의 기본 변화형을 꼭 알아 두세요. '**продава́ть - прода́ть** 판매하다', '**передава́ть - переда́ть** 전달하다' 등이 있습니다.

주어	**прода**ва́ть 불완료상 현재	**прода́**ть 완료상 미래
я	прода**ю́**	прода́**м**
ты	прода**ёшь**	прода́**шь**
он, она́	прода**ёт**	прода́**ст**
мы	прода**ём**	прода**ди́м**
вы	прода**ёте**	прода**ди́те**
они́	прода**ю́т**	прода**ду́т**

1 주어진 문장을 의미에 맞게 순서대로 나열하세요.

> ❶ Но не знáю, что купи́ть ей.
>
> ❷ Давáй подýмаем вмéсте!
>
> ❸ Что ты дéлаешь?
>
> ❹ Я дýмаю, что подари́ть млáдшей сестрé.

// 1 _____

// 2 _____

// 3 _____

// 4 _____

2 괄호 안에 주어진 인칭 대명사를 여격 형태로 올바르게 바꿔 보세요.

// 1 나는 그녀에게 향수를 선물했습니다.

Я подари́л _____ духи́. (онá)

// 2 유나는 나에게 한국어를 공부하는 것을 도와줍니다.

Юнá помогáет _____ учи́ть корéйский язы́к. (я)

// 3 너는 이 발레가 마음에 들었니?

_____ понрáвился э́тот балéт? (Ты)

// 4 당신은 몇 살이에요?

Скóлько _____ лет? (вы)

3 주어진 단어를 여격 형태로 알맞게 바꾼 것을 고르세요.

// 1 딴딴이 줄리안에게 책을 선물했습니다.

Тантáн подари́ла _____ кни́гу. (Джулиáн)

*2 엄마가 아이들에게 재미있는 영화를 보여 주었습니다.

Ма́ма показа́ла ＿＿＿＿＿＿＿ интере́сный фильм. (де́ти)

*3 유민은 여동생에게 부모님을 도우라고 조언합니다.

Юми́н сове́тует ＿＿＿＿＿＿＿ помога́ть роди́телям. (мла́дшая сестра́)

*4 선생님이 외국인 학생들에게 모스크바에 대해 얘기했습니다.

Преподава́тель рассказа́л ＿＿＿＿＿＿＿ о Москве́. (иностра́нные студе́нты)

4 《нра́виться - понра́виться》 동사를 주어에 알맞은 형태로 바꿔 쓰세요.

*1 나는 클래식 음악을 매우 선호합니다.

Мне о́чень ＿＿＿＿＿＿＿ класси́ческая му́зыка. (нра́виться)

*2 엄마는 이 원피스를 마음에 들어했습니다.

Ма́ме ＿＿＿＿＿＿＿ э́то пла́тье. (понра́виться)

*3 나는 내 여동생이 향수를 마음에 들어 할 거라고 생각해.

Я ду́маю, что мое́й мла́дшей сестре́ ＿＿＿＿＿＿＿ э́ти духи́. (понра́виться)

5 다음 중 문법상 틀린 문장을 고르세요.

> ❶ Ю́лия 32 (три́дцать два) лет.
> ❷ Я куплю́ тебе́ биле́ты на конце́рт.
> ❸ Я всегда́ помога́ю ма́му.
> ❹ Он нра́вится э́то кафе́
> ❺ Ско́лько Бори́су лет?

정답

❶ ③ Что ты де́лаешь? 너 뭐 하고 있니? ④ Я ду́маю, что подари́ть мла́дшей сестре́. 나는 여동생에게 무엇을 선물할지 생각 중이야. ① Но не зна́ю, что купи́ть ей. 하지만 그녀에게 무엇을 사 줘야 할지 모르겠어. ② Дава́й поду́маем вме́сте! 같이 생각해 보자!

❷ ① ей ② мне ③ Тебе́ ④ вам

❸ ① Джулиа́ну ② де́тям ③ мла́дшей сестре́ ④ иностра́нным студе́нтам

❹ ① нра́вится ② понра́вилось ③ понра́вятся

❺ ① Ю́лия 32 (три́дцать два) лет. (x) → ① Ю́лии 32 (три́дцать два) го́да. 율리야는 32살입니다.
③ Я всегда́ помога́ю ма́му. (x) → ③ Я всегда́ помога́ю ма́ме. 나는 항상 엄마에게 도움을 줍니다.
④ Он нра́вится э́то кафе́. (x) → ④ Ему́ нра́вится э́то кафе́. 그는 이 카페를 좋아합니다.

어휘 늘리GO!

○ 어휘 **léксика**

🎧 Track 13-03

선물, 기념품 관련 표현

пода́рок	선물
сувени́ры	기념품 (주로 복수로 활용)

선물, 기념품과 함께 활용할 수 있는 표현 'на + 대격'도 함께 알아봅시다. 러시아어에서 특정 기념일을 'на + 대격' 형태로 쓰면 '~할 때 주려고, ~할 때 필요해서, ~할 때 쓰려고'라는 의미로 활용할 수 있어요. 즉, '시간 + 목적'의 의미를 함께 가지고 있는 표현으로 볼 수 있습니다.

на день рожде́ния	생일에
на Но́вый год	새해에
на Рождество́	성탄절에
на па́мять	기념하기 위해, 기념으로

- Я хочу́ купи́ть сувени́ры на па́мять.   나는 기념으로 기념품을 사고 싶어요.
- Бори́с купи́л пода́рок мне на день рожде́ния.
  보리스가 나에게 생일에 주려고 선물을 샀어요.
- Юна́ ку́пит ёлку на Рождество́.   유나는 성탄절에 쓰려고 트리를 살 거예요.

더불어, 러시아인들은 선물로 어떤 것을 주로 사는지 함께 살펴볼까요?

матрёшка	마트료시카
вино́	와인
конфе́ты	사탕, 초콜릿
во́дка	보드카
цветы́	꽃 (복수)
буке́т цвето́в	꽃다발
духи́	향수 (복수)

- Юми́н подари́л буке́т цвето́в свое́й де́вушке.
  유민은 자신의 여자 친구에게 꽃다발을 선물했습니다.
- Вы мо́жете порекомендова́ть мне хоро́шие духи́?
  당신은 나에게 좋은 향수를 추천해 줄 수 있나요?

위에서 언급된 것들 외에도 다양한 선물을 할 수 있겠죠? 배운 단어를 활용해서 '~할 때 주려고 선물을 샀다 / ~하려고 기념품을 샀다'라는 의미의 문장을 직접 만들어 말해 보세요.

러시아 만나GO!

러시아에서 쇼핑하기 좋은 기념품

최근 러시아를 찾는 여행객들이 점점 늘어나는 추세인데요. 러시아에 가서 유명한 관광지를 둘러 보거나 유명한 발레 공연을 구경하고, 맛있는 러시아 음식을 먹어 보는 것도 좋지만 다시 한국 으로 돌아올 때 러시아의 기념품 쇼핑도 필수겠죠?

우선 러시아하면 가장 먼저 떠오르는 기념품은 바로 'матрёшка 마트료시카'예요. 큰 목각 인 형 안에 같은 모양의 작은 목각 인형이 들어가 있는 유명한 러시아 인형이지요. 안에 몇 개까지 인형이 들어 있는지, 인형 옷의 무늬가 어떤지에 따라 가격은 천차만별이에요. 한국 돈 기준으 로 저렴한 것은 만 원 가량에서부터 비싼 마트료시카는 몇 백 만원, 몇 천 만원까지 호가하기도 합니다. 가격이 저렴하다고 덥썩 골랐다가는 인형에 눈이 안 그려져 있다거나 입이 없는 등의 불상사가 생길 수도 있으니, 꼼꼼히 잘 살펴보고 적절한 가격대의 마트료시카를 고르는 것이 중 요해요. 모스크바 이즈마일롭스키 공원 근처에 있는 기념품 시장에 가면 저렴한 마트료시카뿐만 아니라 공예가들이 직접 만든 고급 마트료시카도 볼 수 있기 때문에 시간을 내서 들르는 여행객들 이 많아요.

그다음으로 러시아에서 많이 사 오는 기념품은 바로 'мёд 꿀'입니다. 러시아는 땅이 넓은 만큼 숲도 광활하고, 자연 환경이 잘 보존된 곳이 많아서 좋은 품질의 무공해 꿀이 많이 생산돼요. 그 래서 러시아에는 아카시아 꿀, 보리수 꿀 등 꿀의 종류가 굉장히 다양하고, 꿀 술이나 꿀 케이크 등 꿀을 이용한 식료품도 많아요.

최근 들어 떠오르는 기념품은 여행객들 사이에서 입소문을 타면서 인기를 얻고 있는 러시아 화 장품이에요. 유명한 러시아 화장품 브랜드들이 대부분 국영 기업이어서 가격도 저렴하고, 품질 도 우수해요. 대형 마트나 기념품점에서도 러시아 화장품을 쉽게 구매할 수 있답니다. 또, 보드 카나 초콜릿도 여전히 인기있는 기념품이지요.

그럼 여러분들도 마음에 드는 기념품을 고른 후 점원에게 이렇게 말해 볼까요?

Я возьму́ э́ту матрёшку. Ско́лько с меня́?
야 바z지무 에뚜 마뜨료쉬꾸 스꼴까 쓰미냐
내가 이 마트료시카를 살게요. 제가 얼마를 내면 되죠?

14

Извини́те, мо́жно войти́?

죄송합니다, 들어가도 될까요?

＼학습 목표
부사 술어를 활용한 무인칭문을 구사할 수 있다.

＼공부할 내용
여격의 용법 ❸ 부사 술어의 활용 (무인칭문)
접두사가 붙는 운동 동사
명령문의 활용

＼주요 표현
Извини́те, мо́жно войти́?
Бо́льше не опа́здывайте!
Я прие́хал из Коре́и.
Приезжа́йте ко мне в го́сти!

◀ 툴라에 위치한 대문호 톨스토이 생가

∩ Track 14-01

💬 Диало́г 1

유나는 수업에 지각해서 교수님께 사과를 합니다.

Юна́	Извини́те, мо́жно войти́?
Ю́рий Серге́евич	Да-да, входи́те!
Юна́	Ю́рий Серге́евич, извини́те за опозда́ние. Сего́дня мой авто́бус почему́-то по́здно пришёл.
Ю́рий Серге́евич	Юна́, вы сли́шком ча́сто опа́здываете на ле́кции. Вы ка́ждый день опа́здывали на э́той неде́ле. Бо́льше не опа́здывайте! Договори́лись?
Юна́	Да, договори́лись.

유나 죄송합니다. 들어가도 될까요?

유리 세르게예비치 (교수님)
　　네, 들어오세요!

유나 유리 세르게예비치 교수님, 늦어서 죄송합니다.
　　오늘 제 버스가 무슨 이유에서인지 늦게 도착했어요.

유리 세르게예비치
　　유나, 당신은 너무 자주 강의에 지각해요.
　　당신은 이번 주에 매일 지각했어요. 더 이상 늦지 마세요!
　　약속한 겁니다?

유나 네, 약속했어요.

Слова́ мо́жно 부사 술어 ~해도 된다 (허락의 의미)　входи́ть 동 '(안으로) 들어가다'의 불완료　войти́ 동 '(안으로) 들어가다'의 완료　опозда́ние 명 지각　почему́-то 부 무슨 이유인지　по́здно 부 늦게　прийти́ 동 '(걸어서) 도착하다'의 완료　опа́здывать 동 '지각하다, 늦다'의 불완료　бо́льше 비교급 더 이상, 더 많이, 더 크게 ('большо́й 큰'의 비교급)

🎯 포인트 잡GO!

❶ 선생님이나 교수님을 부를 때도 '이름 + 부칭'으로 말할 수 있습니다. 직업 자체를 나타내는 'учи́тель 선생님', 'профе́ссор 교수님'은 호칭이 될 수 없습니다.

❷ 'почему́-то'는 '무슨 이유인지', '왜인지는 모르겠지만' 등의 의미로 쓰이는 부사입니다. 의문사 почему́와는 다른 표현이니 구분해서 알고 있어야 해요.

> 예　**Почему́** авто́бус пришёл по́здно?　버스가 **왜** 늦게 도착했나요?
> 　　 Авто́бус **почему́-то** по́здно пришёл.　버스가 **무슨 이유인지** 늦게 도착했어요.

① **'мо́жно + 동사 원형'으로 허락의 의미 말하기**

мо́жно는 동사 원형과 함께 쓸 수 있는 술어입니다. 'мо́жно + 동사 원형'은 '~해도 좋다, ~할 수 있다'라는 허락의 의미로 쓸 수 있는 표현입니다.

- **Мо́жно** войти́?   들어가도 **되나요?**
- Да, **мо́жно**.   네, **됩니다.** (들어오세요)

위와 같이 이미 한 번 언급된 상황이라면, мо́жно 다음에 동사 원형을 중복해서 쓰지 않아도 됩니다. 또한 мо́жно 외에도 'на́до ~할 필요가 있다', 'нельзя́ ~해서는 안 된다'와 같은 술어도 있습니다.

② **'извини́те за + 대격'으로 미안함 표현하기**

'~에 대한 미안함'을 나타낼 때 '~에 대한'이 'за + 대격'으로 표현됩니다. 'извини́ за + 대격 / ~에 대해 미안해 (반말), извини́те за + 대격 / ~에 대해 죄송합니다 (존댓말)' 구문 자체로 기억해서 활용해 보세요.

- **Извини́те за** опозда́ние.   늦어서 죄송합니다. (지각**에 대해 죄송합니다.**)
- **Извини́те за** оши́бку.   실수해서 죄송합니다. (실수**에 대해 죄송합니다.**)
- **Извини́ за** всё.   모든 것이 미안해. (모든 것**에 대해 미안해.**)

고마움, 미안함 관련 단어 다음에 'за + 대격'을 써서 '~에 대한 고마움 / 미안함'을 나타낼 수 있다는 점을 참고로 알아 두세요.

🎯 **Обрати́те внима́ние! 주목하세요!**

идти́는 원래 '걸어가다'라는 의미의 동사인데 버스나 트램과 같은 '대중 교통수단이 가다 / 오다'라고 말할 때에도 идти́ 동사를 활용할 수 있습니다. '대중교통이 도착하다'라는 의미일 땐 'прийти́ 걸어서 도착하다' 를 써서 나타낼 수 있습니다. 이렇게 운동동사를 활용해 '교통수단이 가다'라는 의미로도 말할 수 있습니다.

> **예**   Авто́бус **идёт**.   버스가 **오고 있습니다.**
>   Авто́бус **пришёл** по́здно.   버스가 늦게 **도착했습니다.**

говори́те

말문 트GO!

Track 14-02

Диало́г 2

유민은 동료 싸샤를 한국으로 초대하겠다고 약속했습니다.

Са́ша (колле́га Юми́на)	Юми́н, отку́да вы прие́хали?	싸샤 (유민의 동료) 유민, 당신은 어디 출신이에요?
Юми́н	Я прие́хал из Коре́и.	유민 나는 한국에서 왔어요.
Са́ша	О, я давно́ хоте́ла пое́хать в Коре́ю. Я слы́шала, что там мно́го интере́сного и вку́сная еда́.	싸샤 오, 나는 오래전부터 한국에 가고 싶었어요. 나는 거기에 흥미로운 것이 많고 맛있는 음식이 있다고 들었어요.
Юми́н	Да, у нас о́чень мно́го краси́вых мест. Поэ́тому мно́гие тури́сты приезжа́ют в Коре́ю.	유민 네, 우리나라에는 아름다운 장소들이 아주 많아요. 그래서 많은 관광객들이 한국으로 오고 있어요.
Са́ша	Здо́рово!	싸샤 대단하네요!
Юми́н	Когда́ я верну́сь на ро́дину, приезжа́йте ко мне в го́сти! Я вам покажу́ Сеу́л и други́е краси́вые города́ Коре́и.	유민 내가 고국으로 돌아간 후에, 나에게 놀러 오세요! 내가 당신에게 서울과 한국의 다른 아름다운 도시들을 보여 줄게요.
Са́ша	С удово́льствием!	싸샤 기꺼이요!

Слова́

колле́га 명 동료 **приезжа́ть** 동 '(타고) 도착하다, 오다'의 불완료 **прие́хать** 동 '(타고) 도착하다, 오다'의 완료 **слы́шать** 동 '들리다, 들어서 알다'의 불완료 **вку́сный** 형 맛있는 **еда́** 명 음식 **ро́дина** 명 고국, 조국 **показа́ть** 동 '보여 주다'의 완료 **друго́й** 형 다른

포인트 잡GO!

❶ 의문사 'отку́да 어디서부터'를 'прие́хать 도착하다' 동사와 함께 'отку́да + 주격 + прие́хать? 어디 출신입니까? / 어디에서 왔습니까?'라는 의미로 쓸 수 있고, 답변은 '주격 + прие́хать + из + 생격 ~에서 왔습니다.' 로 말할 수 있습니다. 이때 동사를 생략해도 무방합니다.

예 **Отку́да** вы прие́хали? / **Отку́да** вы? — 당신은 **어디 출신인가요?**
Я прие́хал(а) **из** Коре́**и**. / Я **из** Коре́**и**. — 나는 한국**에서 왔어요.**

1 접두사 при-가 붙는 동사 활용하기

운동 동사 앞에 접두사 при-가 붙으면, '도착하다', '오다'라는 의미로 활용할 수 있습니다. 다른 운동 동사에 도 접두사 при-를 붙이면 '도착'의 의미를 가지는 점 기억해 주세요.

주어	걸어서 도착하다 / 오다		타고 도착하다 / 오다	
	приходи́ть 불완료 현재	прийти́ 완료 미래	приезжа́ть 불완료 현재	прие́хать 완료 미래
я	прихожу́	приду́	приезжа́ю	прие́ду
ты	прихо́дишь	придёшь	приезжа́ешь	прие́дешь
он, она́	прихо́дит	придёт	приезжа́ет	прие́дет
мы	прихо́дим	придём	приезжа́ем	прие́дем
вы	прихо́дите	придёте	приезжа́ете	прие́дете
они́	прихо́дят	приду́т	приезжа́ют	прие́дут

주어	걸어서 도착하다 / 오다		타고 도착하다 / 오다	
	приходи́ть 불완료 과거	прийти́ 완료 과거	приезжа́ть 불완료 과거	прие́хать 완료 과거
он	приходи́л	пришёл	приезжа́л	прие́хал
она́	приходи́ла	пришла́	приезжа́ла	прие́хала
оно́	приходи́ло	пришло́	приезжа́ло	прие́хало
они́	приходи́ли	пришли́	приезжа́ли	прие́хали

2 'к + 여격 в го́сти' 활용하기

사람을 'к + 여격' 형태로 썼을 때, '~집으로, ~에게'라는 의미로 썼던 것 기억하시죠? 이 표현과 'гость 손님'이 라는 단어를 결합해 '~집에 놀러' 구문을 만들 수 있어요. 이때 주의할 점은 гость를 원래 의미인 '손님'으로 해 석하지 않는다는 것입니다. 'к + 여격 в го́сти' 구문 자체를 '~집에 놀러'라는 의미로 기억해 주세요. 또한 'к + 여격'을 생략하고 в го́сти라는 형태만 사용해도 되며, 이때 의미는 '~놀러 / ~놀러 오라고' 등으로 해석할 수 있 습니다.

· Приезжа́йте **ко мне в го́сти!**   **나에게 놀러** 오세요!

· Я ходи́ла **к друзья́м в го́сти.**   나는 **친구들 집에** 놀러 갔다 왔어요.

· Танта́н пригласи́ла меня́ **в го́сти.**   딴딴이 나를 **놀러 오라고(손님으로 오라고)** 초대했어요.

1 여격의 활용 ③ 부사 술어의 의미상 주어 (무인칭문)

이번 과에서는 여격이 활용되는 또 다른 용법들까지 이어서 살펴보겠습니다. 명사가 아닌 모든 품사를 수식하는 '부사'가 술어 역할을 하는 경우가 있습니다. 이를 '부사 술어'라고 합니다. 먼저 기본적으로 알아야 할 부사 술어와, 부사 술어에서 여격이 어떻게 활용되는지 알아보겠습니다.

부사 술어	의미
мо́жно	'해도 된다 / 할 수 있다' - 허락의 의미
нельзя́	'해서는 안 된다' - 금지의 의미
на́до	'해야 한다 / 할 필요가 있다' - 필요의 의미

부사 술어는 단독으로도 사용 가능하지만, 주로 동사 원형과 함께 쓸 수 있습니다. 어떻게 활용하는지 예문으로 살펴보세요.

- **Мо́жно** взять э́ту ру́чку?　　　　이 펜을 빌려**가도 되나요?** (허락)
- **Нельзя́** кури́ть здесь.　　　　여기서 담배를 피**우면 안 됩니다.** (금지)
- **На́до** купи́ть проду́кты.　　　　식료품을 사**야 합니다.** (필요)

일반적으로 부사가 술어로 활용될 때 주어는 생략하여 언급하지 않는 경우가 많습니다. 단, 원래 부사 자체가 명사와 함께 쓸 수 없는 품사이기 때문에, 부사가 술어로 쓰일 때도 주어를 쓰고자 할 때 절대 주격 형태로 쓸 수 없습니다. 부사 술어의 의미상 주어로 여격을 활용하는데, 부사 술어 구문 전체에 주격이 등장하지 않기 때문에 '무인칭문'이라고도 합니다.

- **Студе́нтам мо́жно** взять кни́ги в э́той библиоте́ке.
  대학생들은 이 도서관에서 책을 빌려도 됩니다.

- **Вам нельзя́** ходи́ть пешко́м.
  당신은 걸어 다니면 안 됩니다.

사람이 여격으로 등장했다고 해서 '~에게'로 해석하는 것이 아니라, 의미상 주어로 쓰였기 때문에 '~이(가)'로 해석하면 바람직합니다.

2 명령문

명령문은 동사를 3인칭 복수 형태로 바꾼 다음 마지막 어미를 제외한 상태로 만들어야 합니다. 동사에 따라 1인칭 단수 형태에서 강세의 위치를 확인한 후 명령문을 만들기도 합니다. 명령문을 만드는 방법은 3가지로 나눌 수 있으며 다음 예시를 통해 알아보도록 하겠습니다.

명령문 어미	어간의 마지막이 모음으로 끝난 경우
й (те)	чита́ть 읽다 (они́ чита́ют) - чита́ + **й** → **чита́й** 읽어! (ты에 해당하는 명령문) - чита́ + **й** + **те** → **чита́йте** 읽으세요! (вы에 해당하는 명령문)

명령문 어미	어간의 마지막이 자음으로 끝나고 강세가 어미에 있을 경우
и (те)	смотре́ть 보다 (они́ смо́трят / я смотрю́) - смотр + **и́** → **смотри́** 봐! (ты에 해당하는 명령문) - смотр + **и́** + **те** → **смотри́те** 보세요! (вы에 해당하는 명령문)

명령문 어미	어간의 마지막이 자음으로 끝나고 강세가 어간에 있을 경우
ь (те)	забы́ть 읽다 (они́ забу́дут / я забу́ду) - забу́д + **ь** → **забу́дь** 잊어버려! (ты에 해당하는 명령문) - забу́д + **ь** + **те** → **забу́дьте** 잊어버려요! (вы에 해당하는 명령문)

Tip ① -ся로 끝나는 동사의 명령문은 -ся를 제외하고 명령문을 위 규칙에 따라 바꾼 다음, 자음으로 끝나면 -ся, 모음으로 끝나면 -сь를 붙여 주면 됩니다.

예 занима́ + **й** + **ся** 자습해! (й 자음으로 끝남 + ся / ты에 해당하는 명령문)
уч + **й** + **те** + **сь** 공부하세요! (те 모음으로 끝남 + сь / вы에 해당하는 명령문)

② 동사 변화 중 я에서만 자음 변환이 일어나는 동사는 동사 원형을 기준으로 명령문을 만듭니다.

주어	**пригласи́ть** '초대하다'	명령문
я	приглашу́	Я приглашу́
ты	пригласи́шь	(주어 я에서만 자음 변환)
он, она́	пригласи́т	→ 원형 자음을 기준 / 강세 어미
мы	пригласи́м	приглас + и́ → пригласи́ 초대해 줘!
вы	пригласи́те	приглас + и́ + те → пригласи́те
они́	приглася́т	초대해 주세요!

③ 동사 변화 중 주어에 따라 전체 자음 변환이 일어나는 동사는 바뀐 자음을 기준으로 명령문을 만들어요.

주어	**сказа́ть** '말하다'	명령문
я	скажу́	Я скажу́
ты	ска́жешь	(전체 자음 변환)
он, она́	ска́жет	→ 바뀐 자음 기준 / 강세 어미
мы	ска́жем	скаж + и́ → скажи́ 말해 줘!
вы	ска́жете	скаж + и́ + те → скажи́те
они́	ска́жут	말해 주세요!

 Запо́мните! 기억하세요!

'хорошо́ 잘, 좋게', 'интере́сно 재밌게', 'хо́лодно 차갑게' 등 일반 부사들도 부사 술어로 활용할 수 있습니다. 이때도 명사와 함께 쓸 수 없는 품사인 부사가 술어 역할을 하기 때문에 의미상 주어로 주격이 아닌 여격을 쓴다는 점 유의하세요

예 О́чень **хорошо́** здесь.   여기 (있는 게) 굉장히 **좋아**.
Де́тям хо́лодно.   아이들이 추워 해요
Интере́сно изуча́ть иностра́нные языки́.   외국어를 배우는 것은 재미있어요

1 **접두사가 붙는 운동 동사**

정태 동사는 '한 방향으로 가다', 부정태 동사는 '여러 방향으로 다니다'라는 의미입니다. 앞서 핵심 배우GO! 코너에서 언급된 접두사 при- 외에도 어떤 접두사가 운동 동사와 함께 쓰이는지, 활용법은 어떤지 자세히 배워 보겠습니다.

접두사 у-

주어	걸어서 떠나다		타고 떠나다	
	уходи́ть **불완료 현재**	уйти́ **완료 미래**	уезжа́ть **불완료 현재**	уе́хать **완료 미래**
я	ухожу́	уйду́	уезжа́ю	уе́ду
ты	ухо́дишь	уйдёшь	уезжа́ешь	уе́дешь
он, она́	ухо́дит	уйдёт	уезжа́ет	уе́дет
мы	ухо́дим	уйдём	уезжа́ем	уе́дем
вы	ухо́дите	уйдёте	уезжа́ете	уе́дете
они́	ухо́дят	уйду́т	уезжа́ют	уе́дут

주어	걸어서 떠나다		타고 떠나다	
	уходи́ть **불완료 과거**	уйти́ **완료 과거**	уезжа́ть **불완료 과거**	уе́хать **완료 과거**
он	уходи́л	ушёл	уезжа́л	уе́хал
она́	уходи́ла	ушла́	уезжа́ла	уе́хала
оно́	уходи́ло	ушло́	уезжа́ло	уе́хало
они́	уходи́ли	ушли́	уезжа́ли	уе́хали

접두사 в(о)- / вы-

주어	(걸어서) 안으로 들어가다		(걸어서) 안에서 나가다	
	входи́ть **불완료 현재**	войти́ **완료 미래**	выходи́ть **불완료 현재**	вы́йти **완료 미래**
я	вхожу́	войду́	выхожу́	вы́йду
ты	вхо́дишь	войдёшь	выхо́дишь	вы́йдешь

	вхо́дит	войдёт	выхо́дит	вы́йдет
он, она́	вхо́дит	войдёт	выхо́дит	вы́йдет
мы	вхо́дим	войдём	выхо́дим	вы́йдем
вы	вхо́дите	войдёте	выхо́дите	вы́йдете
они́	вхо́дят	войду́т	выхо́дят	вы́йдут

주어	(걸어서) 안으로 들어가다		(걸어서) 안에서 나가다	
	входи́ть 불완료 과거	войти́ 완료 과거	выходи́ть 불완료 과거	вы́йти 완료 과거
он	входи́л	вошёл	выходи́л	вы́шел
она́	входи́ла	вошла́	выходи́ла	вы́шла
оно́	входи́ло	вошло́	выходи́ло	вы́шло
они́	входи́ли	вошли́	выходи́ли	вы́шли

> **Tip** ① 접두사 в(о)- 와 вы-는 '걸어 가다' 동사와 더 자주 활용되므로 'идти́ - ходи́ть'와 결합된 동사를 우선적으로 기억해 두세요.
>
> ② 원래 идти́는 항상 어미에 강세가 있습니다. 접두사와 함께 쓰일 경우의 -йти́도 마찬가지입니다. 접두사 вы-가 완료상인 경우에는 강세가 접두사 ы-에 위치하니 강세 변화에 주의하세요.

접두사 по- (정태 동사와 결합)

주어	(걸어서) 출발하다 / 가다	
	пойти́ 완료 미래	пое́хать 완료 미래
я	пойду́	пое́ду
ты	пойдёшь	пое́дешь
он, она́	пойдёт	пое́дет
мы	пойдём	пое́дем
вы	пойдёте	пое́дете
они́	пойду́т	пое́дут

주어	(걸어서) 출발하다 / 가다	
	пойти́ 완료 과거	пое́хать 완료 과거
он	пошёл	пое́хал
она́	пошла́	пое́хала
оно́	пошло́	пое́хало
они́	пошли́	пое́хали

접두사 при- / у- / в(о)- / вы- / по- 외에도 운동 동사와 함께 쓸 수 있는 접두사는 다양합니다. 또한 '걷다, 타다' 외에 다양한 운동 동사들이 있습니다. 우선 실생활에서 가장 많이 활용되는 동사들을 먼저 살펴보기로 하겠습니다. 기본적인 운동 동사와 접두사 5가지의 의미를 확실히 기억해 두세요.

Обрати́те внима́ние! 주목하세요!

명령문도 동사로 만드는 개념인 만큼 불완료상으로 명령문을 만드는지, 완료상으로 명령문을 만드는지에 따라 의미가 달라질 수 있습니다. 기본적으로 불완료상 명령문은 '반복, 지속'의 의미를, 완료상 명령문은 '일회성, 완료'의 의미로 쓰입니다. 동사의 상에 따라 의미가 달라짐에 유의해야 합니다.

> **예** **Купи́** э́ту кни́гу! Она́ о́чень интере́сная.
> 이 책을 사! 엄청 재미있어. (완료상 명령문 / 1회)
>
> **Покупа́йте** кни́ги **ка́ждую неде́лю**!
> 책은 매주 사세요! (불완료상 명령문 / 반복)

실력 높이 GO!

1 주어진 문장을 의미에 맞게 순서대로 나열하세요.

> ❶ Да-да, входи́те!
> ❷ Извини́те, мо́жно войти́?
> ❸ Бо́льше не опа́здывайте!
> ❹ Извини́те за опозда́ние.

// 1 _____

// 2 _____

// 3 _____

// 4 _____

2 보기 중 한국어 해석에 맞는 알맞은 부사 술어를 쓰세요.

> мо́жно / нельзя́ / на́до

// 1 엄마에게 이것에 대해서 말할 필요가 있어요.

_____ сказа́ть ма́ме об э́том.

// 2 아이들은 이 방에 들어가서는 안 돼요.

Де́тям _____ входи́ть в э́ту ко́мнату.

// 3 앉아도 될까요?

_____ сесть?

3 보기 중 의미상 알맞은 접두사를 써 넣으세요.

> 보기
>
> при- / у- / в(о)- / вы- / по-

//1 딴딴이 학교로 출발했습니다.

Танта́н _____ **шла́ в шко́лу.**

//2 엄마가 7시에 집에서 나갔습니다.

Ма́ма _____ **шла из до́ма в 7 часо́в.**

//3 유민은 한국에서 왔습니다.

Юми́н _____ **е́хал из Коре́и.**

//4 선생님이 교실로 들어왔습니다.

Преподава́тель _____ **шёл в аудито́рию.**

//5 보리스가 고향 도시로 떠났습니다.

Бори́с _____ **е́хал в родно́й го́род.**

4 주어진 동사를 명령문으로 바꿔 보세요.

//1 **приезжа́ть**

_____ **ко мне в го́сти!** 나에게 놀러 오세요!

//2 **пригласи́ть**

_____ **меня́, пожа́луйста!** 나를 초대해 주세요!

//3 **сказа́ть**

_____**, пожа́луйста, где здесь магази́н?** 여기 어디에 가게가 있는지 말해 주세요!

5 다음 중 문법상 틀린 문장을 고르세요.

❶ **Ю́лия мо́жно идти́ домо́й.**

❷ **Юми́н прие́хал из Коре́и.**

❸ **Танта́н вошла́ из аудито́рии.**

❹ **Извини́те за оши́бку.**

정답

❶ ② Извини́те, мо́жно войти́? 죄송합니다. 들어가도 될까요? ① Да-да, входи́те! 네, 들어오세요.
④ Извини́те за опозда́ние. 지각해서 죄송해요. ③ Бо́льше не опа́здывайте! 더 이상 늦지 마세요!

❷ ① На́до ② нельзя́ ③ Мо́жно

❸ ① по ② вы́ ③ при ④ во ⑤ у

❹ ① Приезжа́йте ② Пригласи́те ③ Скажи́те

❺ ① Ю́лия мо́жно идти́ домо́й. (x) → ① Ю́лии мо́жно идти́ домо́й. 율리야는 집에 가도 돼요.
③ Танта́н вошла́ из аудито́рии. (x) → ③ Танта́н вошла́ в аудито́рию. 딴딴이 교실에 들어갔어요.
/ Танта́н вы́шла из аудито́рии. 딴딴이 교실에서 나왔어요.

🎧 Track 14-03

제안, 허락, 금지, 찬성, 반대 관련 표현

предлага́ть - предложи́ть + 사람 여격 + 대격 / 동사 원형	~에게 ~을(를) 제공하다 / ~하자고 제안하다

- Я **предложи́л** Бори́су **конфе́ты**. 나는 보리스에게 사탕을 제공했어요.
- Вы **предлага́ете мне пойти́** в музе́й? 당신은 나에게 박물관에 가자고 제안하는 건가요?

мо́жно + 동사 원형	~해도 좋다 (허락)

- **Мо́жно подари́ть** ма́ме краси́вые цветы́? 엄마한테 예쁜 꽃들을 선물해도 돼요?
- Тебе́ **мо́жно сесть** сюда́. 너 여기 앉아도 돼.

нельзя́ + 동사 원형	~해서는 안 된다 (금지)

- Ма́ленькому ребёнку **нельзя́ входи́ть** в э́ту ко́мнату.
  어린아이는 이 방에 들어가면 안 돼요.

- Здесь **нельзя́ кури́ть**? Почему́?
  여기서는 담배 피우면 안 되나요? 왜죠?

> **Tip** мо́жно와 нельзя́는 주격과 함께 쓸 수 없는 부사 술어이므로 사람을 주격이 아닌 여격 형태로 써서 의미상 주어
> 로 표현한다는 점을 꼭 기억해 주세요.

за (+ 대격)	~ 찬성한다

- **Кто за?** 누가 찬성합니까?
- **Я - за вас.** 나는 당신에게 (당신의 의견에) 찬성해요.

про́тив (+ 생격)	~ 반대한다

- **Кто про́тив?** 누가 반대합니까?
- **Я про́тив** э́того кандида́та. 나는 이 후보자를 반대해요.

> **Tip** за와 про́тив는 단독으로도 사용 가능하지만 '~에 대해 찬성하다' 또는 '~에 반대하다'라는 의미로 'за + 대격'과
> 'про́тив + 생격'을 써서도 표현할 수 있습니다.

러시아 만나GO!

러시아 식 건배사, 'TOCT 토스트'

러시아하면 '보드카'를 먼저 떠올리시나요? 러시아산 보드카가 유명하긴 하지만, 그렇다고 러시아 사람들이 보드카만 마시는 건 아니에요. 보드카는 40도를 웃도는 독주이기 때문이죠. 가벼운 술자리를 즐기는 러시아인이라면 주로 저녁 식사 때 간단히 와인을 함께 마시거나, 친구들이나 동료들과 함께 펍에서 맥주 한 잔을 즐기곤 한답니다.

일반적인 술자리가 아니라 손님을 초대한다거나 기념일 등 중요한 일정이 있을 때 러시아 사람들은 건배사 즉, 'TOCT 토스트'를 하는 문화가 있어요. 우리나라 사람들이 술을 마시기 전 '건배!'나 '짠!'을 함께 외치듯이, 러시아 사람들도 술을 마시기 전 반드시 토스트를 한답니다. 상황에 따라 '축하'나 '바람', '초대에 대한 감사'의 의미로 건배사를 하는데, 그자리에 모인 사람 중 모임 주최자나 가장 중요한 사람이 보통 첫 번째 건배사를 합니다. 예를 들어, 새해를 맞아 온 가족이 모인 식사 자리라면 가족 중 가장 연장자인 어르신이 '가족들이 새해에는 더 건강하고, 행복하길 바란다.'라는 의미의 건배사를 할 수 있겠죠. 일반적인 상황에서는 식사 전 또는 식사 중에 건배사를 하는 반면, 비교적 공식적인 자리에서는 식사를 마친 후 디저트를 먹으며 건배사를 하는 것이 관례라고 합니다.

러시아에서 건배사는 한 명이 아니라 그자리에 모인 사람들이 돌아가면서 하는 것이 예의입니다. 모임 중 가장 중요한 사람이 첫 번째 건배사를 시작했다면, 그에 대한 답으로 다음 사람이 건배사를 이어 가는 것을 볼 수 있어요. 예전에는 최대한 길게 건배사를 말하는 것이 초대한 사람에 대한 예의였으나, 요즘은 'До дна! 원샷!'과 같이 짧으면서 재치있는 건배사를 더 선호하는 추세예요.

러시아 사람들과 식사나 술자리에서 활용할 만한 건배사 하나쯤 알아 두면 좋겠죠?

За здоро́вье! За сча́стье! 건강을 위하여! 행복을 위하여!

z자z즈다로v비예 z자샤스찌예

Я познако́мился
с интере́сным
челове́ком.

Уро́к
15

Я познако́мился с интере́сным челове́ком.

나는 재미있는 사람을 알게 됐어요.

▶ 15강

학습 목표
조격을 활용해 여러 명이 함께 하는 행위를
표현할 수 있다.

공부할 내용
조격의 용법 ❶ с + 조격
동사 원형의 활용

주요 표현
С кем ты познако́мился?
Мы с ни́ми ча́сто встреча́емся.
Что вы лю́бите де́лать?
Я забы́л сказа́ть об э́том.

◀ 화려한 내부를 자랑하는
모스크바의 콤소몰스카야 지하철역

말문 트 GO!

говори́те

🎧 Track 15-01

📖 Диало́г 1

줄리안은 어제 보리스와 함께 디스코텍에 갔다 왔습니다.

Юна́	Джулиа́н, что ты де́лал вчера́?
Джулиа́н	Я ходи́л на дискоте́ку.
Юна́	С кем?
Джулиа́н	Я ходи́л туда́ с Бори́сом. Кста́ти, ты зна́ешь, с кем я там познако́мился? С Алексе́ем Смирно́вым! С на́шим люби́мым арти́стом!
Юна́	Ой, пра́вда? Я то́же хочу́ с ним познако́миться. Дава́й вме́сте пойдём на дискоте́ку в сле́дующий раз!
Джулиа́н	Дава́й! Я хочу́ познако́мить тебя́ с ним.

유나 줄리안, 너는 어제 뭐 했어?

줄리안 나는 디스코텍에 갔다 왔어.

유나 누구와 함께?

줄리안 나는 거기 보리스와 갔다 왔어.
그런데 말이야, 너 내가 거기에서
누구랑 알게 됐는지 알고 있니?
알렉세이 스미르노프와 알게 됐
어! 우리가 좋아하는 아티스트와!

유나 우와, 정말?
나도 그와 함께 알고 지내고 싶어.
다음번에 같이 디스코텍에 가자!

줄리안 그러자! 나는 너에게 그를 소개해
주고 싶어.

 дискоте́ка 명 디스코텍, 클럽 **кста́ти** 부 그런데 말이야, 그런데 **познако́миться** 동 '서로 알고 지내다'의 완료 **люби́мый** 형 좋아하는, 사랑받는 **арти́ст** 명 아티스트, 예술가, 배우 **пра́вда** 명 참, 진실 **сле́дующий** 형 다음의 **раз** 명 1회, 1번 **познако́мить** 동 '소개해 주다'의 완료

🎯 포인트 잡GO!

❶ дискоте́ка는 '디스코텍'이라는 뜻이며, 주류를 판매하지 않는 클럽이라고 볼 수 있습니다. клуб이라는 단어도 있는데, 주류를 판매하며 춤을 출 수 있는 '클럽', '동호회, 모임'의 의미로도 쓰입니다.

❷ кста́ти는 화제 또는 분위기 전환 시 활용할 수 있는 부사 표현입니다. 앞서 말하던 내용에서 다른 주제로 말하고자 할 때 주로 활용하며, 우리말로는 '그런데 있잖아', '그런데 말이야'와 같이 해석하면 자연스럽습니다.

❸ пра́вда는 '참', '진실'을 뜻하는 명사이나 '진짜로, 정말로'라는 의미로도 활용 가능합니다.

1 'c + 조격' 활용하기

러시아어에서 '~와(과) 함께'는 'c + 조격'으로 표현을 합니다. 우선 전치사 c와 함께 쓰는 의문 대명사와 인칭 대명사의 조격을 함께 살펴보겠습니다.

주격	c + 조격
кто	с кем
что	с чем

주격	c + 조격	주격	c + 조격
я	со мно́й	мы	с на́ми
ты	с тобо́й	вы	с ва́ми
он, оно́	с ним	они́	с ни́ми
она́	с ней		

2 познако́миться의 완료상 - 불완료상 용법 짚고 가기

동사 познако́миться는 '서로 알고 지내다', '자기소개하다'라는 의미로 쓰이는 완료상 동사입니다. 단독으로도 쓸 수 있지만 'c + 조격'과 함께 쓰여 '~와(과) 함께 알고 지내다'라는 의미로도 활용 가능합니다. 불완료상인 знако́миться는 '항상 새로운 사람들을 알고 지내다'라는 뉘앙스로만 활용하는 점도 참고하세요. 그럼 자주 활용되는 완료상 познако́миться의 과거 변화형을 살펴보겠습니다.

주격	познако́миться 서로 알고 지내다, 자기소개하다		
он	познако́мился	оно́	познако́милось
она́	познако́милась	они́	познако́мились

- Я **познако́мился** там **с Алексе́ем**!

  나는 거기서 **알렉세이와 알게 됐어**!

- Вчера́ Бори́с и Танта́н **познако́мились**.

  어제 보리스와 딴딴이 **서로 알게 됐어요**

- Я люблю́ **знако́миться** с но́выми людьми́.

  나는 새로운 사람과 **알고 지내는** 것을 좋아해요.

🎯 Обрати́те внима́ние! 주목하세요!

познако́миться가 ' ~와(과) 서로 알고 지내다', '자기소개하다'라는 의미의 자동사라면, познако́мить는 반드시 사람 대격과 함께 '~을(를) ~와(과) 소개해 주다'라는 의미로 쓰이는 타동사입니다. познако́мить 동사 다음에는 반드시 목적어가 와야 하지만, 'c + 조격'은 상황에 따라 목적어를 써도 되고 생략해도 됩니다. 또한 c + 조격이 쓰일 경우 해석은 사람 대격이 '~에게', c + 조격이 '~을(를)'으로 해석되기도 합니다. 어미 -ся 유무에 따라 의미와 뒤에 올 수 있는 격이 달라지는 점에 유의하세요.

> **예** Я хочу́ **познако́мить тебя́ с ним**. 나는 너에게 (тебя́) 그를 (с ним) 소개해 주고 싶어.
> Джулиа́н **познако́мил нас**. 줄리안이 우리를 소개해 주었습니다.

말문 트 GO!

говори́те

🎧 Track 15-02

💬 **Диало́г 2**

모스크바에는 훌륭한 박물관이 많습니다.

Юлия	Юми́н, что вы лю́бите де́лать в свобо́дное вре́мя?
Юми́н	Я люблю́ ходи́ть в музе́и. В Москве́ о́чень мно́го интере́сных и изве́стных музе́ев.
Юлия	Я согла́сна с ва́ми. Москва́ – настоя́щий го́род-музе́й.
Юми́н	А что вы обы́чно де́лаете в выходны́е?
Юлия	Я обы́чно хожу́ к друзья́м в го́сти. Они́ живу́т недалеко́ от меня́, и мы с ни́ми ча́сто встреча́емся. Е́сли вы хоти́те, дава́йте пойдём к ним в го́сти вме́сте!
Юми́н	Не про́тив. Дава́йте!

율리야 유민, 당신은 여가 시간에 무엇을 하는 걸 좋아하나요?

유민 나는 박물관에 가는 걸 좋아해요. 모스크바에는 흥미롭고 유명한 박물관이 엄청 많아요.

율리야 나도 당신 말에 동의해요. 모스크바는 진짜 박물관인 도시예요. (모스크바는 도시 전체가 진정한 박물관인 곳이에요.)

유민 그러면 당신은 주말에 보통 무엇을 하나요?

율리야 나는 보통 친구들 집에 놀러 가요. 그들은 우리 집에서 멀지 않은 곳에 살아요, 그래서 나는 그들과 자주 만나요. 만일 당신도 원한다면, 함께 그들에게 놀러 가요!

유민 반대할 이유 없죠. 그럼시다!

Слова́ **согла́сен** 형용사술어 동의하다 **настоя́щий** 형 진정한, 현재의 **недалеко́** 부 멀지 않은 곳에 **встреча́ться** 동 '(~와) 함께 만나다'의 불완료 **е́сли** 접 만일 ~(이)라면, 만약에 **про́тив** 전 반대해서

🎯 **포인트 잡GO!**

❶ 'мно́го 많이, 많게' 뒤에 따라오는 명사가 셀 수 있는 명사일 땐 복수 생격 형태를 취하고, 셀 수 없는 명사일 땐 단수 생격 형태를 취합니다.

> **예** В Москве́ о́чень **мно́го интере́сных и изве́стных музе́ев**.
> 모스크바에는 흥미롭고 유명한 박물관이 엄청 많아요. (мно́го + музе́й 셀 수 있는 명사)

❷ 부사 недалеко́는 '멀지 않게'라는 의미의 부사입니다. '~에서 멀지 않게'라는 의미로 'от + 생격'과 함께 쓸 수 있어요. 반대로 'далеко́ от + 생격'은 '~에서 먼 곳에'라는 의미로 활용할 수 있겠죠?

> **예** Они́ живу́т **недалеко́ от меня́**. 그들은 **우리 집에서 (나에게서) 멀지 않은 곳에** 살아요.

❸ про́тив는 '~에 반대해서'를 나타내는 전치사입니다. 'про́тив + 생격' 또는 단독으로 활용할 수 있습니다.

1 형용사 단어미형 술어 согла́сен 활용하기

согла́сен은 '동의하다'라는 의미로 쓰이는 술어입니다. 단독으로도 쓸 수 있지만, 'с + 조격'과 함께 '~에게 동의하다', '~의 의견에 동의하다'라는 의미로 활용할 수 있습니다. 주어에 따라 어미 형태가 조금씩 달라지는 점에 주의해야 하는 술어입니다. 우선 변화 형태부터 살펴보겠습니다.

주어	형용사 단어미형 술어
он	согла́сен
она́	согла́сна
они́	согла́сны

이제껏 보아 온 술어와는 조금 다르게 어미를 짧게 바꾸는 단어미형 술어입니다. 'ый / ая / ое / ые'로 끝나는 형용사의 장어미형이 '자음 / а / о / ы' 형태로 끝나는 것을 단어미형이라 칭합니다. 형용사 장어미형은 주로 명사 수식, 술어의 의미 둘 다 쓰이지만, 단어미형은 술어로만 쓰입니다.

- **Я согла́сна** с ва́ми.　　　　　　　　나는 당신에게 동의해요. (어미가 а로 끝나는 여성 단어미형 / 술어)

2 'мы + с 조격' 활용하기

러시아어에서 '내가 ~와(과) 함께'라는 표현은 'я + с 조격'이 아니라 'мы + с 조격'을 함께 써서 표현합니다. 나와 다른 사람이 이미 함께 있다는 것을 강조하기 위해 '우리'라는 의미인 мы를 쓴 용법으로 볼 수 있어요.

- **Мы с ни́ми** ча́сто встреча́емся.　　　　**나는 그들과** 자주 함께 만나요.
- **Мы** ча́сто встреча́емся **с ни́ми.**　　　　**우리는 그들과** 자주 함께 만나요.

> Tip　мы와 'с 조격'을 떨어뜨려서 쓰면 원래의 의미인 '우리가 ~와(과) 함께'로 활용합니다.

Обрати́те внима́ние! 주목하세요!

부사와 형용사도 술어로 활용되니, 문장에서 술어 역할을 하는 부분을 잘 파악해야 합니다.

예　Вчера́ я **познако́мился** с Алексе́ем.　　　어제 나는 알렉세이와 **알게 됐어요.**
(-ть(ся)로 끝나는 동사)

Ему́ **на́до** встре́титься с учи́телем.　　　그는 선생님을 **만나야 합니다.**
(부사 술어 на́до)

Бори́с у́мн**ый**.　　　　　　　　　　　　　보리스는 **똑똑합니다.**
(형용사 장어미 술어 у́мный)

Ю́лия согла́с**на** с Бори́сом.　　　　　　　율리야는 보리스에게 **동의합니다.**
(형용사 단어미 술어 согла́сен의 여성형)

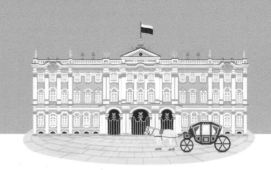

1 일반 명사의 조격

이번 과에서는 '조격'에 대해 배우겠습니다. 조격은 기본적으로 '도구, 수단, 자격'을 의미하는 격이지만, 'c + 조격'과 자주 활용되어 '~와(과) 함께'라는 의미로 쓸 수 있었습니다. 우선 조격의 변화형이 어떻게 되는지 표와 예시로 살펴보겠습니다. 조격 명사 변화형이 몹시 복잡하므로 어미 변화에 주의하여 학습하세요.

남성/중성	-ом	① 자음으로 끝나는 남성 명사	예 студе́нт → студе́нт**ом** 대학생
		② о로 끝나는 중성 명사	예 письмо́ → письмо́**м** 편지
		③ ж, ш, щ, ч, ц로 끝나는 남성 명사 중 어미로 강세가 이동하는 경우	예 врач → врачо́**м** 의사 оте́ц → отцо́**м** 아버지
	-ем	① й로 끝나는 남성 명사	예 Серге́й → Серге́**ем** 세르게이 (남자 이름) геро́й → геро́**ем** 영웅, 주인공
		② ь로 끝나는 남성 명사	예 учи́тел**ь** → учи́тел**ем** 선생님
		③ ж, ш, щ, ч, ц로 끝나는 남성 명사 중 강세가 어간에 있는 경우	예 муж → му́ж**ем** 남편 ме́сяц → ме́сяц**ем** 월, 개월
		④ е로 끝나는 중성 명사	예 зда́ни**е** → зда́ни**ем** 건물
	-ём	ь로 끝나는 남성 명사 중 강세가 어미에 있는 경우	예 слова́рь → словар**ём** 사전 день → дн**ём** 낮, 일
여성	-ой	а로 끝나는 대부분의 여성 명사	예 сестра́ → сестр**о́й** 여자 형제

			예
여성	-ей	① я로 끝나는 여성 명사	Тáня → Тáней 타냐 (여자 이름) пéсня → пéсней 노래
		② ж, ш, щ, ч, ц + а로 끝나는 여성 명사 중 강세가 어간에 있는 경우	гости́ница → гости́ницей 호텔 Мáша → Мáшей 마샤 (여자 이름)
여성	-ёй	ья로 끝나는 여성 명사 중 강세가 어미에 있는 경우	семья́ → семьёй 가족 статья́ → статьёй 기사
	-ью	ь로 끝나는 여성 명사	плóщадь → плóщадью 광장
복수	-ами	자음 / a / o로 끝나는 대부분의 명사	студéнт → студéнтами 대학생 письмó → пи́сьмами 편지 сестрá → сёстрами 여자 형제
	-ями	й / ь / я / e로 끝나는 대부분의 명사	музéй → музéями 박물관 учи́тель → учителя́ми 선생님 пéсня → пéснями 노래 здáние → здáниями 건물

Tip ① 명사가 복수로 변할 때 강세가 변하거나 불규칙하게 바뀐다면, 격 변화에서도 해당 사항이 적용됩니다.
- сестрá 단수 주격 / сёстры 복수 주격 (강세 변화) → сёстрами 복수 조격
- брат 단수 주격 / брáтья 복수 주격 (불규칙) → брáтьями 복수 조격

② 어미가 -ьми로 변하는 완전 불규칙 형태인 명사의 복수 조격 형태를 기억해둡시다.
- ребёнок 단수 주격 / дéти 복수 주격 (불규칙) → **детьми́** 복수 조격
- человéк 단수 주격 / лю́ди 복수 주격 (불규칙) → **людьми́** 복수 조격

2 조격의 활용 ① с + 조격

앞서 배웠듯이 с+ 조격은 '~와(과) 함께', '~와(과) 더불어'라는 의미로 쓸 수 있는 표현입니다. 단독으로 활용하기도 하지만 '함께'라는 의미를 가진 부사 вмéсте와도 자주 함께 쓰입니다. 또한 사물, 음식과 함께 쓰면 '~을 (를) 추가해서, ~을(를) 곁들여서'라는 의미로도 활용할 수 있습니다.

- Я ходи́ла на дискотéку **вмéсте с Бори́сом.**   나는 **보리스와 함께** 디스코텍에 다녀왔어요.
- Я люблю́ кóфе **с молокóм.**   나는 **우유를 넣은** 커피를 좋아해.

플Ó**сы**

① 일반 형용사의 조격

앞서 명사의 조격 변화형을 살펴보았습니다. 형용사의 조격 변화형도 알아봅시다.

남성 / 중성	**-ым**	대부분의 남성 (-ый / -ий / -ой) / 중성 (-ое) 형용사 **예** HÓBый (남성 단수) / HÓBое (중성 단수) → HÓBым 새로운
	-им	① 남성 (-ний) / 중성 (-нее) 연변화 형용사 **예** сѝний (남성 단수) / сѝнее (중성 단수) → сѝним 파란 ② к / г / х / ж / ш / щ / ч + -ы가 올 수 없는 형용사 **예** хорóший (남성 단수) / хорóшее (중성 단수) → хорóшим 좋은
여성	**-ой**	대부분의 여성 (-ая) 형용사 **예** HÓBая (여성 단수) → HÓBой 새로운
	-ей	① няя 형태로 끝나는 연변화 형용사 **예** сѝняя (여성 단수) → сѝней 파란 ② ж / ш / щ / ч / ц 다음에 강세가 없는 여성 형용사 **예** хорóшая (여성 단수) → хорóшей 좋은
복수	**-ыми**	대부분의 복수 (-ые) 형용사 **예** HÓBые (복수) → HÓBыми 새로운
	-ими	① ние 형태로 끝나는 연변화 형용사 **예** сѝние (복수) → сѝними 파란 ② к / г / х / ж / ш / щ / ч + ы가 올 수 없는 형용사 **예** хорóшие (복수) → хорóшими 좋은

Tip 자음 к / г / х / ж / ш / щ / ч 다음에는 -ы가 올 수 없기 때문에 대신 -и를 써야 한다는 철자 규칙이 있었습니다. 조격 변화형에서도 해당 자음 뒤에는 -ы가 올 수 없기 때문에 남성, 중성 단수 변화형일 땐 -им, 복수 변화형일 땐 -ими를 써야 합니다.

② 동사 원형의 상 활용

러시아어에서 술어 다음에 동사 원형을 목적어처럼 쓸 수 있다는 점을 앞서 배웠습니다. 그런데 목적어 역할을 하는 동사 원형도 상황에 따라 불완료상 또는 완료상을 써야 하는 경우가 있습니다. 특히 불완료상만 쓰거나 완료상만 써야 하는 특정 동사들을 별도로 암기할 필요가 있습니다. 이번 15과에서는 동사 원형의 상이 어떻게 활용되는지 공부해 보겠습니다.

불완료상과 완료상이 모두 쓰이는 경우

술어 다음 불완료상과 완료상 동사 원형 둘 다 가능한 경우를 알아보겠습니다. 대부분의 술어는 뒤에 불완료상과 완료상 동사 원형을 모두 쓸 수 있습니다. 그럼 어떤 차이에 따라 다른 상을 쓰는지 구분해 볼까요?

불완료상	'반복, 지속'의 의미일 경우
완료상	'일회성, 완료'의 의미일 경우

- На́до **покупа́ть** хлеб **ка́ждое у́тро**.
  (반복 - 불완료상 покупа́ть)

  빵을 **매일 아침마다 사야** 해요.

- На́до **купи́ть э́ту кни́гу**.
  (1회 - 완료상 купи́ть)

  이 **책을 사야** 해요.

불완료상만 쓰이는 경우

불완료상 동사 원형만 쓸 수 있는 동사들은 동작의 '행위 자체에 초점'을 맞춘 의미인 경우입니다. 일회성 또는 반복의 의미와 상관없이 무조건 불완료상 동사 원형만 써야 합니다. 어떤 동사들이 불완료상 동사 원형만을 수반하는지 알아보겠습니다.

동사 + 불완료상 동사 원형	'행동 초점' - 선호도, 학습, 능력, 시작, 진행, 끝
люби́ть	~하는 것을 좋아하다
нра́виться	~하는 것을 선호하다
уме́ть	~할 줄 안다 (능력)
учи́ться – научи́ться	~하는 것을 배우다
начина́ть – нача́ть	~하는 것을 시작하다
продолжа́ть	~하는 것을 계속하다
зака́нчивать – зако́нчить	~하는 것을 끝내다

완료상만 쓰이는 경우

동사 + 완료상 동사 원형	'결과 초점' - 망각, 바람
забы́ть	~하는 것을 잊어버리다
мечта́ть	~하는 것을 꿈꾸다, 바라다

위에 언급된 동사 외에도 불완료상 동사 원형만 쓰거나, 완료상 동사 원형을 쓰는 동사는 많습니다. 앞으로 특정 동사 원형의 상만 수반하는 동사들은 불완료상은 '행동 초점' 즉, '선호도, 학습, 능력, 시작, 진행, 끝'의 의미를 가진 동사이고, 완료상은 '결과 초점' 즉, '망각, 바람, 성공, 실패, 계획'의 의미를 띄는 동사라고 볼 수 있습니다.

 Запо́мните! 기억하세요!

모든 동사 뒤에 동사 원형을 목적어로 쓸 수 있는 것은 아닙니다. 어떤 동사인지에 따라 뒤에 목적어인 대격이나 장소 전치격, 또는 전치사구가 따라올 수도 있습니다. 앞으로 동사를 암기할 때 의미만 기억하는 데서 그치지 말고, 동사 다음에 따라올 수 있는 표현까지 통으로 함께 익혀 두세요.

1 주어진 문장을 의미에 맞게 순서대로 나열하세요.

> ❶ С кем ты ходи́л на дискоте́ку?
> ❷ Ой, пра́вда? Я то́же хочу́ с ним познако́миться.
> ❸ Я ходи́л туда́ с Бори́сом.
> ❹ Там я познако́мился с на́шим люби́мым арти́стом!

//1 _____

//2 _____

//3 _____

//4 _____

2 괄호 안에 주어진 인칭 대명사를 조격 형태로 올바르게 바꿔 보세요.

//1 나는 그와 테니스를 쳤습니다.

Я игра́л в те́ннис _____. (он)

//2 유나는 나와 대화하는 것을 좋아합니다.

Юна́ лю́бит разгова́ривать _____. (я)

//3 나는 너와 함께 콘서트에 가고 싶어.

Я хочу́ пойти́ на конце́рт _____. (ты)

//4 보리스가 당신과 알고 지내고 싶어해요.

Бори́с хо́чет познако́миться _____. (вы)

3 주어진 단어를 조격 형태로 알맞게 바꾼 것을 고르세요.

//1 딴딴이 줄리안과 알게 되었습니다.

Танта́н познако́милась с _____. (Джулиа́н)

//2 엄마가 아이들과 대화를 하고 있습니다.

Ма́ма разгова́ривает с _____. (де́ти)

//3 유민은 여동생과 텔레비전을 보고 있습니다.

Юми́н смо́трит телеви́зор с _____. (мла́дшая сестра́)

//4 선생님이 우리에게 외국인 학생들을 소개해 주었습니다.

Преподава́тель познако́мил нас с _____. (иностра́нные студе́нты)

4 빈칸에 불완료상 동사 원형과 완료상 동사 원형 중 문법에 알맞은 것을 골라 쓰세요.

//1 딴딴이 영화 보는 것을 좋아합니다.

Танта́н лю́бит _____ фильм. (смотре́ть – посмотре́ть)

//2 엄마는 식재료 사는 것을 잊어버렸습니다.

Ма́ма забы́ла _____ проду́кты. (покупа́ть – купи́ть)

//3 유민은 러시아어로 말하는 것을 배우고 있습니다.

Юми́н у́чится _____ по-ру́сски. (говори́ть – сказа́ть)

//4 유나는 요리를 할 줄 압니다.

Юна́ уме́ет _____. (гото́вить – пригото́вить)

5 다음중 문법상 틀린 문장을 고르세요

❶ В Москве́ о́чень мно́го интере́сные и изве́стные музе́и.

❷ Что вы лю́бите де́лать в свобо́дное вре́мя?

❸ Ты зна́ешь, кем я там познако́мился?

❹ Я хочу́ познако́мить тебя́ с ним.

정답

❶ ① С кем ты ходи́л на дискоте́ку? 너는 누구와 디스코텍에 갔다 왔니? ③ Я ходи́л туда́ с Бори́сом. 나는 거기 보리스와 갔다 왔어. ④ Там я познако́мился с на́шим люби́мым арти́стом! 거기서 나 우리가 좋아하는 아티스트를 알게 됐어! ② Ой, пра́вда? Я то́же хочу́ с ним познако́миться. 우아, 정말? 나도 그와 알고 지내고 싶어.

❷ ① с ним ② со мно́й ③ с тобо́й ④ с ва́ми

❸ ① Джулиа́ном ② детьми́ ③ мла́дшей сестро́й ④ иностра́нными студе́нтами

❹ ① смотре́ть ② купи́ть ③ говори́ть ④ гото́вить

❺ ① В Москве́ о́чень мно́го интере́сные и изве́стные музе́и. (х)
→ ① В Москве́ о́чень мно́го интере́сных и изве́стных музе́ев. (о)
모스크바에는 흥미롭고 유명한 박물관이 엄청 많아요.
③ Ты зна́ешь, кем я там познако́мился? (х) → ③ Ты зна́ешь, с кем я там познако́мился? (о)
너는 내가 거기서 누구와 알게 됐는지 알고 있니?

어휘 늘리 GO!

레́ксика

🎧 Track 15-03

주체가 여러 명이 등장해야만 쓸 수 있는 동사들이 있습니다. 예를 들어 '대화하다', '상의하다', '자기소개하다'와 같은 동사는 의미상 혼자서는 절대로 할 수 없는 행위죠. 이런 동사들의 경우 주어가 항상 복수 형태로 등장하든지, 'с + 조격 ~와(과) 함께'라는 형태를 함께 써서 여러 명의 주체를 표현해야 합니다. 2명 이상의 행위자가 등장하는 동사를 살펴보겠습니다.

знако́миться - познако́миться	서로 알고 지내다, 자기소개하다
Мы неда́вно познако́мились. 우리는 얼마 전에 서로 알게 됐어요.	
встреча́ться - встре́титься	(약속을 정하고) 만나다, 사귀다
Вчера́ я встре́тилась с друзья́ми о́коло теа́тра. 어제 나는 친구들과 극장 근처에서 만났어요.	
сове́товаться - посове́товаться	상의하다
Мы посове́товались с друзья́ми о на́шем о́тпуске. 우리는 친구들과 우리 휴가에 대해 상의했어요.	
ви́деться - уви́деться	(함께) 보다
Мы давно́ не ви́делись с учи́телем. 우리는 선생님과 오랫동안 보지 못했어요.	
здоро́ваться - поздоро́ваться	(만났을 때) 인사하다
Почему́ ты не поздоро́вался с Бори́сом? 왜 너는 보리스와 인사를 안 했니?	
проща́ться - попроща́ться	(헤어질 때) 인사하다
Всегда́ гру́стно проща́ться с друзья́ми. 친구들과 작별 인사하는 것은 항상 슬퍼요.	
спо́рить - поспо́рить	논쟁하다, 말다툼하다
С кем Ю́лия спо́рила вчера́ ве́чером? 율리야는 어제 저녁에 누구와 말다툼했나요?	

위에 언급된 동사들은 자동사이기에 단독으로 사용할 수 있지만, 'с + 조격'과 함께 써서 '~와(과) 함께 ~하다'라는 의미로도 활용 가능합니다. 또한 앞에서 배웠던 '**игра́ть** 경기하다, 연주하다', '**танцева́ть** 춤추다', '**ходи́ть** 걸어다니다' 등의 동사들도 'с + 조격'과 함께 써서 '여러 명이 함께 한다'라는 의미로 활용할 수 있어요.

- **Мы игра́ли в футбо́л с хоро́шими футболи́стами**.
  우리는 좋은 축구 선수들과 축구 경기를 했습니다.

- **С кем ты танцева́л на дискоте́ке**?
  너는 누구와 디스코텍에서 춤을 췄니?

- **Вы ча́сто хо́дите на вы́ставки с друзья́ми**?
  당신은 친구들과 자주 전시회에 가나요?

러시아 만나GO!

러시아의 전통 음식

러시아는 넓은 영토에 걸친 다양한 환경만큼 음식도 매우 다채롭습니다. 그중 러시아하면 가장 먼저 떠올릴 만한, 러시아인들이 즐겨 먹는 음식에는 무엇이 있을까요?

길고 추운 겨울 동안 영양소 섭취를 위해, 러시아에는 오래 저장해 놓고 먹을 수 있는 감자 요리가 매우 발달해 있습니다. 'столо́вая 러시아 식 뷔페 식당 (학생, 노동자 등 일반 사람들을 위한 비싸지 않은 식당을 의미)'에 가면 감자 요리 서너 가지는 꼭 있으며, 마트에서나 길거리 음식으로도 감자 요리를 자주 접할 수 있답니다. 호밀을 발효시켜 구운 시큼한 흑빵도 굉장히 좋아하는 음식입니다. 흑빵에 감자 요리나 샐러드를 곁들여서 자주 먹습니다.

역시 날씨의 영향인지 따뜻한 수프도 자주 먹습니다. 크림 질감의 수프보다는 우리나라의 국에 가까운 수프가 더 많습니다. 러시아에서 가장 유명한 수프는 바로 'борщ 보르쉬'입니다. 비트와 고기, 채소를 넣고 끓여 토마토 수프와 비슷한 맛이 납니다. 또한 채소를 넣어 끓인 맑은 수프 'щи 쉬'도 자주 먹습니다. 러시아 전통 수프로 보르쉬보다 비교적 요리하기 쉬워서 가정에서 더 자주 먹습니다. 생선 수프인 'уха́ 우하'나 'грибно́й суп 버섯 수프'도 즐겨 먹는 수프입니다.

러시아 식 팬케이크 'блины́ 블린', 꼬치구이 요리 'шашлы́к 샤슬릭' 역시 러시아를 대표하는 메뉴 중 하나라고 볼 수 있습니다. 샤슬릭은 그릴에 구워야 하는 조리법 때문에 일반 가정에서 자주 먹지는 않으나, 'да́ча 다차'나 교외로 놀러 갔을 때 단골로 해 먹습니다.

마지막으로 러시아인들의 식탁에서 절대 빼놓을 수 없는 것이 'чай 차'인데요. 식사를 할 때나 디저트를 먹을 때 꼭 홍차를 함께 마십니다. 녹차나 과일 차를 마시기도 하지만, 보편적으로 홍차를 많이 즐깁니다. 여름에는 산딸기나 체리와 같은 열매로 만든 'компо́т 콤포트', 호밀을 발효시켜 만든 'квас 크바스' 등의 차가운 음료도 즐겨 마십니다.

러시아를 여행한다면 전통 음식을 즐기며 그들의 일상과 문화를 느껴 보는 것도 좋은 경험이 되겠죠? 식사하기 전 기분 좋게 먼저 말해 볼까요?

Прия́тного аппети́та! 맛있게 드세요!

쁘리야뜨나v바 아뻬찌따

Моя́ сестра́ хо́чет стать учи́телем.

Уро́к
16

Моя́ сестра́ хо́чет стать учи́телем.

내 여동생은 선생님이 되고
싶어해요.

▶ 16강

╲ 학습 목표
조격을 활용해 직업에 관한 대화를 나눌 수
있다.

╲ 공부할 내용
조격의 용법 ❷ 자격 (рабо́тать + 조격)
조격의 용법 ❸ быть / стать 동사의 활용
조격의 용법 ❹ 도구, 수단

╲ 주요 표현
Кем ты хо́чешь рабо́тать?
Жела́ю тебе́ успе́хов.
Я хочу́ стать учи́телем.
Я занима́юсь ру́сским языко́м.

◀ 상트페테르부르크의 카잔 성당

говори́те

🎧 Track 16-01

💬 **Диало́г 1**

유나는 선생님이 되고 싶어하고, 쏘냐는 외교관이 되고 싶어합니다.

Со́ня	Юна́, кем ты хо́чешь рабо́тать?
Юна́	Я пока́ не ду́мала об э́том серьёзно. Но, по-мо́ему, я бу́ду рабо́тать учи́телем, как па́па. Я о́чень горжу́сь им, потому́ что мой па́па – о́чень хоро́ший учи́тель.
Со́ня	Здо́рово! А я хочу́ рабо́тать диплома́том. Поэ́тому я всегда́ усе́рдно занима́юсь и учу́ не́сколько иностра́нных языко́в.
Юна́	Я ду́маю, что ты мо́жешь стать хоро́шим диплома́том. Жела́ю тебе́ уда́чи!
Со́ня	Спаси́бо. Тебе́ то́же.

쏘냐 유나, 너는 어떤 사람으로 일하고 싶니?

유나 나는 아직까지 이에 대해 진지하게 생각해 본 적이 없어.
그런데 내 생각에는 나는 아빠처럼 선생님으로 일할 것 같아.
나의 아빠는 매우 좋은 선생님이기 때문에 나는 그가 매우 자랑스러워.

쏘냐 멋지다!
나는 외교관으로 일하고 싶어.
그래서 나는 항상 공부를 열심히 하고, 외국어 몇 개를 공부하고 있어.

유나 내 생각에 너는 좋은 외교관이 될 수 있을 거야.
너에게 행운을 기원할게!

쏘냐 고마워. 너에게도 행운을 빌어.

 Слова́　**серьёзно** 부 진지하게, 심각하게　**усе́рдно** 부 열심히, 열중해서　**горди́ться** 동 '자랑스러워하다'의 불완료　**диплома́т** 명 외교관　**учи́ть** 동 '외우다, 암기하다, (언어) 공부하다'의 불완료　**не́сколько** 부 몇몇의　**стать** 동 '~이(가) 되다'의 완료　**жела́ть** 동 '바라다, 기원하다'의 불완료　**уда́ча** 명 행운

 포인트 잡GO!

❶ 'серьёзно 진지하게, 심각하게'와 'усе́рдно 열심히, 열중해서'의 의미상 차이를 구분하세요.

　　예　Я пока́ не ду́мала об э́том **серьёзно**.
　　나는 아직까지 이에 대해 **진지하게** 생각해 본 적이 없어.

　　Я всегда́ **усе́рдно** занима́юсь. 나는 항상 **열심히** 공부해.

❷ пока́는 '잘 가'라는 작별 인사 외에도 '아직, 아직까지'라는 의미의 부사로 쓰입니다.

　　예　Я **пока́** ду́маю, что де́лать.　　나는 **아직** 무엇을 할지 생각 중이에요.

학심 배우GO!
учи́тесь

1 'рабо́тать + 직업 명사 조격'으로 직업 묻고 답하기

직업을 묻고 답할 때 가장 대표적으로 'рабо́тать 일하다' 동사 다음 직업 명사를 조격으로 써서 '~로서 일하다'라고 말할 수 있습니다. 질문할 땐 '어떤 사람으로 일하니?'라는 의미에서 кто의 조격 형태 кем을 활용할 수 있습니다.

- **Кем** ты хо́чешь **рабо́тать**? 너는 **어떤 사람으로 일하고** 싶니? (너는 어떤 일을 하고 싶니?)
- Я бу́ду **рабо́тать учи́телем**, как па́па. 나는 아빠처럼 **선생님(초, 중, 고등학교)으로 일할** 거야.

2 жела́ть 동사로 희망사항 말하기

жела́ть는 '바라다, 기원하다'라는 의미의 동사입니다. '사람 여격 + 바람, 소망 생격'과 함께 써서 '~에게 ~을(를) 바라다, 기원하다'라는 의미로 많이 활용됩니다. 바람이나 소망이 대격이 아닌 생격으로 표현된다는 점 유의하세요. 또한 жела́ть는 '(지속해서) 기원하고 있다 / 바라고 있다'의 의미가 크기 때문에 불완료상 현재형을 가장 자주 활용합니다. 완료상 пожела́ть는 활용이 빈번하지 않으므로 불완료상 현재 변화형을 살펴보겠습니다.

주어	жела́ть '바라다 / 기원하다'
я	жела́ю
ты	жела́ешь
он, она́	жела́ет
мы	жела́ем
вы	жела́ете
они́	жела́ют

- **Жела́ю тебе́ уда́чи!**   너에게 행운을 빌어!
- **Жела́ю вам успе́хов** в учёбе!   당신에게 학업에서의 **성공을** 빌어요!

🎯 **Обрати́те внима́ние! 주목하세요!**

'내 생각으로는~'을 나타내는 대표적인 러시아어 표현 3가지를 배워 보겠습니다. 먼저 'ду́мать 생각하다' 동사를 활용하여 'Я ду́маю, что 나는 ~라고 생각해요'라고 말할 수 있습니다. 'каза́ться ~에게 ~(으)로 여겨지다' 동사를 활용하여 'мне ка́жется, что 나는 ~라고 여겨요 / 생각해요'라고 표현할 수도 있고, 부사 표현 'по-мо́ему 내 생각에(는)'으로도 말할 수 있습니다.

> 예 **Вы ду́маете**, что э́то пло́хо? **당신은** 이것이 나쁘다고 **생각합니까?**
> **Ему́ ка́жется**, что я могу́ стать учи́телем. **그는** 내가 선생님이 될 수 있다고 **생각해요**
> **По-тво́ему**, Росси́я - больша́я страна́? **네 생각에** 러시아는 큰 나라니?

말문 트GO!

говори́те

🎧 Track 16-02

💬 **Диало́г 2**

율리야는 유민에게 유나의 근황을 물어봅니다.

Ю́лия	Юми́н, ва́ша сестра́ око́нчила университе́т?
Юми́н	Пока́ нет. Она́ у́чится на пе́рвом ку́рсе и око́нчит его́ че́рез 4 (четы́ре) го́да.
Ю́лия	Она́ первоку́рсница! Чем она́ занима́ется в университе́те?
Юми́н	Она́ занима́ется ру́сским языко́м и литерату́рой.
Ю́лия	А кем она́ хо́чет стать по́сле оконча́ния университе́та?
Юми́н	Она́ хо́чет стать учи́телем, как па́па. Когда́ она́ око́нчит университе́т, она́ вернётся в Коре́ю, бу́дет рабо́тать там. Она́ хо́чет преподава́ть ру́сский язы́к коре́йским ученика́м.

율리야 유민, 당신 여동생은 대학교를 졸업했어요?

유민 아직 아니에요. 그녀는 1학년에 재학 중이고, 4년 후에 졸업해요.

율리야 그녀는 신입생이군요! 대학교에서 무엇을 배우나요?

유민 그녀는 러시아어와 문학을 배워요.

율리야 그러면 그녀는 대학교 졸업 후에 어떤 사람이 되고 싶어하나요?

유민 그녀는 아빠처럼 선생님이 되고 싶어해요. 그녀는 대학교 졸업을 한 후에 한국으로 돌아가서 거기서 일할 거예요. 그녀는 한국 학생들에게 러시아어를 가르치고 싶어해요.

 Слова́ **око́нчить** 통 '끝내다, 졸업하다'의 완료 **курс** 몡 수업 과정, (대학교) 학년 **первоку́рсница** 몡 여자 신입생 **по́сле** + 생격 전 ~후에 **преподава́ть** 통 '가르치다'의 불완료 **учени́к** 몡 학생, 제자

 포인트 잡GO!

❶ око́нчить는 대격과 함께 써서 '~을(를) 끝내다, ~을(를) 졸업하다'를 나타내는 완료상 동사입니다. 이미 졸업을 했거나 곧 졸업을 할 것이라는 일회성의 뉘앙스가 강하므로 완료상을 주로 활용합니다.

> 예 Ва́ша сестра́ **око́нчила** университе́т?
> 당신 여동생은 대학교를 **졸업했나요?** (완료상 과거)
>
> Она́ **око́нчит** университе́т че́рез 4 (четы́ре) го́да.
> 그녀는 4년 후에 대학교를 **졸업해요.** (완료상 미래)

❷ как은 '어떻게, 얼마나'라는 의미뿐만 아니라 '~처럼, ~와(과) 같이'라는 의미로도 활용할 수 있습니다.

> 예 Она́ хо́чет стать учи́телем, **как** па́па.
> 그녀는 **아빠처럼** 선생님이 되고 싶어해요.

핵심 배우GO!

📍 учи́тесь

① 'стать + 명사 / 형용사 조격' 활용하기

стать는 '~이(가) 되다'를 나타내는 동사입니다. 주의할 점은 стать 뒤에 오는 명사나 형용사가 항상 조격으로 표현된다는 것입니다.

- **Кем** она́ хо́чет **стать** по́сле оконча́ния университе́та?
  대학교 졸업 후에 그녀는 **어떤 사람이 되고** 싶어하나요? (어떤 일을 하고 싶어하나요?)
- Она́ хо́чет **стать учи́телем**. 그녀는 **선생님이 되고** 싶어합니다.

② 'занима́ться + 조격' 활용하기

занима́ться는 앞서 '자습하다, 독학하다'라는 의미로 자주 쓰인다고 배운 동사입니다. занима́ться는 '~을(를) 하다'라는 의미로도 쓰입니다. 단, '~을(를) 하다'라는 의미라고 해서 занима́ться 뒤에 목적어에 해당하는 대격을 쓰지는 못합니다. 러시아어에서 -ся로 끝나는 동사는 모두 자동사이므로 목적어를 절대 이어서 말할 수 없습니다. 대신 '의미상 목적어'의 형태로 '조격'을 활용하게 됩니다. 또한 занима́ться 동사는 '전념해서 하다', '몰입해서 하다'라는 의미도 됩니다. 대화의 맥락에 따라 '~을(를) 배우다', '운동하다', '종사하다'의 의미로 다양하게 쓰인다고 기억해 두세요.

- **Чем** она́ **занима́ется** в университе́те? 그녀는 대학교에서 **무엇을 배우나요?**
- Она́ **занима́ется ру́сским языко́м и литерату́рой**. 그녀는 **러시아어와 문학을 배워요**

> **Tip** де́лать 동사도 занима́ться와 마찬가지로 '~을(를) 하다'의 의미로 쓸 수 있습니다. де́лать 동사는 타동사이므로 목적어인 대격과 함께 쓸 수 있습니다. 또한 занима́ться 동사와는 달리 단순히 '~하다'라는 의미로만 쓰이기 때문에 '종사, 운동'등의 의미로는 활용하기 어려운 점도 구분해서 알아 두세요.
>
> **예** Я де́лаю спорт. (X) → Я занима́юсь спо́ртом. (O) 나는 운동을 합니다.

🎯 Обрати́те внима́ние! 주목하세요!

'че́рез + 대격'과 'по́сле + 생격'은 모두 '~후에'라는 의미로 쓰이는 전치사이지만, 활용 방법이 다르기 때문에 조심해야 합니다. 우선 'че́рез + 대격'은 '기간'의 개념을 가진 전치사이며, '~기간이 지난 후에, ~기간이 흐르고 나서'라는 의미가 큽니다. 반면 'по́сле + 생격'은 '시점, 시각'의 개념을 가진 전치사이고, '~상황이 끝나고 나서, ~시 이후에'라는 의미가 큽니다. 같은 의미로 해석되더라도 러시아어에서 쓰임새가 어떻게 다른지 유의해야만 바른 러시아어로 말할 수 있습니다.

> **예** Моя́ сестра́ око́нчит университе́т **че́рез 4 (четы́ре) го́да**.
> 내 여동생은 **4년 후에** 대학을 졸업합니다. (че́рез + 대격 / 4년의 기간이 지난 후에)
> Кем она́ хо́чет стать **по́сле оконча́ния** университе́та?
> 그녀는 **대학교 졸업 후에** 어떤 사람이 되고 싶어하나요? (по́сле + 생격 / 졸업하는 시점 후에)

1 조격의 활용 ② 자격 (~로서 일하다)

조격은 'с + 조격 ~와(과) 함께, ~을(를) 곁들여'라는 의미뿐만 아니라 다양하게 활용됩니다. 조격의 가장 기본적인 '도구, 수단, 자격'이라고 볼 수 있어요. 조격을 사용해서 '사람의 자격'을 나타낼 수 있습니다. 이때 'рабóтать 일하다' 동사와 함께 직업 명사를 조격 형태로 써서 '~로서 일하다'라고 표현할 수 있습니다. 즉, 이 표현을 활용해서 사람의 직업을 묻고 답할 수 있습니다. 우선 지금까지 배운 рабóтать 동사 활용을 함께 살펴보겠습니다.

- **Я рабóтаю в корéйской компáнии.** 나는 한국 회사에서 일하고 있어요. (рабóтать + где)
- **С кем ты рабóтаешь**? 너는 누구와 함께 일하니? (рабóтать + с 조격)
- **Я рабóтаю в выходны́е.** 나는 주말에 일해요. (рабóтать + в 시간 대격)

рабóтать와 함께 직업 명사를 조격으로 쓰는 경우까지 배워 보겠습니다.

- **Кем рабóтает** твой стáрший брат?
  너의 오빠는 **직업이 뭐야**? (너의 오빠는 어떤 사람으로 일하니?)
- **Он рабóтает программи́стом.** 그는 **프로그래머로 일해**.
- **Пáпа рабóтал журнали́стом**, но тепéрь на пéнсии.
  아빠는 **기자로 일했는데**, 지금은 은퇴했어요.

> **Tip** ① 러시아어에서 직업을 나타낼 때 항상 남성 명사가 대표형입니다. 물론 여성 형태의 직업 명사도 있지만, 단순히 어떤 직업임을 표현할 땐 기본적으로 직업 명사를 남성형으로 써서 표현한다는 점 알아 두세요.
>
> 예 Мáма **рабóтает пóваром.**   엄마는 **요리사로 일해요.**
>
> ② 사람의 직업을 묻는 표현은 'рабóтать + 조격' 말고도 한 가지가 더 있습니다. '~을(를) 따라서'라는 의미의 전치사 'по + 여격'을 활용할 수도 있습니다. '직업에 따라'라는 의미인 по профéссии로도 말할 수 있습니다. по профéссии 표현은 문장에서 생략도 가능합니다.
>
> 예 Кем вы рабóтаете?   당신은 직업이 무엇입니까? (당신은 어떤 사람으로 일합니까?)
>   Кто вы (по профéссии)?   당신은 직업이 무엇입니까? (직업에 따르면 당신은 어떤 사람입니까?)
>   Я рабóтаю врачóм.   나는 의사로 일합니다.
>   Я (по профéссии) врач.   나는 (직업에 따르면) 의사입니다.

2 조격의 활용 ③ быть / стать 동사의 활용

'стать ~이(가) 되다' 동사 다음에는 항상 명사 / 형용사 조격을 수반합니다. 이 동사뿐만 아니라 '~(이)다 / ~이(가) 되다'를 나타내는 동사는 명사 / 형용사 조격을 수반한다고 기억해 두세요. 참고로 станови́ться라는 불완료상 동사가 존재하지만, стать 동사의 '~이(가) 되다'라는 의미는 일회성의 뉘앙스가 강하기 때문에 불완료상보다는 완료상 동사를 더 자주 활용합니다. 불완료상은 '항상 ~하게 되다'라는 반복의 의미로만 쓸 수 있습니다. 먼저 стать 동사의 변화형을 살펴보겠습니다. стать 완료상 미래 시제는 불규칙 변화형이기 때문에 각별히 유의해야 합니다.

'стать ~이(가) 되다'의 완료상 미래		стать '~이(가) 되다'의 완료상 과거	
я	ста́ну	он	стал
ты	ста́нешь	она́	ста́ла
он, она́	ста́нет	оно́	ста́ло
мы	ста́нем	они́	ста́ли
вы	ста́нете		
они́	ста́нут		

- Танта́н **ста́нет диапломáтом**. 　딴딴은 외교관이 될 거예요.
- Ю́лия **ста́ла óпытным врачóм**. 　율리야는 노련한 의사가 되었습니다.
- Юнá хóчет **стать учи́телем**. 　유나는 선생님이 되고 싶어해요.
- Мы **ста́ли бли́зкими друзья́ми**. 　우리는 친한 친구가 되었습니다.

быть 동사 역시 '~(이)다'라는 의미로 쓰일 수 있으므로 마찬가지로 조격와 함께 쓸 수 있습니다.

- Антóн **был у́мным мáльчиком**. 　안톤은 똑똑한 소년이었습니다.
- По-мóему, я **бу́ду хорóшей мáтерью**. 내 생각에 나는 좋은 엄마일 것 같아요.

> **Tip** быть 동사는 현재 시제에서 주로 생략합니다. 따라서 быть 동사가 나타나는 과거 시제와 미래 시제에서만 명사와 형용사가 조격 형태로 표현되고, быть 동사가 생략되는 현재 시제에서는 주격 형태로 표현됩니다.

- Антóн **у́мный мáльчик**. 　안톤은 똑똑한 소년입니다.
- Я **хорóшая мать**. 　나는 좋은 엄마입니다.

Запóмните! 기억하세요!

быть 동사는 하는 어떤 표현과 함께 쓰는지에 따라 의미와 활용이 달라지니 각 경우를 구분하여 말할 수 있어야 해요. быть 동사의 각 쓰임새를 다음 예문과 같이 구분해서 말해 보세요.

> **예** Моя́ млáдшая сестрá **былá в Пари́же**.
> 내 여동생은 파리에 있었습니다. (быть + где / ~에 있다)
> Бори́с **был хорóшим ученикóм**.
> 보리스는 좋은 학생이었습니다. (быть + 조격 / ~(이)다)
> **Былó хорошó**.
> 좋았어요. (быть + 부사 술어 / 과거 조동사)
> Я **бу́ду отдыхáть** весь день.
> 나는 하루 종일 쉴 거예요. (быть + 불완료상 동사 / 미래 조동사)

1 조격의 용법 ④ 도구, 수단

앞서 사람의 자격을 나타내는 'рабо́тать + 직업 명사 조격'과 'быть / стать + 조격 보어'가 수반되는 경우를 학습했습니다. 조격의 중요한 개념을 하나 더 배워 보겠습니다. '도구 또는 수단을 활용해서'라는 표현입니다.

· **Чем** ты пи́шешь?   너는 뭐로 쓰고 있니?

· Я пишу́ **карандашо́м**.   나는 연필로 쓰고 있어.

· Я рису́ю **кра́сками**.   나는 물감으로 그림을 그려.

> **Tip** 도구, 수단의 조격과 '~와(과) 함께'라는 의미인 'с + 조격'을 혼동하지 않도록 주의해야 합니다. 단순히 '도구나 수단을 활용해서'라는 의미일 땐 조격을 전치사 없이 단독으로 쓴다는 점을 꼭 기억해 두세요.

· Юми́н хо́чет посмотре́ть Санкт-Петербу́рг со сво́ими глаза́ми. (x)
  → Юми́н хо́чет посмотре́ть Санкт-Петербу́рг **сво́ими глаза́ми**. (о)
  유민은 자신의 눈으로 (직접) 상트페테르부르크를 보고 싶어해요.

2 바람, 기원을 나타내는 동사 жела́ть

жела́ть는 '사람 여격 + 바람 생격'과 함께 써서 '~에게 ~을(를) 기원하다 / 바라다'라는 의미로 쓸 수 있는 동사입니다. 러시아어에서 동사 또는 동사 + 여격을 생략한 채 '생격' 형태만을 활용하여 '희망, 바람'의 의미로 쓰기도 합니다. 자주 활용할 수 있는 '바람, 기원' 구문을 공부해 봅시다.

Уда́чи!	행운을 빌어! / 행운을 빌어요!
Прия́тного аппети́та!	맛있게 먹어! / 맛있게 드세요!
Споко́йной но́чи!	잘 자! / 안녕히 주무세요!
Всего́ хоро́шего!	모든 좋은 일들이 함께하길! (작별 인사)
Всего́ до́брого!	모든 좋은 일들이 함께하길! (작별 인사)
Счастли́вого пути́!	여행 잘해! / 좋은 여행 되세요!
Хоро́шего полёта!	여행 잘해! / 좋은 비행 되세요!

위의 표현을 단독으로도 쓸 수 있지만 жела́ть 동사만 생략한 채 사람 여격을 함께 쓸 수도 있습니다.

· Уда́чи **вам**!   **여러분께** 행운을 빌어요!

· **Тебе́** счастли́вого пути́!   **네가** 좋은 여행 되길 바라.

제시된 표현 외에도 바람의 의미로 쓸 수 있는 표현은 아주 많습니다. 동사를 생략하고 '사람 여격 + 바람 생격' 또는 단독으로 '생격' 형태를 써서 '바람, 기원'을 나타낼 수 있습니다.

③ 조격과 함께 쓰는 동사

занима́ться 동사가 조격을 '의미상 목적어'로 수반하듯이 반드시 조격과 함께 쓰는 동사들이 있습니다. 어떤 동사들이 있는지 함께 공부해 봅시다.

'интересова́ться + 조격 ~에 관심을 가지다' 현재		'интересова́ться + 조격 ~에 관심을 가지다' 과거	
я	интерес**у́ю**сь	он	интересова́лся
ты	интерес**у́еш**ся	она́	интересова́лась
он, она́	интерес**у́ет**ся	они́	интересова́лись
мы	интерес**у́ем**ся		
вы	интерес**у́ете**сь		
они́	интерес**у́ют**ся		

· Я о́чень **интересу́юсь му́зыкой**.   나는 음악에 매우 관심이 있어요.

· Танта́н **интересова́лась исто́рией**.   딴딴은 역사에 관심을 가졌습니다.

'горди́ться +조격 자랑하다' 현재		'горди́ться + 조격 자랑하다' 과거	
я	горж**у́сь**	он	горди́лся
ты	горди́шься	она́	горди́лась
он, она́	горди́тся	они́	горди́лись
мы	горди́мся		
вы	горди́тесь		
они́	горди́тся		

· Я **горжу́сь роди́телями**.   나는 부모님이 자랑스러워요.

· Ра́ньше Ю́лия **горди́лась свои́м тала́нтом**.   예전에 율리야는 자신의 재능을 자랑스러워했어요.

'явля́ться +조격 ~(이)다' 현재	
он, она́, оно́	явля́ется
они́	явля́ются

· Москва́ **явля́ется столи́цей** Росси́и.   모스크바는 러시아의 수도입니다.

> **Tip** явля́ться 동사는 현재형이 가장 자주 활용되며 주로 사물 주어와 함께 쓰기 때문에 3인칭 동사 변화형만 확실히 숙지해 두면 말하기에 지장이 없습니다.

Обрати́те внима́ние! 주목하세요!

-ся로 끝나는 동사는 모두 자동사이므로 절대로 목적어인 대격과 함께 쓸 수 없습니다. 다른 격이나 전치사를 써서 '의미상 목적어'를 표현할 수 있습니다. -ся로 끝나는 자동사들은 단독으로도 사용 가능하지만, 뒤에 대격이 아닌 다른 형태가 수반되는 점에 주의해야 합니다. '-ся 동사 + 수반되는 격 / 전치사' 자체를 숙어처럼 통으로 기억해도 좋습니다.

> **예** Ю́на **у́чится в университе́те**. 유나는 대학교에 다닙니다. (учи́ться + 장소 전치격)
> Танта́н и Джулиа́н **неда́вно познако́мились**. 딴딴과 줄리안은 얼마 전에 알게 되었습니다.
> (познако́миться (+ с 조격))
> Ю́лия **занима́ется пилате́сом**. 율리야는 필라테스를 합니다. (занима́ться + 조격)

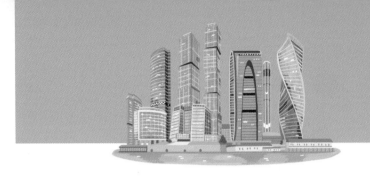

упражнéния

1 주어진 문장을 의미에 맞게 순서대로 나열하세요.

---

❶ Поэ́тому я учу́ не́сколько иностра́нных языко́в.

❷ Я хочу́ рабо́тать учи́телем, как па́па. А ты?

❸ А я хочу́ рабо́тать дипло́матом.

❹ Кем ты хо́чешь рабо́тать?

// 1 _____

// 2 _____

// 3 _____

// 4 _____

2 보기 중 의미에 맞는 동사를 올바른 형태로 바꿔 빈칸에 써 넣으세요.

> **보기**
>
> рабо́тать / быть / стать / интересова́ться / занима́ться

// 1 나는 선생님이 되고 싶어요

Я хочу́ _____ учи́телем.

// 2 유나는 어릴 때 착한 소녀였어요.

В де́тстве Юна́ _____ до́брой де́вочкой.

// 3 유민은 러시아 음악에 관심이 있습니다.

Юми́н _____ ру́сской му́зыкой.

// 4 보리스는 운동하는 것을 좋아합니다.

Бори́с лю́бит _____ спо́ртом.

// 5 딴딴은 외교관으로 일하고 싶어합니다.

Танта́н хо́чет _____ дипло́матом.

3 주어진 단어를 조격 형태로 알맞게 바꾸어 쓰세요.

1 아빠는 기자로 일합니다.

Па́па рабо́тает _____. (журнали́ст)

2 율리야의 여동생은 필하모닉에서 피아니스트로 일했습니다.

Сестра́ Ю́лии рабо́тала _____ в филармо́нии. (пиани́стка)

3 나는 대학교에서 강사로 일하고 있습니다.

Я рабо́таю _____ в институ́те. (преподава́тель)

4 다음 중 의미가 알맞은 것을 골라 선으로 이어 보세요.

1 Споко́йной но́чи! •   • 맛있게 드세요!

2 Всего́ хоро́шего! •   • 행운을 빌어요!

3 Счастли́вого пути́! •   • 좋은 여행 되세요!

4 Прия́тного аппети́та! •   • 모든 좋은 일들이 함께 하길! (작별 인사)

5 Уда́чи! •   • 안녕히 주무세요!

5 다음 중 문법상 틀린 문장을 고르세요.

❶ Де́ти пи́шут с карандаша́ми.
❷ Я стал хоро́ший учи́тель.
❸ Кем рабо́тает твой па́па?
❹ Бори́с занима́ется ру́сским языко́м.

정답

❶ ④ Кем ты хо́чешь рабо́тать? 너는 어떤 사람으로 일하고 싶니? ② Я хочу́ рабо́тать учи́телем, как па́па. А ты? 나는 아빠처럼 선생님으로 일하고 싶어. 그러는 너는? ③ А я хочу́ рабо́тать диплома́том. 나는 외교관으로 일하고 싶어. ① Поэ́тому я учу́ не́сколько иностра́нных языко́в. 그래서 나는 외국어 몇 개를 공부하고 있어.

❷ ① стать ② была́ ③ интересу́ется ④ занима́ться ⑤ рабо́тать

❸ ① журнали́стом ② пиани́сткой ③ преподава́телем

❹ - Споко́йной но́чи! - 안녕히 주무세요! / - Всего́ хоро́шего! - 모든 좋은 일들이 함께 하길! (작별 인사) /
- Счастли́вого пути́! - 좋은 여행 되세요! / - Прия́тного аппети́та! - 맛있게 드세요! / - Уда́чи! - 행운을 빌어요!

❺ ① Де́ти пи́шут с карандаша́ми. (х) → ① Де́ти пи́шут карандаша́ми. (о) 아이들이 연필로 씁니다.
② Я стал хоро́ший учи́тель. (х) → ② Я стал хоро́шим учи́телем. (о) 나는 좋은 선생님이 되었습니다.

лéксика

어휘 늘리GO!

🎧 Track 16-03

⚫ 직업 관련 명사

актёр	배우	музыка́нт	음악가
арти́ст	아티스트	официа́нт	점원, 웨이터
архите́ктор	건축가	певе́ц	가수
балери́на	발레리나	по́вар	요리사
бари́ста	바리스타	преподава́тель	선생님 (대학교), 강사
бизнесме́н	사업가	программи́ст	프로그래머
води́тель	운전 기사, 운전자 (운전하는 모든 사람을 일컫는 일반적인 의미)	продаве́ц	판매원
воспита́тель	보육교사	профе́ссор	교수
врач	의사	скýльптор	조각가
диза́йнер	디자이너	строи́тель	건설업자
дире́ктор	사장, 교장, 과장	танцо́р	댄서
журнали́ст	기자	учёный	학자
инжене́р	기술자, 엔지니어	учи́тель	선생님 (초, 중, 고등학교)
касси́р	계산원	фрила́нсер	프리랜서
компози́тор	작곡가	худо́жник	화가
кри́тик	평론가	шофёр	운전 기사 (전문적인 운전자를 일컫는 직업의 의미)
медсестра́	간호사	юри́ст	법조인

위에 등장한 직업 명사와 이번 과에서 배운 문법 'рабо́тать 일하다', 'стать ~이(가) 되다', 'быть ~(이)다 + 직업 명사 조격'을 활용해서 문장으로 다시 한 번 복습해 볼까요?

• Я рабо́таю журнали́стом.	나는 기자로 일하고 있습니다.
• Мой мла́дший брат хо́чет стать архите́ктором.	내 남동생은 건축가가 되고 싶어합니다.
• Ма́ма была́ медсестро́й.	엄마는 간호사였습니다.

о России

러시아 만나GO!

러시아의 취업난 속 젊은이들이 선호하는 직업

최근 러시아 청년층의 취업난은 심각한 사회 문제 중 하나입니다. 특히 학교를 갓 졸업한 초년생들이 첫 직장에 취업하기란 하늘의 별 따기에 가까운 상황입니다. 경력 또는 전문성이 부족하다는 이유로 원하는 직장에 입사하기가 힘들기도 하지만, 취업 준비생들이 원하는 급여 수준과 기업에서 제공하는 급여 수준의 차이가 큰 점도 취업난의 주요 이유 중 하나입니다. 러시아의 평균 임금은 물가 수준에 비해 몹시 낮은 편입니다.

이렇게 원하는 직장에서 원하는 급여를 받으며 취업하기가 힘든 상황에도, 러시아의 많은 취업 준비생들은 자신의 꿈을 이루기 위해 노력하고 있습니다. 최근 러시아의 젊은이들은 어떤 직업을 주로 선호하는지 알아보겠습니다.

러시아에서 전통적으로 선호하는 직업은 의사, 변호사, 선생님, 군인 등입니다. 대부분 국가에 소속된 직군이기 때문에 급여가 다소 높지 않아도 안정적이라는 이유로 많은 사람들이 선호합니다. 러시아의 학부모들이 자신의 자녀가 종사했으면 하는 직업군이기도 합니다. 특히 의사는 러시아에서 가장 선호하는 직업군 3위 안에 거의 늘 등장할 정도로 인기가 높은 직업입니다.

IT 산업의 발전으로 인해 IT 개발자나 웹 디자이너, 프로그래머와 같은 직업들도 많은 인기를 끌고 있습니다. 특히 다른 직종에 비해 IT 분야의 연봉이 높은 편이어서 최근 IT 분야에서 일하고 싶어하는 젊은이들이 많습니다. 뿐만 아니라 IT 분야 관련 프리랜서로 자유롭게 일하거나 직접 스타트업으로 창업하는 경우도 많다고 합니다.

심리 상담가나 컨설턴트, 애널리스트 등도 최근 러시아에서 뜨고 있는 직종 중 하나입니다.
꿈을 위해 노력하는 러시아 친구에게 응원의 한마디를 해 주면 어떨까요?

Я хочу́, что́бы твоя́ мечта́ сбыла́сь! 꿈이 실현되기를 바라!
야 하츄 쉬또븨 뜨v바야 미취따 즈빌라ㅆ

Кака́я хоро́шая пого́да!

Кака́я хоро́шая пого́да!

얼마나 좋은 날씨인지!

▶ 17강

╲ **학습 목표**

날씨에 관한 이야기를 나눌 수 있다.

╲ **공부할 내용**

감탄문

собира́ться 동사

가정법

청유 명령문

╲ **주요 표현**

Кака́я сего́дня пого́да?

Я собира́юсь пое́хать на мо́ре.

Кака́я хоро́шая пого́да!

Éсли за́втра бу́дет хоро́шая

пого́да, дава́й вме́сте пойдём

туда́!

◀ 카잔에 위치한 이슬람 양식 사원, 카잔 크레믈

говори́те

🎧 Track 17-01

💬 **Диало́г 1**

오늘은 저녁부터 비가 올 예정입니다.

Джулиа́н	Юна́, кака́я сего́дня пого́да?
Юна́	По ра́дио сказа́ли, что пойдёт дождь.
Джулиа́н	Дождь? Не мо́жет быть. Сейча́с о́чень хоро́шая пого́да!
Юна́	С ве́чера бу́дет дождь. Возьми́ зонт обяза́тельно!
Джулиа́н	Хорошо́. Спаси́бо. Наде́юсь, что за́втра бу́дет со́лнце. Потому́ что за́втра я собира́юсь пойти́ на стадио́н на футбо́л.
Юна́	Я то́же на э́то наде́юсь. У меня́ за́втра экску́рсия в музе́й.

줄리안 유나, 오늘 날씨가 어때?
유나 라디오에서 비가 올 거라고 했어.
줄리안 비? 그럴 리가 없어.
　　　 지금은 날씨 엄청 좋아!
유나 저녁부터 비가 올 거야.
　　　 우산 꼭 챙겨!
줄리안 알았어. 고마워.
　　　 내일은 해가 뜨기를 바라.
　　　 왜냐하면 나는 내일 축구 보러
　　　 경기장에 갈 예정이야.
유나 나도 그렇게 바라고 있어.
　　　 나는 내일 박물관 견학이 있어.

Слова́　пого́да 명 날씨　зонт 명 우산　надея́ться 동 '바라다, 희망하다'의 불완료　со́лнце 명 태양, 해　потому́ что 접 왜냐하면　собира́ться 동 '모이다, ~할 예정이다'의 불완료　экску́рсия 명 견학, 관람

 포인트 잡GO!

❶ 의문 형용사 како́й는 '어떤'이라는 의미뿐만 아니라 감탄문으로도 활용할 수 있어요.

　　예　**Кака́я** сейча́с хоро́шая пого́да!　　지금 **얼마나** 좋은 날씨인지!

❷ 'по + 여격'을 통신 수단과 함께 '~을(를) 통해서'라는 의미로도 활용이 가능합니다.

　　예　Я смотрю́ бале́т **по телеви́зору**.　　나는 **텔레비전으로** 발레를 보고 있습니다.

❷ экску́рсия를 '~(으)로 가는 견학, 관람' 개념으로 куда́ 형태의 장소(в / на + 대격)을 바로 쓸 수 있습니다.

　　예　У меня́ за́втра **экску́рсия в музе́й**.　　나는 내일 **박물관 견학이** 있어.

 учи́тесь

핵심
배우GO!

1 идти́ - пойти́ 동사로 '눈, 비가 내리다' 말하기

불완료상인 идти́ 동사로 '눈, 비가 올 것이다, 내리고 있다'라는 표현을, 완료상 동사인 пойти́를 활용해서 '눈, 비가 내리기 시작하다'라는 표현을 할 수가 있습니다.

- По ра́дио сказа́ли, что **поидёт дождь**. 라디오에서 **비가 올 거라고** 했어요. (완료상 미래)
- Сейча́с **идёт снег**. 지금 **눈이 옵니다**. (불완료상 현재)

> **Tip** ① быть 동사를 활용해도 '비가 오다'라는 의미로 활용할 수 있어요.
> **예** С ве́чера **бу́дет** дождь. 저녁부터 비가 **올 거예요**.

> **Tip** ② 눈이나 비는 한 방향으로 내리기 때문에 여러 방향을 나타내는 부정태 동사 ходи́ть는 활용하지 않습니다.

2 собира́ться 동사 활용하기

собира́ться 동사는 원래 '모이다'라는 의미로 쓰이는 동사지만 동사 원형 혹은 куда́ 형태의 장소를 함께 쓴다면 '~할 예정이다', '~할 준비를 하다'라는 의미로 활용할 수 있습니다. 이때 완료상인 собра́ться보다 불완료상을 더 자주 활용합니다. 우선 собира́ться 동사의 현재 변화형을 함께 살펴볼까요?

주어	собира́ться '모이다 / ~ 할 예정이다'		
я	собира́юсь	мы	собира́емся
ты	собира́ешься	вы	собира́етесь
он, она́	собира́ется	они́	собира́ются

- Я **собира́юсь пойти́** на стадио́н на футбо́л. 나는 축구 보러 경기장에 **갈 예정이야**.
- **Куда́** ты **собира́ешься**? 너는 **어디 갈 예정이니**?

🎯 **Обрати́те внима́ние!** 주목하세요!

жела́ть 동사와 유사한 의미인 наде́яться와 쓰임새를 구분해서 기억해야 합니다. жела́ть는 '사람 여격 + 바람 생격'이 따라와서 '~에게 ~을(를) 바라다, 기원하다'라는 의미로 쓸 수 있는 동사이고, наде́яться는 주로 'на + 대격'이나 접속사 что와 함께 써서 '~을(를) 바라다, 희망하다'라는 의미로 쓸 수 있습니다.

> **예** **Жела́ю вам сча́стья и здоро́вья**. 당신에게 행복과 건강을 바라요.
> Я то́же **на э́то наде́юсь**. 나도 그렇게 바라고 있어.
> (Я) **Наде́юсь, что** за́втра бу́дет со́лнце. 내일 해가 뜨기를 바라.

🎧 Track 17-02

💬 **Диало́г 2**

줄리안은 딴딴과 공원에 놀러 가고 싶어합니다.

Джулиа́н	Танта́н, что ты бу́дешь де́лать за́втра?
Танта́н	За́втра? Ка́жется, я про́сто бу́ду сиде́ть до́ма весь день.
	Я хочу́ отдохну́ть, потому́ что у меня́ неда́вно был тру́дный экза́мен.
	А ты куда́-нибу́дь собира́ешься?
Джулиа́н	Да, я собира́юсь пойти́ в Парк культу́ры.
	Е́сли за́втра бу́дет хоро́шая пого́да, дава́й вме́сте пойдём туда́!
	Ты же зна́ешь, как хорошо́ в па́рке!
	Посиде́ть и отдохну́ть в па́рке то́же хорошо́.
Танта́н	Э́то хоро́шая иде́я! Дава́й!

줄리안 딴딴, 너는 내일 뭐 하니?

딴딴 내일? 나는 그냥 집에서 하루 종일 있을 것 같아.

얼마 전에 어려운 시험이 있었기 때문에, 나는 그저 쉬고 싶어.

그런데 너는 어디든지 갈 예정이니?

줄리안 응, 나는 문화 공원에 가려고 해.

만일 내일 날씨가 좋으면 거기 함께 가자!

공원에 있으면 얼마나 좋은지 너도 알고 있잖아!

공원에 앉아서 쉬는 것 또한 좋아.

딴딴 그거 좋은 생각이다. 그러자!

Слова́ **неда́вно** 부 얼마 전에 **куда́-нибу́дь** 부 어디든지, 어디든지 간에 **отдохну́ть** 동 '쉬다, 휴식하다'의 완료 **е́сли** 접 만일, 만약에 **посиде́ть** 동 '앉아 있다'의 완료 **иде́я** 명 생각, 아이디어

포인트 잡GO!

❶ сиде́ть를 до́ма와 함께 쓰면 '방콕하다, 집에 있다'라는 의미로 쓰인다고 배웠습니다. быть 동사를 쓰면 단순히 '집에 있다'라는 존재의 의미가 크므로 의미상 차이를 구분하여 말해 주세요.

　　예 ▶ Я бу́ду **сиде́ть до́ма** весь день. 나는 하루 종일 **방콕할 거야**. ('집에서 쉬다라는 행위의 의미')

❷ же는 단독으로 절대 쓰이지 않으며 반드시 '단어 + же' 형태로 써야 하는 '소사 (단독으로는 단어의 역할을 할 수 없는 품사)'입니다. же는 함께 쓰이는 단어를 강조해 주는 역할을 하며, '~조차, 심지어, 도대체, ~잖아, ~또한'등의 의미로 해석할 수 있습니다.

　　예 ▶ **Ты же** зна́ешь, как хорошо́ в па́рке! 공원에 있으면 얼마나 좋은 지 **너도** 알고 **있잖아**!

❸ 'Парк культу́ры 문화 공원'은 모스크바에 위치하며 '고리키 공원 (Парк Го́рького)'이라고도 불립니다.

핵심 배우GO!

1 감탄문 말하기

의문사 'как 어떻게', 'како́й 어떤'을 활용해서 '얼마나 ~한지!', '어찌나 ~한지!'의 감탄문을 만들 수 있습니다.

- **Кака́я** сейча́с **хоро́шая** пого́да!　　　　지금 날씨가 **얼마나 좋은지!**
- Ты же зна́ешь, **как хорошо́** в па́рке!　　　공원에 있으면 **얼마나 좋은지** 너도 알고 있잖아!

'как 어떻게'나 'како́й 어떤'은 이어서 부사 / 술어가 오는지 또는 '형용사 + 명사'가 오는지에 따라 다르게 씁니다.

2 куда́ - нибу́дь와 куда́ 구분하기

куда́-нибу́дь는 '어디든지, 어디든 간에'를 나타내는 부사입니다. '어디가 됐든지 중요하지도 않고, 아무 곳이나 상관없다'는 의미로 말할 수 있는 표현입니다. 의문사 куда́ 단독으로 쓰였을 때의 '어디로'라는 의미와는 완전히 다른 역할이므로 반드시 구분해야 합니다.

- Ты **куда́-нибу́дь** собира́ешься?　　　　너는 **어디든지** 갈 예정이니?
- Дава́й **куда́-нибу́дь** пое́дем!　　　　　**어디든** 가자!

> **Tip** 'куда́-нибу́дь'뿐만 아니라 '의문사-нибу́дь'를 써서 '~든지'라는 의미로 활용 가능합니다. 지금 단계에서 다소 어려운 문법이긴 하나, 실제 회화에서 자주 쓰이는 표현이므로 참고로 알아 두세요.

- Я хочу́ пое́сть **что-нибу́дь**.　　　　나는 **무엇이든지** 먹고 싶어요.
  (что-нибу́дь / 무엇이든지 간에)
- Дава́й пообе́даем **где-нибу́дь**.　　　**아무 곳에서나 (어디서든지)** 점심 먹자!
  (где-нибу́дь / 어디서든지 간에)
- Вы **когда́-нибу́дь** бы́ли в Росси́и?　　당신은 **언제든** 러시아에 가본 적 있나요?
  (когда́-нибу́дь / 언제든지 간에)

🎯 Обрати́те внима́ние! 주목하세요!

러시아어에는 이미 언급된 표현은 반복해서 말하지 않습니다. 사람을 지칭할 때 두 번째 언급부터는 인칭 대명사로 말하는 현상과 같은 개념입니다. 사람뿐만 아니라 장소나 행위, 상황 등을 지칭할 때도 이미 그전에 언급되었다면, 다른 표현으로 대체해서 쓰는 것이 좋습니다.

> **예** Мой брат сказа́л, что **Ю́лия** о́чень до́брая.
> 내 오빠가 **율리야는** 엄청 착하다고 말했어요.
>
> Я хочу́ познако́миться **с ней**.
> 나는 **그녀와** 알고 지내고 싶어요. (사람 지칭 / Ю́лия → с ней)

문법 다지GO!

① 의문사 как, како́й를 활용한 감탄문

의문사 'как 어떻게'와 'како́й 어떤'을 활용해서 '얼마나 ~한지!'라는 감탄문을 만들 수 있습니다. 우선 어떤 경우에 как 또는 како́й를 써서 감탄문을 만드는지 구분해 봅시다.

как + 부사 / 술어
како́й + 형용사 / 명사

① как을 활용하는 경우

· **Как хорошо́** на мо́ре!   바닷가에 있으면 **얼마나 좋은지**! (хорошо́/ 부사와 함께 활용)

· **Как** я **рад** тебя́ ви́деть!   내가 너를 봐서 **얼마나 기쁜지**! (рад/ 단어미형 술어와 함께 활용)

② како́й를 활용하는 경우

· **Како́й краси́вый дом**!   집이 **얼마나 예쁜지**! (краси́вый дом / 형용사 + 명사와 함께 활용)

· **Каки́е у́мные де́ти**!   아이들이 **얼마나 똑똑한지**! (у́мные де́ти / 형용사 + 명사와 함께 활용)

> **Tip**   како́й는 명사와 함께 쓰는 의문 형용사이기 때문에, 함께 쓰는 명사에 따라 형태가 변화합니다. 어떤 명사와 쓰는지에 따라 성, 수가 달라지므로 함께 쓰는 명사의 형태에 유의해 주세요.
>
> 예 Како́й интере́сный фильм! 얼마나 재미있는 영화인지! (фильм / 남성 주격)
>
>   Каки́е прия́тные но́вости! 얼마나 반가운 뉴스인지! (но́вости / 복수)

② 청유 명령문

이번 과에서는 мы에 해당하는 1인칭 명령문의 활용법을 배우겠습니다. 1인칭 명령문은 '우리 함께 ~하자'라는 의미이며, 청유 명령문이라고도 합니다. 우선 мы에 해당하는 1인칭 명령문을 어떻게 말하는지 알아봅시다.

дава́й(те)	(бу́дем) + 동사 원형 (불완료상)
	+ 1인칭 복수 мы 변화형 (완료상)

청유 명령문은 дава́й(те)를 활용해서 표현할 수 있습니다. 기존 명령문과 마찬가지로 ты에 해당하는 사람 1명(반말)에게 얘기할 땐 дава́й를, вы에 해당하는 사람 1명(존댓말) 또는 여러 명에게 얘기할 땐 дава́йте를 써서 표현할 수 있습니다. 이때 주의할 점은 청유 명령문 자체가 '우리가 함께 ~ 하자!'라는 의미이기 때문에 주어 мы에 해당하는 동사의 미래 시제를 함께 써서 표현한다는 것입니다. 불완료상 동사는 быть를 활용해 미래 시제를 쓰기 때문에 청유 명령문을 만들 때 'дава́й(те) + (бу́дем) + 불완료상 동사 원형' 형태가 됩니다. 이때 бу́дем은 주로 생략합니다.

반면 완료상 동사는 현재 시제가 쓰이지 않는 대신 동사의 현재 변화형을 활용해 미래 시제를 쓰기 때문에 청유 명령문을 만들 때 'дава́й(те) + 완료상 1인칭 복수 мы 변화형' 형태로 만듭니다.

- **Дава́йте игра́ть** в те́ннис!
  테니스 함께 칩시다! (**игра́ть** / 불완료상 동사 원형 활용)

- **Дава́йте познако́мимся**!
  서로 자기소개합시다! (**познако́миться** / 완료상 мы 변화형 활용)

> **Tip** ① 명령문도 동사를 가지고 만드는 것이기 때문에 상황에 따라 불완료상, 완료상 동사를 각각 다르게 써야 합니다.

불완료상	반복, 지속, 행동 초점
완료상	1회, 완료, 결과 초점

> 예 Дава́йте **покупа́ть** газе́ты **ка́ждое у́тро**! 매일 아침마다 신문을 삽시다! (반복)
> Дава́й **гуля́ть** по го́роду **весь день**! 하루 종일 도시를 돌아다니자 (도시를 따라 산책하자)! (지속)
> Дава́й **игра́ть** в футбо́л! 같이 축구 하자! (행동 초점 / '축구'라는 행위 자체를 하자는 의미)
>
> Дава́йте **познако́мимся**! 서로 알고 지냅시다! (일회성)
> Дава́й **сде́лаем** дома́шнее зада́ние! 숙제 끝내자! (완료)

> ② 운동 동사는 'пойти́ 걸어 가다', 'пое́хать 타고 가다'와 같이 '출발, 시작'의 의미를 가지고 있는 완료상을 주로 써서 청유 명령문을 만듭니다. идти́나 е́хать와 같은 정태 동사를 써서 청유 명령문을 만들면 '한 방향으로 함께 걸어 가자 / 타고 가자'라는 어색한 문장이 되므로 잘 쓰지 않습니다.

> 예 Дава́йте идти́ в музе́й! (x) 박물관으로 한 방향으로 걸어 갑시다! (의미가 어색한 문장)
> **Дава́йте пойдём** в музе́й! (o) 박물관으로 갑시다! / 출발합시다!
> **Дава́й пое́дем** на мо́ре! 바다에 가자!

> 하지만 'ходи́ть 걸어 다니다'나 'е́здить 타고 다니다'와 같은 부정태 동사는 청유 명령문으로 만들었을 때 '함께 걸어 다니자 / 타고 다니자'하는 의미로 활용이 가능합니다.

> 예 **Дава́йте ходи́ть** пешко́м на рабо́ту! 직장에 걸어 다닙시다!
> **Дава́й е́здить** к роди́телям ка́ждое ле́то! 매 여름마다 부모님께 다녀 오자!

Запо́мните! 기억하세요!

문맥을 파악한 후, 적절한 동사의 상을 쓰는 것은 매우 중요합니다. 특히 불완료상은 이 사람의 '행위 자체'를 말하고자 하는 '행위 초점'의 용도로도 쓸 수 있습니다.

> 예 На́до **учи́ть** но́вые слова́ **ка́ждый день**.
> 새 단어를 **매일 외워야** 합니다. (반복)
>
> Дава́й **занима́ться** спо́ртом **2 (два) часа́**.
> **2시간 동안 운동하**자. (지속)
>
> Что ты **де́лал** вчера́?
> 너는 어제 뭐 **했니**?
> (행동 초점 / 어제 뭘 끝냈는지에 대해 궁금한 것이 아니라 단순히 어제 뭘 했는지에 대해서만 묻는 의도)
>
> Дава́йте **ку́пим** э́ту маши́ну! **이 자동차 사자**! (일회성)
> Я **уже́ прочита́ла** э́тот рома́н. 나는 **벌써** 이 소설을 다 **읽었어요**. (완료)

① 꿀팁
더하GO!
플юсы

① 가정법

'만일 ~(이)라면'을 나타내는 가정법은 접속사 éсли를 활용하여 말할 수 있습니다. éсли의 활용과 쓰임을 알아보겠습니다.

éсли 주어 + 동사, 주어 + 동사	만일 ~한다면, ~할 것이다

éсли는 실현 가능성이 있는 일에 대한 가정 즉, '앞으로 ~한다면 ~할 것이다'라는 의미의 가정법 구문입니다. 쉽게 '가정법 미래'라고 볼 수 있어요. éсли는 어떤 시제와도 쓸 수 있으나 주로 동사의 미래 시제와 함께 쓰일 수 있습니다.

· **Éсли** за́втра бу́дет хоро́шая пого́да, дава́й вме́сте **пое́дем** на мо́ре!
  만일 내일 날씨가 좋**다면**, 바다에 함께 **가**자!

· **Éсли** вы заболе́ли, вам **на́до пойти́** в больни́цу.
  만일 당신이 아프셨**다면**, 당신은 병원에 가**야 합니다**.

éсли가 무조건 앞절에 위치하지는 않습니다. 아래와 같이 뒷절에도 위치할 수 있습니다.

· Я пойду́ в теа́тр на бале́т, **éсли** куплю́ биле́ты.
  나는 표를 산**다면** 극장에 발레를 보러 갈 거예요.

② 운동 동사의 중의적 표현

운동 동사는 원래의 '이동'이라는 의미뿐만 아니라 다른 의미로 쓰이기도 하는데 이 용법을 운동 동사의 중의적 표현이라고 합니다. 운동 동사를 활용한 관용어구 표현이라고도 볼 수 있어요. 그중 가장 자주 활용할 수 있는 정태 동사 '**идти́** (걸어서) 가다'의 용법을 배워 보겠습니다.

① 눈, 비가 내리다

눈이나 비는 '하늘에서 땅까지의 한 방향으로 내린다'는 개념이 강하여 정태 동사인 '**идти́** (걸어서) 가다'를 활용해 표현합니다. '걸어 가다'라는 의미의 부정태 동사 ходи́ть는 절대 쓰일 수 없습니다.

· Сего́дня **идёт снег**.   오늘은 눈이 **옵니다**.

완료상인 пойти́를 써서 '오기 시작하다'라는 의미로도 말할 수 있습니다.

· Ско́ро **пойдёт снег**.   곧 눈이 **오기 시작할** 거예요.

② 교통수단이 가다

이 경우 일반적인 모든 교통수단이 아니라, 주로 대중교통과 함께 활용할 수 있습니다. 상황에 따라 부정태 동사나 접두사가 붙는 운동 동사도 활용 가능하다는 점 참고로 알아 두세요.

- Вот **идёт автóбус**.　　　　　　　바로 저기 버스가 **가고 있어요**

- Трамвáи **хóдят** по расписáнию.
  전차는 일정표에 따라 **다닙니다**. (ходи́ть 활용 / (걸어서) 다니다)

- Наш **автóбус пришёл**.
  우리 버스가 **도착했어요** (прийти́ 활용 / (걸어서) 도착하다)

- **Пóезд** уже **ушёл**.
  기차는 이미 **떠났습니다**. (уйти́ 활용 / (걸어서) 떠나다)

③ 시간이 가다

시간도 '미래를 향해 한 방향으로 나아간다'는 개념이어서 정태 동사인 'идти́ (걸어서) 가다'만 활용해서 표현합니다.

- Какóй **фильм идёт** сейчáс?　　　　　어떤 **영화가** 지금 **상영 중인가요?**

- Нельзя входи́ть в аудитóрию. Сейчáс **идёт урóк**.
  강의실에 들어가면 안 돼요. 지금 **수업이 진행 중입니다**.

- Вчерá **экзáмен шёл** 2 (два) часá.　　　어제 **시험이** 2시간 동안 **진행됐어요**

이외에도 우리가 알고 있는 운동 동사가 관용적 표현으로 쓰이는 경우가 더 있지만, 우선 'идти́ (걸어서) 가다'의 활용법을 기억해 주세요. 앞서 예문에서 살펴본 것 처럼 идти́의 기본형에서 상황이나 의미에 따라 접두사 (по- / при- / у- 등)이 추가될 수 있다는 점도 함께 기억해 주세요. 또한 '운동 동사의 중의적 표현'은 원래 우리가 알고 있던 정태, 부정태의 역할이 아니라 관용적 표현으로 쓰이는 용법이므로 사용할 수 있는 동사가 정해져 있다는 점에 꼭 유의하세요.

Обрати́те внима́ние! 주목하세요!

'éсли бы + 주어 + 과거 동사, 주어 + 과거 동사 бы' 형태로 '~했다면 ~했을 텐데'라는 의미로 쓰이는 과거에 대한 후회나 실현 불가능한 상황에 대한 가정은 가정법 과거로 표현합니다. éсли에 비해 éсли бы 구문은 활용도가 높지 않고 어려운 문법이므로 참고로만 알아 두세요.

> 예 　**Éсли** зáвтра **бýдет** хорóшая погóда, мы **поéдем** на мóре.
> 　　내일 날씨가 좋으면 우리는 바다에 갈 거예요.
> 　　(가정법 미래 / 실현 가능성이 있는 미래에 대한 가정)
>
> 　　**Éсли бы** зáвтра **былá** хорóшая погóда, мы **поéхали бы** на мóре.
> 　　내일 날씨가 좋았더라면, 우리는 바다에 갔을 텐데.
> 　　(가정법 과거 / 실현 불가능한 상황에 대한 가정)

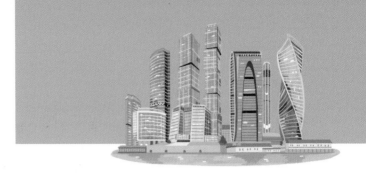

실력 높이 GO!

упражне́ния

1 주어진 문장을 의미에 맞게 순서대로 나열하세요.

> ❶ Спаси́бо. Наде́юсь, что за́втра бу́дет со́лнце.
> ❷ По ра́дио сказа́ли, что пойдёт дождь.
> ❸ Кака́я сего́дня пого́да?
> ❹ Возьми́ зонт обяза́тельно!

⫽1 _____
⫽2 _____
⫽3 _____
⫽4 _____

2 как 또는 какой 중 문법에 맞는 올바른 형태를 써서 감탄문을 완성하세요.

⫽1 바닷가에 있으면 얼마나 좋은지!
_____ хорошо́ на мо́ре!

⫽2 얼마나 재미있는 영화인지!
_____ интере́сный фильм!

⫽3 얼마나 좋은 날씨인지!
_____ хоро́шая пого́да!

⫽4 너를 봐서 얼마나 기쁜지!
_____ я рад тебя́ ви́деть!

3 주어진 동사를 문법에 맞는 올바른 형태로 바꿔 청유 명령문을 완성해 보세요.

⫽1 하루 종일 도시를 돌아다니자!
Дава́й _____ по го́роду весь день! (гуля́ть)

//2 이 자동차를 사자!

    Дава́й _____ **э́ту маши́ну! (купи́ть)**

//3 신문을 매일 읽읍시다!

    Дава́йте _____ **газе́ты ка́ждый день! (чита́ть)**

//4 이 영화를 봅시다!

    Давайте _____ **э́тот фильм! (посмотре́ть)**

4 е́сли와 е́сли бы 중 의미상 알맞은 접속사를 쓰세요.

//1 네가 공부를 많이 한다면 너는 시험을 잘 볼 거야.

    _____ **ты бу́дешь мно́го занима́ться, ты хорошо́ сдашь экза́мены.**

//2 내일 날씨가 좋으면 우리는 공원에 갈 거예요.

    Мы пойдём в парк, _____ **за́втра бу́дет хоро́шая пого́да.**

//3 내가 러시아어를 배웠더라면 율리야와 대화를 할 수 있었을 텐데.

    _____ **я изуча́ла ру́сский язы́к, я бы разгова́ривала с Ю́лией.**

//4 내가 러시아에 간다면 나는 볼쇼이 극장에서 꼭 발레를 볼 거예요.

    _____ **я пое́ду в Росси́ю, я обяза́тельно посмотрю́ балёт в Большо́м теа́тре.**

5 빈칸에 идти́ 동사를 주어에 맞는 형태로 알맞게 바꿔 쓰고 문장의 의미를 떠올려 보세요.

//1 **Вчера́ весь день** _____ **дождь.**

//2 **Посмотри́! Вот** _____ **наш авто́бус.**

//3 **Вре́мя всегда́ бы́стро** _____ **, когда́ мы разгова́риваем.**

//4 **Сейча́с** _____ **о́чень интере́сный фильм.**

정답

❶ ③ Кака́я сего́дня пого́да? 오늘 날씨가 어때? ② По ра́дио сказа́ли, что пойдёт дождь. 라디오에서 비가 올 거라고 했어. ④ Возьми́ зонт обяза́тельно! 우산 꼭 챙겨! ① Спаси́бо. Наде́юсь, что за́втра бу́дет со́лнце. 고마워. 내일은 해가 뜨기를 바라.

❷ ① Как ② Како́й ③ Кака́я ④ Как

❸ ① гуля́ть ② ку́пим ③ чита́ть ④ посмо́трим

❹ ① Е́сли ② е́сли ③ Е́сли бы ④ Е́сли

❺ ① шёл 어제 하루 종일 비가 왔어요. ② идёт (저것 좀) 봐! 바로 저기 우리 버스가 가고 있어. ③ идёт 우리가 대화할 때 시간은 항상 빨리 흘러 가요. ④ идёт 지금 재미있는 영화가 상영 중이에요.

🎧 Track 17-03

날씨와 관련된 표현을 좀 더 익혀 보세요.

먼저 **погóда**와 함께 쓸 수 있는 형용사를 살펴봅시다.

погóда 날씨	хорóшая	좋은
	прия́тная	반가운, 쾌청한
	прекрáсная	아주 좋은, 훌륭한
	отли́чная	아주 좋은, 훌륭한
	тёплая	따뜻한
	жáркая	더운
	прохлáдная	시원한
	холóдная	추운
	óблачная	구름 낀
	дождли́вая	비 오는
	сóлнечная	해의, 해가 드는
	хмýрая	흐린

동사와 함께 쓸 수 있는 날씨 표현도 공부해 보겠습니다.

идти́ 걷다 (불완료)	Снег (дождь) идёт. 눈(비)가 옵니다.
	Снег (дождь) шёл. 눈(비)가 왔습니다.
пойти́ 걷기 시작하다 (완료)	Снег (дождь) пойдёт. 눈(비)가 내리기 시작할 거예요.
	Снег (дождь) пошёл. 눈(비)가 내리기 시작했어요.
дуть 불다 (불완료)	Вéтер дýет. 바람이 불고 있어요.
	Вéтер дул. 바람이 불었어요.
подýть 불기 시작하다(완료)	Вéтер подýет. 바람이 불기 시작할 거예요.
	Вéтер подýл. 바람이 불기 시작했어요.
удáрить 때리다 (불완료)	Морóз удáрит 한파가 몰려옵니다.
	Морóз удáрил. 한파가 몰려왔습니다.
стоя́ть 서 있다 (불완료)	Тумáн стои́т. 안개가 껴 있어요.
	Тумáн стоя́л. 안개가 껴 있었습니다.

- Мы вернýлись домóй, потомý что пошёл дождь.
  비가 오기 시작했기 때문에 우리는 집으로 돌아갔어요.

- Вдруг подýл холóдный вéтер. 갑자기 차가운 바람이 불기 시작했습니다.

러시아 만나GO!

o России

러시아의 겨울 대비

통 러시아하면 가장 먼저 떠올리는 특징 중 하나가 추운 기후인데요. 실제로는 영토가 광활한 만큼 겨울이라고 무조건 춥지만은 않습니다. 예를 들어 2014년 동계 올림픽을 개최한 소치는 러시아 남부에 위치하여 겨울에도 약간의 따뜻함을 느낄 수 있습니다.

하지만 역시 일부 지역을 제외하면 대부분은 겨울이 길고 춥습니다. 러시아인들은 '영하 40도 이하의 추위가 아니다'라고 말할 정도로 추위에 대한 일종의 자부심마저 있습니다. 또한 겨울을 말할 때 다른 나라의 겨울에 대해서는 'холóдная зимá 추운 겨울'이라고 말하지만 러시아의 겨울은 'суровáя зимá 혹독한 겨울'이라고 구분해서 묘사하기도 합니다. 러시아의 겨울은 다른 나라의 일반적인 겨울과 다르게 특별히 춥다는 점을 강조하기 위함입니다. 특히 북부의 시베리아는 전 세계적으로 추위로 유명한 지역이고, 그중에서도 'Оймякóн 오이먀콘'은 한여름에도 영상 20도를 넘지 않는 기온에 9월 초면 첫눈이 내리는 곳입니다. 그러면 러시아인들은 이 혹독한 겨울을 어떤 방식으로 이겨 낼까요? 일단 겨울이면 필히 모자를 쓰고 다닙니다. 시베리아와 같은 추운 곳에서는 'шáпка 샤프까'라는 털모자를 쓰기도 하고, 모스크바나 상트페테르부르크같은 도시 지역에서는 샤프까보다는 일반적인 니트 모자를 많이 쓰고 다니지요.

또한 따뜻한 차를 즐겨 마십니다. 꿀이나 러시아 식 잼 'варéнье 바례니예'를 곁들여서도 즐겨 마십니다. 기차에도 온수 시설이 구비되어 언제든 차나 인스턴트 수프를 마시면서 몸을 데울 수 있지요.

시베리아 일부 지역에서는 'сáло 살로'라고 불리는 염장한 돼지 비계 음식을 먹기도 합니다. 예전에 먹을 것을 구하기 힘든 겨울철이면 영양소 보급과 체온 유지를 위해 소금에 절인 돼지 비계를 먹었다고 해요. 지금은 시베리아 일부 지역 소수 민족들이 주로 먹는 음식이지만, 살로도 대표적인 러시아 겨울 음식이라고 볼 수 있어요.

이외에도 러시아 식 사우나 'бáня 바냐'를 즐기거나 얼음물 수영 등 러시아인들이 겨울을 이겨 내는 방법은 다양합니다. 새하얀 눈의 나라, 러시아의 설경을 즐기러 러시아로 떠나 보면 어떨까요? 물론, 따뜻하게 챙겨 입는 걸 잊지 마세요.

Одевáйтесь теплó! 따뜻하게 입고 다니세요!
아지v바이쩨ㅆ 찌쁠로

Где мо́жно купи́ть во́ду?

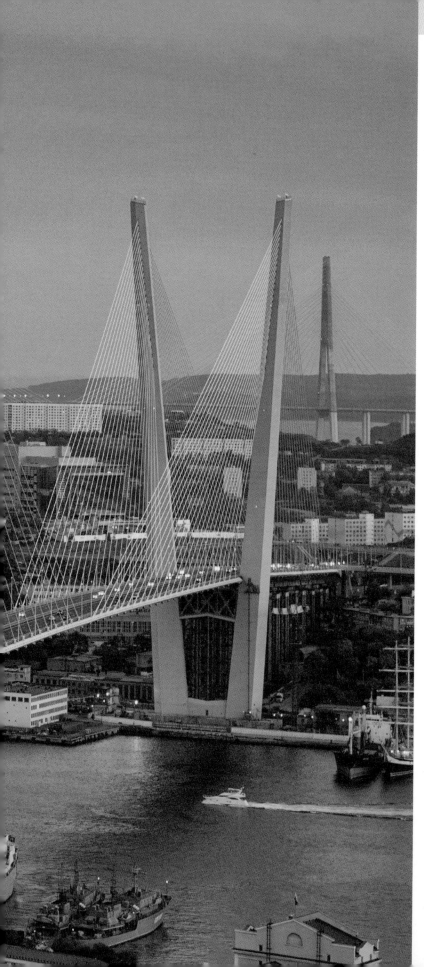

Уро́к

18

Где мо́жно купи́ть во́ду?

어디서 물을 살 수 있나요?

▶ 18강

학습 목표
화폐 단위를 활용해 물건을 구매할 수 있다.

공부할 내용
'ря́дом + с 조격' 구문

복수 대격

-чь 동사 변화

화폐 단위

주요 표현
Где мо́жно купи́ть во́ду?

Ско́лько э́то сто́ит?

Я возьму́ э́ту матрёшку.

С вас 3000 (три ты́сячи) рубле́й.

◀ 블라디보스토크의 금각교

🎧 Track 18-01

💬 Диало́г 1

유민이 가판대에서 물과 신문을 사려고 합니다.

[На у́лице]

Юми́н Извини́те, вы не зна́ете, где мо́жно купи́ть во́ду?

Прохо́жий Ря́дом с остано́вкой есть ма́ленький кио́ск. Там мо́жно купи́ть.

Юми́н Спаси́бо большо́е.

[В кио́ске]

Юми́н Мо́жно вас? Я хоте́л бы купи́ть негазиро́ванную во́ду.

Продаве́ц Вот, пожа́луйста!

Юми́н Ско́лько она́ сто́ит?

Продаве́ц 43 (со́рок три) рубля́.

Юми́н А у вас есть газе́ты?

Продаве́ц К сожале́нию, нет. Газе́ты продаю́т в газе́тных кио́сках.

[길에서]

유민 실례합니다. 당신은 물을 어디에서 살 수 있는지 아시나요?

보행자 정류장 근처에 작은 가판대가 있어요. 거기서 살 수 있습니다.

유민 매우 고맙습니다.

[가판대에서]

유민 저기요? 저는 생수를 사고 싶은데요.

판매원 여기 있습니다!

유민 가격이 어떻게 되나요?

판매원 43루블입니다.

유민 그런데 당신한테 신문은 있나요?

판매원 안타깝게도 없어요. 신문은 신문 가판대에서 판매해요.

Слова́

ря́дом 부 근처에, 가까이에 **кио́ск** 명 가판대, 노점상 **остано́вка** 명 정류장
негазиро́ванный 형 가스가 없는 **сто́ить** 동 '가치가 있다, ~값이 나가다'의 불완료

🎯 포인트 잡GO!

❶ хоте́л бы는 '~하고 싶은데요'라는 의미로 쓰이는 정중한 표현입니다. 'хочу́ ~하고 싶어요' 대신 회화체에서 자주 활용할 수 있는데, 문법적으로는 어려운 개념이므로 우선 참고로 알아 두세요.

> 예 **Я хоте́л бы** купи́ть э́ту маши́ну.
> 나는 이 자동차를 사고 싶은데요. (정중한 표현, 완곡한 표현)

❷ 러시아에서 물을 달라고 하면 기본적으로 탄산수를 줍니다. 일반 생수는 앞에 'негазиро́ванный 가스가 없는'라는 형용사를 붙이면 됩니다. 일반 생수는 병 라벨 색상이 상대적으로 연한데 탄산수는 색상이 짙은 경우가 많으니 색상으로도 어느 정도 구분 가능합니다.

핵심 배우GO!

1 'ря́дом + с 조격' 구문으로 말하기

ря́дом은 '근처에, 가까이에'라는 의미로 쓰이는 장소 부사입니다. ря́дом은 단독으로도 활용 가능하지만 '~근처에, ~가까이에'의 의미를 표현하고 싶다면 'с + 조격' 형태로 함께 말할 수 있습니다.

- Кио́ск **ря́дом с остано́вкой**.   가판대는 정류장 **가까운 곳에** 있어요.
- Магази́н нахо́дится **ря́дом с до́мом**.   가게는 **집 근처에** 위치하고 있어요.

> **Tip**   원래 'с + 조격'은 '~와(과) 함께, ~을(를) 곁들여서'라는 의미이나 이 경우에는 숙어처럼 'ря́дом + с 조격' 자체를 하나의 구문으로 기억하세요.

2 сто́ить 동사 활용하기

сто́ить는 '가치가 있다, ~값이 나가다'라는 의미로 쓰는 동사이며, 물건의 가격을 묻고 답할 때 주로 활용할 수 있습니다. 우선 сто́ить 동사의 변화형을 함께 살펴보겠습니다.

주어	сто́ить 가치가 있다, ~값이 나가다
он, она́, оно́	сто́ит
они́	сто́ят

사물이 주어 자리에 놓이는 동사이기 때문에 동사는 3인칭 단수, 복수 변화형 2가지 형태만 기억해도 됩니다. 또한 가격을 물을 때 쓰는 동사이므로 수량 의문사 ско́лько를 함께 활용합니다.

- **Ско́лько э́то сто́ит**?   **이것은 얼마입니까?**
- **Э́то сто́ит** 300 (три́ста) рубле́й.   **이것은** 300루블**입니다**.
- **Ско́лько сто́ят** э́ти чёрные брю́ки?   이 검은색 바지는 **얼마입니까?**
- **Они́ сто́ят** 2500 (две ты́сячи пятьсо́т) рубле́й.   **이것은** 2,500루블**입니다**.

 Обрати́те внима́ние! 주목하세요!

'сто́ить 가치가 있다, 값이 나가다'와 'стоя́ть 서 있다'는 생김새와 변화형이 비슷하여 자주 혼동할 수 있는 동사입니다. 특히 강세 차이에 따라 발음이 달라지므로 말할 때도 주의를 기울여야 합니다.

> **예**   Э́та кни́га **сто́ит** 200 (две́сти) рубле́й.   이 책은 200루블**입니다**.
> Бори́с **стои́т** о́коло магази́на.   보리스는 가게 근처에 **서 있습니다**.

говори́те

말문트 GO!

🎧 Track 18-02

 Диало́г 2

유나는 한국에서 오는 친구들을 위해 마트료시카를 삽니다.

Юна́	Мо́жно вас? Я пригласи́ла к себе́ друзе́й, кото́рые живу́т в Коре́е. И хочу́ купи́ть пода́рки для ни́х. Вы не мо́жете мне порекомендова́ть что-нибу́дь?
Продаве́ц	Коне́чно, могу́. Мне ка́жется, матрёшка – о́чень прия́тный пода́рок для иностра́нцев.
Юна́	Хорошо́, я возьму́ 3 (три) матрёшки. Ско́лько с меня́?
Продаве́ц	А каки́е вы вы́брали?
Юна́	Вот э́ти больши́е кра́сного цве́та.
Продаве́ц	Тогда́ с вас 3000 (три ты́сячи) рубле́й.
Юна́	Вот, пожа́луйста!

유나   저기요? 나는 한국에 살고 있는 친구들을 내게 초대했어요. 그래서 그들을 위한 선물을 사고 싶어요. 당신은 무엇이든지 내게 추천해 줄 수 없나요?

판매원   당연히 할 수 있죠. 제 생각에는 마트료시카가 외국인들에게 가장 반가운 선물일 것 같아요.

유나   좋아요, 나는 마트료시카 3개를 살게요. 나는 얼마를 내면 되죠?

판매원   당신은 어떤 것(마트료시카)를 고르셨나요?

유나   바로 이 빨간 색의 큰 것(마트료시카)요.

판매원   그러면 당신은 3,000루블을 내야 합니다.

유나   여기 있어요!

Слова́   **пода́рок** 명 선물   **мочь** 동 '할 수 있다'의 불완료   **что-нибу́дь** 명 무엇이든지 간에   **вы́брать** 동 '고르다, 선택하다'의 완료   **цвет** 명 색, 색깔   **ты́сяча** 명 천, 1,000   **для + 생격** 전 ~을(를) 위해, ~에게

 포인트 잡GO!

❶ '**для + 생격**'은 기본적으로 '~을(를) 위해'라는 의미이지만, 상황에 따라 '~에게, ~에게 있어서'라는 의미로도 활용할 수 있습니다.

> 예   Матрёшка - прия́тный пода́рок **для иностра́нцев**.
> 마트료시카는 외국인들에게 반가운 선물이에요.

❷ '내가 이것을 살게요'라는 표현은 купи́ть 동사가 아니라 взять 동사로 말합니다. 만약 'Я куплю́ э́то.'라고 말한다면 '내가 사 갈게' 또는 '내가 ~을(를) 위해 사 줄게'라는 의미가 더 커집니다.

> 예   По доро́ге домо́й я **куплю́** во́ду.   집 가는 길에 물 **사 갈게**.
> Я **возьму́** 3 (три) матрёшки.   내가 이 마트료시카 3개를 **살게요**

핵심 배우GO!

учи́тесь

① 'ско́лько с + 인칭 대명사 생격'으로 가격 묻고 답하기

수량 의문사 ско́лько와 함께 인칭대명사를 'с + 생격' 형태로 써서 가격을 묻고 답할 수 있습니다. 'с + 생격'이 '~에서부터'를 의미하므로 직역하면 '~한테서 얼마의 돈이 나가야 합니까?'라고 파악할 수 있어요. 답변할 때도 '금액 + с 인칭대명사 생격'으로 '~이(가) 얼마를 내면 됩니다'라고 말하면 됩니다.

- **С меня́** 500 (пятьсо́т) рубле́й? 내가 500루블을 내면 되나요?
- **С вас** 3000 (три ты́сячи) рубле́й. 당신은 3,000루블을 내야 합니다.

② 러시아의 화폐 단위 рубль

러시아어에서 수량과 관련된 표현은 항상 생격 형태로 표현되는 점 기억하시나요? рубль도 화폐 단위이기에 항상 수사와 함께 쓰이는 개념입니다. 따라서 어떤 수사와 함께 쓰이는지에 따라 рубль의 형태가 달라집니다. 우선 수사에 따른 рубль의 변화형을 알아보겠습니다.

1	단수 주격	рубль
2 – 4	단수 생격	рубля́
5 – 20	복수 생격	рубле́й

- Э́ти брю́ки сто́ят 63<u>1</u> (шестьсо́т три́дцать **оди́н**) **рубль**. 이 바지는 631루블입니다.
- С вас 120<u>2</u> (ты́сяча две́сти **два**) **рубля́**. 당신은 1,202루블을 내야 합니다.
- Кни́га сто́ит 1<u>13</u> (сто **трина́дцать**) **рубле́й**. 책은 113루블입니다.

рубль 뿐만 아니라 러시아어에서 화폐 단위는 모두 수사에 따라 형태가 변합니다. 다른 국가의 화폐 단위는 어떻게 쓰는지, 수사에 따라서 구체적으로 어떻게 변하는지에 대해 꿀팁 더하GO! 코너에서 좀 더 자세히 살펴보겠습니다.

🎯 **Обрати́те внима́ние!** 주목하세요!

кото́рый는 선행사를 수식하는 역할의 관계대명사입니다. 중복되는 단어가 있는 두 문장을 하나로 연결하는 데 활용할 수 있습니다. кото́рый에서 어미가 형용사 변화를 한다는 점에 주의해야 합니다. '선행사 수식 + 격 변화'에 모두 유의하면서 활용해야 하기 때문에 어렵게 느껴지는 문법 중 하나인데요. 우선은 '선행사 수식'이라는 개념만 알아 두고 자세한 내용은 20과에서 배우겠습니다.

> **예** Я пригласи́ла к себе́ **друзе́й**, кото́рые живу́т в Коре́е.
>
> 나는 **한국에 살고 있는 친구들**을 내게 초대했어요.

문법 다지GO!

1 남성, 여성, 중성 활동체 명사의 복수 대격

목적어를 쓸 때 활용하는 대격은 항상 활동체인지 비활동체인지 주의해서 어미를 활용해야 합니다. 앞서 4과에서 비활동체의 복수 대격 형태를 살펴보았습니다. 비활동체인 경우 복수 대격은 복수 주격과 어미가 동일합니다. 이번 과에서는 활동체의 복수 대격 형태도 함께 살펴보겠습니다.

		남성, 여성 명사 활동체인 경우 (복수 생격과 동일)		
남성	-ов	① 자음으로 끝나는 남성 명사	예	студе́н**т** → студе́нт**ов** 대학생
		② ц로 끝나고 어미에 강세가 있는 남성 명사	예	от**е́ц** → отц**о́в** 아버지
	-ев	① й로 끝나는 남성 명사	예	геро́**й** → геро́**ев** 영웅, 주인공
		② ц로 끝나고 어간에 강세가 있는 남성 명사	예	иностра́н**ец** → иностра́н**цев** 외국인
	-ей	① ь로 끝나는 남성 명사	예	учи́тел**ь** → учител**е́й** 선생님
		② ж / ш / щ / ч로 끝나는 남성 명사	예	вра**ч** → врач**е́й** 의사
여성	어미 탈락	а로 끝나는 대부분의 여성 명사	예	подру́**га** → подру́**г** 여자 친구 де́вушк**а** → де́вуш**ек** 아가씨 (출몰 모음)
	-ей	ь로 끝나는 여성 명사	예	ма**ть** → мат**ере́й** 어머니 (불규칙 명사는 불규칙을 기준으로 변화 / ма**ть** → ма́тери)

- Я пригласи́ла **студе́нтов** на вечери́нку.
  나는 대학생들(남)을 파티에 초대했어요. (студе́нт의 복수 대격)

- Бори́с не зна́ет **э́тих студе́нток**.
  보리스는 이 대학생들(여)을 모릅니다. (студе́нтка의 복수 대격)

형용사 복수 대격도 마찬가지로 비활동체인 경우 복수 주격(-ые / -ие)과 어미가 동일하고, 활동체인 경우 복수 생격(-ых / -их)과 동일합니다.

남성, 여성, 중성 명사가 비활동체인 경우 (복수 주격과 동일)		
-ые	대부분의 남성, 여성, 중성 형용사	**예** краси́вый → краси́**вые** 아름다운, 예쁜 но́вая → но́**вые** 새로운 интере́сное → интере́сн**ые** 재미있는
-ие	① ний로 끝나는 연변화 형용사	**예** си́ний → си́**ние** 파란
	② 철자 규칙 к / г / х / ж / ш / щ / ч + ы 대신 и를 쓰는 경우	**예** хоро́ший → хоро́**шие** 좋은
남성, 여성, 중성 명사가 활동체인 경우 (복수 생격과 동일)		
-ых	대부분의 남성, 여성, 중성 형용사	**예** краси́вый → краси́**вых** 아름다운, 예쁜 но́вая → но́**вых** 새로운 интере́сное → интере́сн**ых** 재미있는
-их	① ний로 끝나는 연변화 형용사	**예** си́ний → си́**них** 파란
	② 철자 규칙 к / г / х / ж / ш / щ / ч + ы 대신 и를 쓰는 경우	**예** хоро́ший → хоро́**ших** 좋은

- Я купи́ла **э́ти краси́вые цветы́**.　　나는 이 **예쁜 꽃**을 샀어요.
- Бори́с лю́бит чита́ть **интере́сные рома́ны**.　　보리스는 **재미있는 소설** 읽는 것을 좋아해요.
- Я зна́ю **э́тих но́вых студе́нтов**.　　나는 **이 새로운 대학생들**을 알고 있어요.
- Танта́н хорошо́ зна́ет **вели́ких ру́сских музыка́нтов**, как П.И. Чайко́вский.
  딴딴은 차이콥스키와 같은 **위대한 러시아의 음악가**를 잘 알고 있어요.

Запо́мните! 기억하세요!

대격은 활동체인지 비활동체인지에 따라 생격과 주격의 어미 형태를 빌립니다. 어미 형태만 빌려올 뿐 생격과 주격 역할과는 전혀 상관없다는 점에 주의해야 합니다.

> **예** Я не зна́ю Бори́с**а**.
> 나는 보리스를 모릅니다. (남성 단수 활동체 / 단수 생격과 어미 동일)
>
> Я не зна́ю тво**ю́** сестр**у́**.
> 나는 네 여동생을 몰라. (여성 단수 활동체 / 여성 대격 어미 -у, -ю로 변화)
>
> Я не зна́ю э́тих студе́нт**ов**.
> 나는 이 대학생들(남)을 모릅니다. (남성 복수 활동체 / 복수 생격과 어미 동일)
>
> Я не зна́ю э́тих студе́нто**к**.
> 나는 이 대학생들(여)을 모릅니다. (여성 복수 활동체 / 복수 생격과 어미 동일)

1 -чь 동사 변화형

이번 과에서는 -чь로 끝나는 동사 어미 변화형을 배워 보겠습니다. 우선 -чь로 끝나는 동사는 동사 변화 시 자음 변환이 일어납니다. г-ж 또는 к-ч 두 가지 경우 중 하나로 변하고, 어떤 경우로 변하는지는 동사마다 암기해야 합니다. -чь로 끝나는 동사는 어려운 의미의 동사가 많습니다. 우선 자주 쓰이는 동사 3개의 변화형을 다음의 표로 익히세요.

	мочь (г-ж) 할 수 있다	помо́чь (г-ж) 도와주다	печь (к-ч) (오븐에) 굽다
я	могу́	помогу́	пеку́
ты	мо́жешь	помо́жешь	печёшь
он, она́	мо́жет	помо́жет	печёт
мы	мо́жем	помо́жем	печём
вы	мо́жете	помо́жете	печёте
они́	мо́гут	помо́гут	пеку́т

- Я **могу́** пригото́вить у́жин.   내가 저녁 준비**할 수 있어**.
- Друзья́ обяза́тельно **помо́гут** тебе́.   친구들은 너를 반드시 **도와줄 거야**.
- Я обы́чно **пеку́** хлеб до́ма.   나는 보통 집에서 빵을 **구워요**.

-чь로 끝나는 동사들은 현재형뿐만 아니라 과거형으로 바뀔 때에도 자음 변환이 일어납니다.

	мочь (г) 할 수 있다	помо́чь (г) 도와주다	печь (к) (오븐에) 굽다
он	мог	помо́г	пёк
она́	могла́	помогла́	пекла́
оно́	могло́	помогло́	пекло́
они́	могли́	помогли́	пекли́

- Де́ти **могли́** написа́ть письмо́ ба́бушке. 아이들은 할머니께 편지를 쓸 **수 있었어요**.
- Я **помо́г** Бори́су де́лать дома́шнее зада́ние. 나는 보리스에게 숙제하는 것을 **도와줬어요**.
- В де́тстве ма́ма ча́сто **пекла́** вку́сные то́рты.
  어릴 때 엄마는 자주 맛있는 케이크를 **구워 줬어요**.

또한 -чь로 끝나는 동사들은 명령문으로 바뀔 때도 자음 변환이 적용됩니다.

	помо́чь (г) 도와주다	печь (к) (오븐에) 굽다
ты형 명령문	помоги́	пеки́
вы형 명령문	помоги́те	пеки́те

- **Помоги́те**, пожа́луйста! Я не могу́ найти́ э́ту кни́гу.
  도와주세요! 나는 이 책을 못 찾겠어요.

- Ма́ма, **пеки́** вку́сный хлеб ка́ждый день!
  엄마, 맛있는 빵을 매일 **구워 줘!**

> Tip 'мочь ~할 수 있다' 동사는 의미 때문에 명령문으로 만들 수 없습니다.

2 화폐 단위의 수량 생격

앞서 두 번째 대화문의 핵심 다지GO! 코너에서 수사에 따른 'рубль 루블'의 변화 형태를 익혔습니다. 루블 뿐만 아니라 주요 국가의 화폐는 러시아어로 어떻게 표현하고 수사에 따라서 어떻게 바뀌는지 살펴봅시다.

화폐 단위	코페이카	달러	유로
1	копе́йка	до́ллар	
2-4	копе́йки	до́ллара	е́вро (불변명사)
5-20	копе́ек	до́лларов	

> Tip ① 'копе́йка 코페이카'는 1, 5, 10, 50 코페이카만 존재하기 때문에 단수 주격과 복수 생격 형태만 알고 있어도 무방합니다. (100 코페이카 = 1루블) 한편 요즘에는 코페이카의 화폐 가치는 현저히 낮아졌고 신용 카드 사용이 빈번해졌기 때문에 코페이카 단위는 표기상으로만 쓰일 뿐 실제로 많이 통용되지는 않습니다.
> ② 수사 1과 2는 명사의 성에 따라 형태가 달라집니다. 1은 주로 생략하지만 써야 하는 상황에서는 규칙에 맞게 올바른 형태로 써야합니다.
>
> 예 Э́та кни́га сто́ит **(одну́) ты́сячу до́лларов.** 이 책은 **1,000 달러**입니다. (одна́ ты́сяча의 여성 대격 형태)

	원 (대한민국)	엔 (일본)	위안 (중국)
1	во́на	ие́на	юа́нь
2-4	во́ны	ие́ны	юа́ня
5-20	вон	ие́н	юа́ней

Обрати́те внима́ние! 주목하세요!

'ты́сяча 천, 1,000'은 -a로 끝나는 여성 명사입니다. 어떤 수사와 함께 쓰는지에 따라 격 변화가 일어납니다.

1	ты́сяча
2-4	ты́сячи
5-20	ты́сяч

1 주어진 문장을 의미에 맞게 순서대로 나열하세요.

> ❶ Я хотéл бы купи́ть негазиро́ванную во́ду.
> ❷ С вас 43 (со́рок три) рубля́.
> ❸ Мо́жно вас?
> ❹ Ско́лько с меня́?

//1 _____

//2 _____

//3 _____

//4 _____

2 괄호 안에 주어진 단어를 복수 대격 규칙에 맞게 올바르게 바꾸세요.

//1 나는 이 새로운 학생들을 잘 알고 있어요.

Я хорошо́ зна́ю _____ . (э́ти но́вые студе́нты)

//2 나는 새로운 책들을 자주 삽니다.

Я ча́сто покупа́ю _____ . (но́вые кни́ги)

//3 엄마는 예쁜 꽃을 좋아합니다.

Ма́ма лю́бит _____ . (краси́вые цветы́)

//4 보리스가 부모님을 모스크바로 초대했어요.

Бори́с пригласи́л _____ в Москву́. (свой роди́тели)

3 주어에 맞게 알맞은 동사 어미를 넣어 문장을 완성시켜 보세요.

//1 Ты мо́_____ купи́ть мне биле́ты на бале́т? (мочь)

//2 Вчера́ Юми́н помо_____ сестре́ гото́вить у́жин. (помо́чь)

//3 Ю́лия всегда́ пе_____ то́рты для дете́й. (печь)

4 괄호 안에 주어진 화폐를 알맞은 수사 규칙에 따라 바꾸세요.

//1 Э́та матрёшка сто́ит 450 (четы́реста пятьдеся́т) _____. (рубль)

//2 С вас 1034 (ты́сяча три́дцать четы́ре) _____. (до́ллар)

//3 Э́та маши́на сто́ит 10000 (де́сять ты́сяч) _____. (е́вро)

//4 С вас 261 (две́сти шестьдеся́т оди́н) _____ 50 (пятьдеся́т) _____.
(рубль / копе́йка)

5 다음 중 문법상 틀린 문장을 고르세요.

❶ Я люблю́ смотре́ть интере́сных фи́льмов.

❷ Э́то сто́ит 500 (пятьсо́т) рубль.

❸ Я хоте́л бы купи́ть во́ду.

❹ Ма́ма пекла́ торт.

❺ Мы обяза́тельно помо́жем вам.

정답

❶ ③ Мо́жно вас? 저기요. ① Я хоте́л бы купи́ть негазиро́ванную во́ду. 나는 생수를 사고 싶은데요. ④ Ско́лько с меня́? 내가 얼마를 내면 되나요? ② С вас 43 (со́рок три) рубля́. 당신은 43루블을 내야 합니다.

❷ ① э́тих но́вых студе́нтов ② но́вые кни́ги ③ краси́вые цветы́ ④ свои́х роди́телей

❸ ① жешь 너는 발레 입장권을 내게 사다 줄 수 있니? ② г 어제 유민은 저녁 준비하기 위해 여동생을 도왔습니다. ③ чёт 율리야는 항상 아이들을 위해 케이크를 굽습니다.

❹ ① рубле́й 이 마트료시카는 450루블입니다. ② до́ллара 당신은 1,034달러를 내야 합니다. ③ е́вро 이 차는 10,000 유로입니다. ④ рубль / копе́ек 당신은 261루블 50코페이카를 내야 합니다.

❺ ① Я люблю́ смотре́ть интере́сных фи́льмов. (х)
→ ① Я люблю́ смотре́ть интере́сные фи́льмы. 나는 재미있는 영화 보는 것을 좋아합니다.
② Э́то сто́ит 500 (пятьсо́т) рубль. (х) → ② Э́то сто́ит 500 (пятьсо́т) рубле́й. 이것은 500루블입니다.

어휘 늘리GO!

🎧 Track 18-03

상점, 식당, 카페에서 쓸 수 있는 유용한 표현

상점에서

Мóжно вас?	저기요?
Бýдьте добрьí!	실례합니다! (굉장히 정중한 표현)
Возьмúте + 대격!	~을(를) 받으세요!
У вас есть + 주격?	당신에게(여기에) ~이(가) 있습니까?
Я хотéл (а) бы купúть + 대격	나는 ~을(를) 사고 싶은데요.

식당에서

Нас + 집합 수사 (двóе 두 명 / трóе 세 명 / чéтверо 네 명)	우리는 ~명입니다.
Дáйте + 대격!	~을(를) 주세요!
Счёт / чек, пожáлуйста!	계산서 / 영수증 부탁합니다!
Какúе у вас фúрменные блюда?	당신 식당에서 (여기에서) 어떤 것이 시그니처 요리입니까?
Принесúте + 대격!	~을(를) 가져다주세요!
заплатúть налúчными / кредúтной кáрточкой	현금 / 신용 카드로 지불하다

카페에서

кóфе со льдóм (айс-кóфе / холóдный кóфе)	아이스 커피 (차가운 커피)
горя́чий кóфе	뜨거운 커피
сдéлайте + 대격!	~을(를) 만들어 주세요!

- Сдéлайте кóфе со льдóм!   아이스 커피(얼음 넣은 커피)를 만들어 주세요!
- Дáйте, пожáлуйста, горя́чий америкáно!   뜨거운 아메리카노 주세요!

러 시아 만나GO!

о России

러시아의 식당 문화

러시아의 음식점에서 우리나라 사람이 가장 많이 할 수 있는 실수가 바로 계산을 하기 위해 계산대에서 기다리기입니다. 대부분의 한국 식당은 식사를 마치고 계산대에 가서 계산하는데, 러시아에서는 음식점뿐만 아니라 카페에서도 계산대에서 지불하지 않습니다. 계산대에서 계산하는 것은 점원을 재촉해서 불편하게 만드는 행동이라고 생각합니다.

그러면 러시아에서는 어떤 방식으로 계산할까요? 식사를 마친 후 앉은자리에서 점원에게 'счёт 계산서'를 가져다달라고 요청하는 편이 일반적입니다. 러시아인들은 바쁜 점심 시간을 제외하고는 굉장히 여유롭게 식사하는 편입니다. 보통은 식사를 다 하고 나서 티타임 때 계산서를 가져다달라고 합니다. 일반적인 러시아 식당에서는 계산서도 굉장히 여유롭게 가져다주기 때문에, 그 시간 동안 느긋하게 차를 마시며 담소를 나누곤 합니다. 점원이 계산서를 가져다주면 그 자리에 식사비를 놓고 나오거나, 거스름돈을 받아야 할 땐 거스름돈을 다시 가져다줄 때까지 앉아서 기다리면 됩니다. 보통 최종 금액에 부가세를 붙여 계산하므로 굳이 팁을 주지 않아도 되지만, 유럽의 팁 문화 영향으로 팁을 요구하는 식당도 더러 있습니다. 팁을 줄 땐 전체 금액의 10%를 식사비와 함께 놓고 나오면 됩니다.

여유로운 식사 문화 때문에 러시아에서는 주문할 때도 점원을 재촉하지 않습니다. 큰 소리로 점원을 부르지 않으며, 점원과 눈이 마주치면 조용히 손을 들어 필요한 것이 있다는 걸 알린 후 점원이 다가오면 그때서야 필요한 것을 얘기하는 편입니다.

요즘 외국인 관광객들이 늘어나면서 러시아의 서비스 인식도 많이 개선됐습니다. 알아서 빠른 서비스를 제공해 주는 식당도 많이 늘고 있어요 하지만 아직 대부분의 식당에서는 빠른 서비스에 익숙해져 있는 한국인들에게 다소 답답하게 여겨질 수도 있습니다. 러시아의 식당 문화를 미리 알아봤으니, 러시아에서 식당을 방문했을 때 에티켓을 잘 지키며 주문이나 계산을 할 수 있겠죠? 즐겁게 식사하고 살짝 손을 들어, 점원을 부른 후 말해 볼까요?

Дéвушка (Молодóй человéк)! Счёт, пожáлуйста! 저기요! 계산서 부탁해요!
제v부쉬까 (말라도이 칠라v벡) 숏 빠좔루스따

Я закажу́ по́зже.

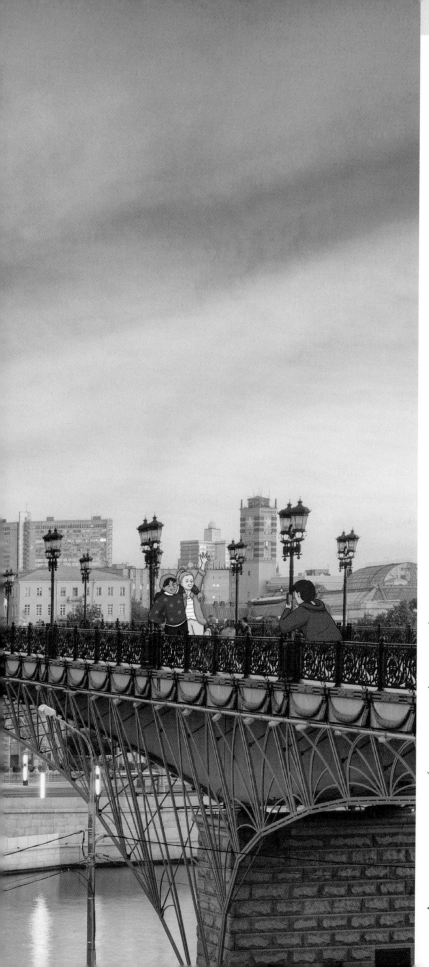

Я закажу́ по́зже.

조금 이따가 주문할게요.

▶ 19강

\ **학습 목표**

비교급을 활용해 식당에서 주문을 할 수 있다.

\ **공부할 내용**

비교급 표현

최상급 표현

\ **주요 표현**

Я закажу́ по́зже.

Вы гото́вы заказа́ть?

Я хочу́ заброни́ровать но́мер.

У вас есть свобо́дные номера́?

◀ 모스크바강에서 바라본 구세주 대성당

говори́те

♀ Track 19-01

 Диало́г 1

유나는 흑빵과 올리비예 샐러드를 주문합니다.

Официа́нт	Здра́вствуйте! Что вы хоти́те заказа́ть?
Юна́	Здра́вствуйте! Я закажу́ по́зже. Пока́ смотрю́ меню́.

[Че́рез не́сколько мину́т]

Официа́нт	Вы гото́вы заказа́ть?
Юна́	Да, гото́ва. Принеси́те мне чёрный хлеб и сала́т. А как вы ду́маете, како́й сала́т вкусне́е? Сала́т оливье́ или це́зарь?
Официа́нт	Для меня́ оливье́ вкусне́е, чем це́зарь.
Юна́	Тогда́ оливье́, пожа́луйста.
Официа́нт	А второ́е не хоти́те?
Юна́	Нет, спаси́бо.

점원 안녕하세요! 무엇을 주문하시겠
　　 어요?
유나 안녕하세요!
　　 조금 더 이따가 주문할게요. 아직
　　 메뉴를 보고 있어요.

[몇 분 후]

점원 주문할 준비가 됐나요?
유나 네, 됐어요. 나에게 흑빵과 샐러
　　 드를 가져다주세요. 그런데 당신
　　 은 어떤 샐러드가 더 맛있다고 생
　　 각하나요? '올리비예' 샐러드인가
　　 요 '시저' 샐러드인가요?
점원 나에게는 '올리비예'가 '시저'보다
　　 더 맛있어요.
유나 그러면 '올리비예'로 부탁드립니다.
점원 두 번째 요리 (메인 요리)는 원하지
　　 않으세요?
유나 아니요, 괜찮아요.

Слова́

заказа́ть 동 '주문하다'의 완료　　**по́зже** 부 더 늦게, 조금 더 있다가 / 'по́здно 늦게'의 비교급
не́сколько 부 몇몇의, 몇 개의　　**гото́в** 단어미술어 준비가 되다, 준비가 끝나다　　**принести́** 동 '가져오
다, 가져다주다'의 완료　　**вкусне́е** 부 더 맛있게 / 'вку́сный 맛있는'의 비교급　　**второ́й** 형 두 번째의

 포인트 잡GO!

❶ 러시아인들은 샐러드, 수프, 빵, 감자 요리 등 간단한 요리들을 생활 속에서 즐겨 먹습니다. 정찬을 먹는
자리에서는 코스로 요리가 나뉘는데요. заку́ски (애피타이저 / 샐러드), пе́рвое (첫 번째 요리 / 수프),
второ́е (두 번째 요리 / 주요리), тре́тье (세 번째 요리 / 디저트) 순으로 나뉩니다. 또한 '요리, 접시'를
뜻하는 명사 блю́до를 생략하고 형용사 형태 пе́рвое만 써서 몇 번째 코스 요리인지 나타냅니다.

❷ не́сколько는 '몇몇의, 몇 개의'라는 의미로 쓰이는 부사입니다. не́сколько는 셀 수 있는 명사와 함께
쓸 수 있는데, 수량 생격 규칙에 따라 не́сколько는 항상 복수 생격과 함께 씁니다.

　　예　 Че́рез не́сколько **мину́т**　　　몇 분 후 (мину́та의 복수 생격)

핵심 배우GO!

1 형용사 단어미형 술어 гото́в 활용하기

гото́в는 '준비가 되다, 준비가 끝나다'라는 의미의 형용사 단어미형 술어입니다. 단독으로도 사용이 가능하고, 동사 원형과 함께 '~할 준비가 되다'라는 의미로 쓸 수 있는 표현입니다. 우선 변화 형태부터 살펴보겠습니다.

주어	형용사 단어미형 술어
он	гото́в
она́	гото́ва
они́	гото́вы

- Вы гото́вы заказа́ть? 당신은 주문할 준비가 됐나요?

Tip вы는 '너희들, 당신들'이라고도 쓸 수 있는 2인칭 복수 인칭 대명사입니다. 따라서 '당신'이라는 존칭의 표현으로 쓰였더라도 술어는 항상 복수 형태를 취합니다.

2 비교급 вкусне́е와 по́зже 말하기

비교급은 두 가지 대상을 함께 비교할 때 씁니다. 대화문에 등장한 вкусне́е는 형용사 'вку́сный 맛있는'이 비교급으로 변한 형태이며 '더 맛있게'라는 의미입니다. 또한 по́зже는 부사 'по́здно 늦게'가 비교급으로 바뀐 형태이고 '더 늦게, 조금 더 있다가'라는 의미로 쓰입니다.

- Я закажу́ **по́зже.** **조금 더 있다가** 주문할게요.
- Как вы ду́маете, како́й сала́т **вкусне́е?** 당신은 어떤 샐러드가 **더 맛있다고** 생각하나요?

비교급은 단독으로도 사용이 가능하지만 чем을 써서 비교 대상을 나타낼 수도 있어요.

- Для меня́ оливье́ вкусне́е, **чем** це́зарь. 나에게는 '올리비예'가 '시저' **보다 더** 맛있어요.

위의 예문처럼 기존 형용사나 부사의 어미를 비교급 어미 -ee 또는 -e로 바꾸면 '더 ~하게'라는 비교급으로 활용할 수 있습니다. 자세한 비교급 규칙은 문법 다지GO! 코너에서 살펴볼게요.

🎯 Обрати́те внима́ние! 주목하세요!

형용사 단어미형 술어는 주어의 성, 수에 따라 어미 형태가 달라집니다. 즉 남성, 여성, 중성, 복수 주어에 따라 어미가 '자음 / -a / -o(-e) / -ы(-и)' 형태로 바뀌는 점 유의하세요.

> **예** **Юми́н** гото́**в** пое́хать в Пари́ж. 유민은 파리에 갈 준비를 마쳤습니다.
> **Ю́лия** гото́**ва** заказа́ть еду́. 율리야는 음식을 주문할 준비가 됐습니다.
> **Мы** гото́**вы** слу́шать вас. 우리는 당신의 말을 (당신을) 들을 준비가 됐습니다.

사람 주어가 일반적으로 가장 많이 쓰이기에 단어미 술어 중성 어미는 활용도가 낮습니다. 참고로만 기억해 두세요.

На неде́лю.

🎧 Track 19-02

💬 **Диало́г 2**

유민은 파리 출장에서 머물 호텔을 예약 중입니다.

Юми́н	Алло́, здра́вствуйте!
	Я хочу́ заброни́ровать но́мер.
	У вас есть свобо́дные номера́?
Админи-стра́тор	Да, есть. На ско́лько дней вы прие́дете?
Юми́н	На неде́лю.
Админи-стра́тор	Вы прие́дете в Пари́ж в командиро́вку и́ли про́сто на о́тдых?
Юми́н	В командиро́вку.
Админи-стра́тор	Тогда́ вам лу́чше заброни́ровать са́мый недорого́й но́мер. Назови́те, пожа́луйста, и́мя и фами́лию.
Юми́н	И́мя – Юми́н, а фами́лия – Ким.
Админи-стра́тор	Хорошо́. Вы мо́жете заплати́ть за но́мер, когда́ вы прие́дете в на́шу гости́ницу. Спаси́бо вам за брони́рование. Мы ждём вас. До свида́ния!

유민	여보세요, 안녕하세요! 나는 방을 예약하고 싶은데요. 비는 방이 있나요?
리셉션 직원	네, 있습니다. 며칠 예정으로 오십니까?
유민	일주일 예정이에요.
리셉션 직원	당신은 파리에 출장으로 오나요 또는 그저 쉬러 오나요?
유민	출장입니다.
리셉션 직원	그러면 당신은 가장 비싸지 않은 방을 예약하는 것이 더 좋을 것 같아요. 이름과 성을 불러 주세요.
유민	이름은 유민이고, 성은 김입니다.
리셉션 직원	좋습니다. 당신은 우리 호텔에 왔을 때 방에 대한 비용을 지불할 수 있습니다. 예약해 주셔서 고맙습니다. 우리는 당신을 기다리고 있습니다. 안녕히 계세요!

Слова́
но́мер 명 번호, 호텔 방 **заброни́ровать** 동 '예약하다'의 완료 **о́тдых** 명 휴식 **лу́чше** 부 더 좋게 / 'хорошо́ 좋게'의 비교급 **недорого́й** 형 비싸지 않은 **назва́ть** 동 '부르다, 지칭하다, 이름 짓다'의 완료 **заплати́ть** 동 '지불하다'의 완료 **брони́рование** 명 예약

포인트 잡GO!

❶ но́мер은 '호텔 방'의 의미로 말할 수 있습니다. 'ко́мната 방' 어휘로 말하지 않는다는 점 유의하세요.

　예　 Я хочу́ заброни́ровать **но́мер**.　　나는 **(호텔) 방**을 예약하고 싶어요.

❷ командиро́вка는 '출장'을 뜻하는 명사입니다. 주의할 점은 командиро́вка는 '사건, 상황'을 의미하는 명사이지만 장소 전치사 на를 사용하지 않고 예외적으로 в를 씁니다.

　예　 Вы прие́дете в Пари́ж **в командиро́вку**?　　당신은 파리에 출장으로 오나요?

학심 배우GO!

учи́тесь

① 'на + 시간 대격' 활용하기

'на + 시간 대격'은 '~예정으로, ~정도, ~만큼'이라는 시간 또는 수치의 정도를 나타냅니다.

- **На ско́лько дней** вы прие́дете?　　　　　당신은 **며칠 예정으로** 오시나요?
- **На неде́лю.**　　　　　　　　　　　　　일주일 예정입니다.

> **Tip** 수량 생격에 따라 명사가 변했더라도 해당 단어는 대격 위치에 놓여 있다는 점을 꼭 기억해야 합니다. 즉, 명사 형태가 수량에 따라 생격으로 변한다고 해도 'на + 시간 대격' 규칙에는 영향을 주지 않습니다.

- Я прие́хал (а) в Москву́ **на 3 (три) ме́сяца.**
  나는 모스크바에 **3달 예정으로** 왔습니다.

② са́мый 활용하여 최상급 말하기

러시아어에서는 형용사 са́мый를 활용해 '가장 ~한'이라는 최상급 의미로 활용할 수 있습니다. 주의할 점은 са́мый는 형용사이므로 함께 쓰는 명사에 따라 격 변화가 일어납니다.

- Вам лу́чше заброни́ровать **са́мый недорого́й но́мер.**
  당신은 **가장 비싸지 않은 방**을 예약하는 것이 더 좋습니다.
- **Са́мые ма́ленькие де́ти** гуля́ют в па́рке.　　**제일 어린 아이들**이 공원에서 산책하고 있습니다.

③ 'заплати́ть + за 대격'으로 지불 관련 말하기

заплати́ть는 '지불하다'라는 의미의 동사입니다. '~에 대한' 돈을 지불하다는 의미로 'за 대격' 형태와 함께 쓸 수 있습니다.

- Вы мо́жете **заплати́ть за но́мер,** когда́ вы прие́дете в на́шу гости́ницу.
  당신은 우리 호텔에 오셨을 때 **방에 대한 돈을 지불**할 수 있습니다.

> **Tip** заплати́ть 동사는 목적어와 함께 써서 '~을(를) 지불하다'라는 의미로 말할 수도 있습니다.
>
> 예 Вам на́до **заплати́ть де́ньги.**　　　당신은 **돈을 내야** 합니다.

🎯 Обрати́те внима́ние! 주목하세요!

앞서 11과에서 'в + 시간 대격' 규칙을 공부했습니다. 'в + 시간 대격'은 '~요일에', '~시, ~분에'라는 정확한 요일과 시간을 표현할 때 쓰는 규칙이었던 반면, 'на + 시간 대격'은 '~예정으로'라는 '시간의 정도'를 나타내는 규칙입니다. 다음 예문으로 쓰임 차이를 구분해서 기억하세요.

> 예 Я прие́хал (а) в Москву́ **в час.**　　나는 모스크바에 **한 시에** 도착했어요.
> Я прие́хал (а) в Москву́ **на час.**　　나는 모스크바에 **한 시간 예정으로** 도착했어요.
> 　　　　　　　　　　　　　　　　　　(한 시간 머무른다는 의미)

문법 다지GO!

граммáтика

1 비교급

비교급은 형용사와 부사를 활용해서 만들 수 있습니다. 비교급의 형태와, 비교 대상 표현을 알아봅시다.

1) 비교급의 형태

① 'бóлее 더 / мéнее 덜' + 형용사 / 부사

회화보다는 글을 통해 자주 접하게 되는 문어체 표현입니다.

- Салáт оливьé **бóлее вкýсный**.   '올리비예' 샐러드가 **더 맛있습니다**.
- В Сеýле **мéнее хóлодно**.   서울은 **덜 춥습니다**.

② 비교급 어미 -ее

형용사 기본 어미 -ый / -ий / -ой 또는 부사 기본 어미 -о를 떼고 비교급 어미 -ее를 붙여 비교급으로 만들 수 있습니다. 형용사와 부사가 비교급 어미 -ее로 변하면 부사로 활용할 수 있습니다.

형용사 어미 -ый / -ий / -ой → 비교급 어미 -ее

вкýс**ный** 맛있는	вкусн**ée** 더 맛있게
холóд**ный** 추운, 차가운	холодн**ée** 더 춥게, 더 차갑게
тёпл**ый** 따뜻한	тепл**ée** 더 따뜻하게
свéж**ий** 신선한	свеж**ée** 더 신선하게
голуб**óй** 하늘색의	голуб**ée** 더 푸르게

부사 어미 -о → 비교급 어미 -ее

хóлодно 춥게, 차갑게	холодн**ée** 더 춥게, 더 차갑게
тепл**ó** 따뜻하게	тепл**ée** 더 따뜻하게

- Салáт оливьé **вкуснée**.   '올리비예' 샐러드가 **더 맛있습니다**.
- В Москвé **холоднée**.   모스크바는 **더 춥습니다**.

비교급 어미로 바뀌면서 강세가 달라지는 경우가 있습니다. 강세 변화에 따라 달라지는 발음에 주의하세요.

тёплый 쫘쁠릐 따뜻한	тепл**ée** 찌쁠례예 더 따뜻하게
хóлодно 홀라드나 춥게, 차갑게	холодн**ée** 할라드녜예 더 춥게, 더 차갑게

2) 비교 대상

① 비교급, **чем** + 비교 대상: ~보다 더 ~한

- В Москве́ **холодне́е, чем в Сеу́ле.**　　　모스크바는 서울**보다** 더 **춥습니다.**

> **Tip**　비교 대상은 항상 같은 형태를 취해야 합니다.
>
> 　　예 **Сего́дня** тепле́е, чем **вчера́**.　오늘은 어제보다 더 따뜻합니다. (비교 대상: 시간 부사 сего́дня - вчера́)

② 비교급 + 생격

чем 대신 생격을 써서 비교 대상을 표현할 수도 있습니다. 이 경우, 비교 대상이 주격일 경우에만 'чем + 비교 대상 주격' 대신 생격으로 대체할 수 있다는 점 주의하세요.

- Бори́с ста́рше **меня́.**　　　　　　　　　보리스는 나보다 **나이가 많아요.** (чем я로 대체 가능)
- В Москве́ холодне́е, **чем в Сеу́ле.**　　　모스크바는 서울보다 더 춥습니다.
  　　　　　　　　　　　　　　　　　　　　(비교 대상 장소 전치격 / 생격으로 바꿀 수 없음)

3) 비교 정도를 나타내는 'на + 대격'

'~만큼'에 해당하는 비교 정도를 'на + 대격' 형태로 표현할 수 있습니다. 질문을 할 땐 수량 의문사 'ско́лько 얼마나'를 활용할 수 있습니다.

- **На ско́лько** ты ста́рше меня́?　　　너는 나보다 나이가 **몇 살 (정도)** 더 많니?
- Я ста́рше тебя́ **на 2 (два) го́да.**　나는 너보다 **2살(만큼)** 많아.

② 최상급

'가장 ~한'을 나타내는 최상급은 러시아어에서 비교급에 비해 매우 간단합니다. 최상급은 형용사를 가지고 만들 수 있으며, 'са́мый + 형용사 + 명사' 형태로 표현합니다. 최상급 са́мый는 형용사, 명사와 함께 쓰이기 때문에 위치에 따라 형태 변화가 일어나는 점에 주의해야 합니다.

- Здесь гото́вят **са́мый вку́сный борщ** в Росси́и.
  여기는 러시아에서 **가장 맛있는 보르쉬**를 요리합니다.
- Я прочита́л **са́мую интере́сную кни́гу.** 나는 **가장 재미있는 책**을 읽었습니다.

최상급 표현에서 명사를 생략하고 'са́мый + 형용사'만 쓰이는 경우도 있습니다. 이 경우 형용사가 명사로 활용되는 것으로 볼 수 있습니다.

- Танта́н рассказа́ла **о са́мом интере́сном.** 딴딴이 **가장 재미있는 것**에 대해 얘기해 주었습니다.

Запо́мните! 기억하세요!

비교급 앞에 по를 붙이면 '조금 더'라는 의미를 첨가하여 비교급의 의미를 강조하는 역할을 합니다. 회화에서 굉장히 자주 활용되므로 다음 예문과 같이 비교급 표현과 함께 기억하세요.

　　예　Я закажу́ **попо́зже**. 나는 **조금 더 있다가** 주문할게요. (по́здно의 비교급)
　　　　Говори́те **побыстре́е**. **조금 더 빨리** 말씀해 주세요. (бы́стрый의 비교급)
　　　　Юна́, приходи́те **пора́ньше**! 유나, **조금 더 일찍** 오세요! (ра́но의 비교급)

1 **비교급 어미 -e**

앞서 비교급 어미가 -ee로 변하는 경우를 살펴보았습니다. 어미 -ee가 가장 대표적인 비교급 어미라면, 어미 -e는 유의 사항이 있는 비교급 변화 규칙입니다. 형용사, 부사가 비교급이 되면서 형태 변화가 일어나거나, 완전히 불규칙하게 변하는 경우 어미 -e를 추가해서 비교급을 만듭니다.

① 형용사 / 부사 어간의 자음 변환 + -e

형용사와 부사의 기본 어미를 제외했을 때 다음 표에 해당하는 자음이 남는다면, 자음 변환이 일어나면서 비교급 어미 -e가 추가됩니다.

어간 -д	-же	моло**дóй** 젊은	моло́**же** 더 젊게
어간 -г	-же	доро**гóй** 비싼	доро́**же** 더 비싸게
어간 -к	-че	грóм**кий** 소리가 큰	грóм**че** 더 크게
어간 -т	-че	кру**тóй** 가파른	крý**че** 더 가파르게
어간 -х	-ше	ти́**хий** 조용한	ти́**ше** 더 조용하게
어간 -ст	-ще	чи́**стый** 깨끗한	чи́**ще** 더 깨끗하게

· Э́та маши́на **доро́же**, чем други́е.　이 자동차는 다른 차들보다 **더 비쌉니다**.

② 불규칙 비교급

비교급 일반 규칙과 완전히 다르게 변화하는 불규칙 비교급을 따로 익혀 두세요.

형용사 / 부사 원형	불규칙 비교급
хорóший 좋은 / хорошó 잘, 좋게	лýчше 더 좋게
плохóй 나쁜 / плóхо 나쁘게	хýже 더 나쁘게
большóй 큰 / мнóго 많이	бóльше 더 크게, 더 많이
мáленький 작은, 어린 / мáло 적게	мéньше 더 작게, 더 적게
пóздно 늦게	пóзже 더 늦게, 더 있다가
рáно 이르게	рáньше 더 이르게, 더 예전에
далёкий 거리가 먼 / далекó 멀게	дáльше 더 멀리, 더 나아가서
бли́зкий 가까운, 친한 / бли́зко 가깝게	бли́же 더 가깝게, 더 친하게
высóкий 높은, 키가 큰 / высокó 높게	вы́ше 더 높게, 키가 더 크게
ни́зкий 낮은 / ни́зко 낮게	ни́же 더 낮게
широ́кий 넓은 / широко́ 넓게	ши́ре 더 넓게
ýзкий 좁은 / ýзко 좁게	ýже 더 좁게

старый 오래된, 늙은	старше 나이가 더 많은
молодóй 젊은	млáдше 나이가 더 적은

- Я знáю рýсский язы́к **лýчше, чем** Тантáн.　나는 딴딴보다 러시아어를 **더 잘 압니다**.
- **Я молóже** тебя́ на 5 (пять) лет.　나는 너보다 5살 **더 어리다 (더 젊다)**.
- **Я млáдше** тебя́ на 5 (пять) лет.　나는 너보다 5살 **더 어리다 (나이가 더 적다)**.

> Tip　'молодóй 젊은'의 비교급은 молóже 또는 млáдше 두 가지 형태로 존재합니다. 용법상 차이는 크게 없습니다. 회
> 화에서는 млáдше를 더 자주 활용합니다.

2 기타 최상급 표현

최상급 표현도 сáмый뿐만 아니라 다양한 형태가 있습니다. 어떤 최상급 표현들이 더 있는지 알아봅시다.

① 'наибóлее 훨씬 더 / наимéнее 훨씬 덜' + 형용사 / 부사

형용사와 부사 앞에 최상급 의미를 가진 부사 'наибóлее 훨씬 더', 'наимéнее 훨씬 덜'을 붙이는 방법입니다.

- Я éла **наибóлее вкýсный салáт**.　　　　　나는 **훨씬 더 맛있는** 샐러드를 먹었습니다.
- Борúс отдыхáл на **наимéнее красúвом óзере**. 보리스는 **훨씬 덜 아름다운** 호수에서 쉬었습니다.

② 최상급 어미 -ейший

형용사의 기본 어미를 제외하고 최상급 어미 -ейший를 붙이는 경우입니다. сáмый와 마찬가지로 명사와 함
께 쓰이기 때문에 위치에 따라 형태 변화가 일어납니다.

вкýсный 맛있는	вкуснéйший 가장 맛있는
красúвый 예쁜, 잘생긴	красúвейший 가장 예쁜, 잘생긴

- Я éла **вкуснéйший** салáт.　　　　　나는 **가장 맛있는** 샐러드를 먹었습니다.

3 완전 불규칙 최상급

완전히 개별적으로 불규칙 변화하는 최상급입니다.

хорóший 좋은	лýчший 가장 좋은
плохóй 나쁜	хýдший 가장 나쁜

- Юмúн - мой **лýчший** друг.　　　　　유민은 나의 **최고의 (가장 좋은)** 친구입니다.

Запóмните! 기억하세요!

'бóлее 더', 'мéнее 덜'와 함께 쓰는 비교급 표현과 마찬가지로, -ейший 형태로 변하는 최상급이나 'наибóлее
가장 많이 / наимéнее 가장 적게'를 활용하는 최상급 표현은 말할 때보다는 문어체로 더 자주 접할 수 있
습니다. 회화에서 많이 활용되지 않아도 러시아어 글을 읽거나 쓸 때 자주 볼 수 있는 표현이므로 참고해
두세요.

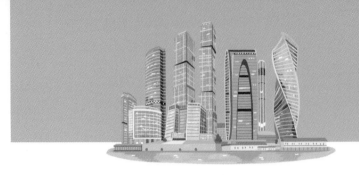

1 주어진 문장을 의미에 맞게 순서대로 나열하세요.

> ❶ Да, есть. На скóлько дней приéдете?
> ❷ У вас есть свобóдные номерá?
> ❸ На недéлю.
> ❹ Я хочý заброни́ровать нóмер.

⫽1 _____

⫽2 _____

⫽3 _____

⫽4 _____

2 빈칸에 в 또는 на 중 알맞은 전치사를 써 넣으세요.

⫽1 Я приéхал в Москвý _____ год.

⫽2 Бори́с пришёл домóй _____ 7 (семь) часóв.

⫽3 Тантáн стáрше Джулиáна _____ 2 (два) гóда.

⫽4 Юнá ходи́ла в ресторáн _____ суббóту.

3 주어진 형용사 또는 부사를 비교급 형태로 알맞게 바꾸세요.

⫽1 Я _____ тебя́ на 4 (четы́ре) гóда. (стáрый)

⫽2 В Москвé _____, чем в Сеýле. (хóлодно)

⫽3 Ю́лия говори́т по-англи́йски _____, чем Юми́н (хорошó)

⫽4 Борщ _____, чем салáт. (вкýсный)

4 최상급 cáмый를 위치에 맞게 알맞은 형태로 바꾸세요.

// 1 Я купи́ла _____ дорогу́ю матрёшку.

// 2 Мои́ роди́тели живу́т в _____ большо́м до́ме.

// 3 Бори́с подари́л цветы́ _____ краси́вой де́вушке.

// 4 Юна́ познако́милась с _____ тала́нтливым арти́стом.

5 다음 중 문법상 틀린 문장을 고르세요.

❶ Вы гото́в заказа́ть?

❷ Это са́мый интере́сный фильм.

❸ Сего́дня тепле́е вчера́

❹ Я заплати́ла за кни́гу.

정답

❶ ④ Я хочу́ заброни́ровать но́мер. 나는 호텔 방을 예약하고 싶어요. ② У вас есть свобо́дные номера́? 당신한테 빈 방이 있나요? ① Да, есть. На ско́лько дней прие́дете? 네 있습니다. 며칠 예정으로 오시나요? ③ На неде́лю. 일주일 예정으로요.

❷ ① на 나는 모스크바에 1년 예정으로 왔습니다. ② в 보리스는 집에 7시에 도착했습니다. ③ на 딴딴은 줄리안보다 2살 더 많습니다. ④ в 유나는 토요일에 레스토랑에 갔다 왔습니다.

❸ ① ста́рше 나는 너보다 4살 만큼 나이가 더 많아. ② холодне́е 모스크바는 서울보다 더 춥습니다. ③ лу́чше 율리야는 유민보다 영어로 말을 더 잘합니다. ④ вкусне́е 보르쉬는 샐러드보다 더 맛있습니다.

❹ ① са́мую 나는 가장 비싼 마트료시카를 샀습니다. (여성 단수 대격) ② са́мом 내 부모님은 가장 큰 집에서 삽니다. (남성 단수 전치격) ③ са́мой 보리스는 가장 예쁜 여자에게 꽃을 선물했습니다. (여성 단수 여격) ④ са́мым 유나는 가장 재능있는 아티스트와 알게 되었습니다. (남성 단수 조격)

❺ ① Вы гото́в заказа́ть? (x) → ① Вы гото́вы заказа́ть? 당신은 주문할 준비가 됐나요? ③ Сего́дня тепле́е вчера́. (x) → ③ Сего́дня тепле́е, чем вчера́. 오늘은 어제보다 더 따뜻해요.

호텔, 기내, 공항, 기차에서 활용할 수 있는 표현들

호텔에서

Я хочý заброни́ровать нóмер.	나는 방을 예약하고 싶어요.
У вас есть одномéстный нóмер?	1인실 있나요?
У вас есть двухмéстный нóмер с двумя́ крова́тями?	침대가 2개인 2인실 (트윈룸) 있나요?
У вас есть двухмéстный нóмер с однóй крова́тью?	침대가 1개인 2인실 (더블룸) 있나요?
У вас в гости́нице за́втрак включён?	당신 호텔은 조식이 포함되어 있나요?
Убери́те нóмер, пожа́луйста!	방 청소 부탁드려요!
В нóмере нет горя́чей воды́.	방에 뜨거운 물이 안 나와요.
Принеси́те чи́стые полотéнца!	깨끗한 수건을 가져다주세요!

기내에서

Да́йте воды́, пожа́луйста!	물 좀 주세요!
Каки́е напи́тки у вас есть?	어떤 음료가 있나요?
Я зара́нее заказа́л (а) едý.	나는 사전에 음식을 주문했어요.
Кýрицу / говя́дину / свини́ну, пожа́луйста!	닭고기 / 소고기 / 돼지고기 주세요!
Я хочý купи́ть э́то (из дьюти-фри).	나는 이것을 (면세로) 사고 싶어요.

공항에서

Я хочý зарегистри́роваться на рейс.	탑승 수속하고 싶어요.
Где вы́ход на поса́дку?	게이트가 어디에 있나요?
Вот поса́дочный талóн и па́спорт.	여기 탑승권과 여권이 있습니다.
Где тамóженная деклара́ция?	세관 신고서는 어디 있나요?
На́до ли заполня́ть ка́рту прибы́тия / убы́тия?	입국 / 출국 카드를 써야 하나요?

기차에서

Когда́ останóвится пóезд?	기차가 언제 정차합니까?
Когда́ отпра́вится пóезд?	기차가 언제 출발합니까?
Где моё мéсто?	내 자리는 어디입니까?
Вот мой билéт.	여기 내 표가 있습니다.
Мóжно ли купи́ть каку́ю-нибýдь едý, когда́ пóезд останóвится на вокза́ле?	기차가 역에 정차했을 때 어떤 것이든 음식을 살 수 있나요?
Где горя́чая вода́?	뜨거운 물은 어디에 있나요?

러시아 만나GO!

о России

시베리아 횡단 열차로 러시아 여행

라시아를 잇는 시베리아 횡단 열차는 전 세계에서 가장 긴 열차 노선입니다. 시베리아 횡단 열차 노선의 양 끝인 블라디보스토크에서 모스크바까지는 총 9,288킬로미터에 달하며, 기차 운행 시간만 꼬박 7일이 걸립니다. 기차를 타고 러시아와 유럽을 횡단할 수 있다는 낭만적인 이유로 많은 여행자들의 버킷리스트에 오르기도 합니다. 기차에서 다양한 나라 사람들을 만날 수 있고, 중간에 러시아의 유명한 도시에 내려 관광도 할 수 있어서인지 시베리아 횡단 열차 여행의 매력을 느끼는 사람들이 많아지고 있습니다. 시베리아 횡단 열차로 갈 수 있는 대표적인 곳들은 어디일까요?

1. 블라디보스토크
우리나라에서 가장 가까운 유럽이라고도 하는 블라디보스토크는 시베리아 횡단 열차의 출발점이자 종착점입니다. 일제 강점기, 생계와 독립 운동을 위해 연해주에서 활동한 조선인들(오늘날의 고려인들)의 역사적 흔적을 찾아 볼 수 있는 뜻깊은 도시이기도 합니다. 러시아의 해군 기지이기도 해서, 연안에 정박한 잠수함이나 군함도 구경할 수 있습니다. 해산물 요리를 즐기기 위해 블라디보스토크를 찾는 사람도 많습니다.

2. 이르쿠츠크
바이칼 호수를 방문하기 위해 거치게 되는 곳입니다. 전 세계에서 가장 큰 민물 호수인 바이칼 호수를 러시아인들은 '시베리아의 성스러운 바다'라고 부릅니다.

3. 모스크바
러시아의 수도 모스크바 역시 시베리아 횡단 열차의 출발점이자 종착점입니다. 크렘린 궁, 붉은 광장, 성 바실리 사원 등 관광 명소를 보기 위해 전 세계인들이 모스크바를 찾습니다. 모스크바에 있는 'Ки́евский вокза́л 키예프 역'에서 유럽으로 향하는 기차를 탈 수도 있습니다.

기회가 된다면 열차를 타고 러시아 횡단에 도전해 보세요. 정말 멋진 추억이 될 거예요!

Счастли́вого пути́! 좋은 여행 되세요!
쉬슬리v바v바 뿌찌

Я опа́здываю,
потому́ что я
просну́лся по́здно.

▶ 20강

Уро́к
20

Я опа́здываю, потому́ что я просну́лся по́здно.

나는 늦게 일어났기 때문에 지각해요.

↘ 학습 목표
접속사를 활용해 인과 관계를 설명할 수 있다.

↘ 공부할 내용
접속사
복수 전치격
관계 대명사 кото́рый

↘ 주요 표현
Почему́ ты опа́здываешь?
Я опа́здываю, потому́ что я просну́лся по́здно.
Я собира́юсь пойти́ на стадио́н, что́бы посмотре́ть футбо́льный матч.
Я ча́сто разгова́риваю о футбо́льных новостя́х.

◀ 모스크바 역사 박물관

말문 트 GO!

говори́те

🎧 Track 20-01

💬 **Диало́г 1**

줄리안은 유나에게 왜 지각하는지 이야기하고, 사과를 합니다.

Джулиа́н	Алло́! Юна́, извини́! Я чуть-чу́ть опа́здываю.
Юна́	Что? Я уже́ на ме́сте. Почему́ ты опа́здываешь?
Джулиа́н	Потому́ что я просну́лся по́здно. Но́чью почему́-то не мог засну́ть. А ещё авто́бус не пришёл во́время. Я ждал его́ почти́ 20 (два́дцать) мину́т.
Юна́	Ну, ла́дно. Тогда́ я пойду́ куплю́ биле́ты и там бу́ду ждать тебя́.
Джулиа́н	Хорошо́. Кста́ти, о́коло ка́ссы есть ма́ленькое кафе́. Да́вай встре́тимся там. На у́лице о́чень жа́рко.

줄리안 여보세요! 유나, 미안해!
　　　 나 조금 늦을 것 같아.
유나　 뭐라고? 나 벌써 약속 장소야.
　　　 왜 늦게 오는 거니?
줄리안 왜냐하면 내가 늦게 일어났어.
　　　 밤에 무슨 이유인지 잠들 수가 없
　　　 었어.
　　　 그리고 또 버스가 제시간에 안 왔어.
　　　 나는 버스를 거의 20분 정도 기
　　　 다렸어.
유나　 음, 알겠어. 그럼 나 표 사러 가서
　　　 거기서 너를 기다릴게.
줄리안 좋아. 그런데 매표소 주변에 작은
　　　 카페가 있어. 거기서 만나자. 밖
　　　 에는 아주 더워.

 Слова́　**чуть-чу́ть** 부 조금, 약간　**опа́здывать** 동 '지각하다'의 불완료　**просну́ться** 동 '잠이 깨다'의 완료　**засну́ть** 동 '잠이 들다'의 완료　**во́время** 부 제때에, 제시간에　**ждать** 동 '기다리다'의 불완료　**ка́сса** 명 매표소, 계산대

 포인트 잡GO!

❶ 'ме́сто 자리, 장소'를 на ме́сте라는 장소 표현으로 쓰면 '제자리에, 그 장소에, 약속 장소에'의 의미입니다.

　　예　Я уже́ **на ме́сте**.　　　　　　　　　나 벌써 약속 장소야.

❷ 의문사 'почему́ 왜'에 소사 -то를 붙이면 'почему́-то 무슨 이유인지, 왜인지'라는 부사로 쓸 수 있습니다.

　　예　Но́чью **почему́-то** не мог засну́ть.　저녁에 **무슨 이유인지** 잠들 수가 없었어.

❸ 'идти́ 걸어 가다' 동사를 활용해서 '교통수단이 움직이다'라는 의미로 쓸 수 있습니다. идти́뿐만 아니라
　접두사를 붙인 'прийти́ 도착하다', 'уйти́ 떠나다' 등의 동사도 활용 가능합니다.

우리́тесь

1 인과 접속사 потому́ что로 이유 답변하기

потому́ что는 '왜냐하면', '~(이)기 때문에'의 의미로 쓰이는 인과 접속사입니다. 원인을 나타낼 수 있으며, 주로 의문사 'почему́ 왜?'로 시작하는 의문문에 답변할 때 활용합니다.

- **Почему́** ты опа́здываешь?   너는 **왜** 늦니?
- **Потому́ что** я просну́лся по́здно.   **왜냐하면** 나는 늦게 잠이 들었어.

> **Tip** потому́ что는 반드시 앞에 '~했다'라는 전제 상황이 있어야만 '왜냐하면 ~(이)기 때문이다'라고 답할 수 있습니다.
>
> **예** Потому́ что Танта́н забы́ла сказа́ть об э́том. (x)
> 왜냐하면 딴딴이 이것에 대해 말하는 것을 깜박했기 때문이에요. (전제 상황 없음)
> Я ещё раз спроси́л(а) Танта́н о дома́шнем зада́нии. Потому́ что она́ забы́ла мне о нём сказа́ть. (o)
> 나는 한 번 더 딴딴에게 숙제에 대해 물어 봤어요. (전제 상황 주어짐)
> 왜냐하면 그녀는 이것에 대해 나에게 말하는 것을 깜박했기 때문이에요.

2 ждать 동사 활용하기

ждать 동사는 대격과 함께 써 '~을(를) 기다리다'라고 활용되는 불완료상 동사입니다. 상황에 따라 반복, 지속의 의미일 땐 불완료상인 ждать를, 일회성 및 완료의 의미일 땐 완료상인 подожда́ть를 사용할 수 있습니다. ждать 동사는 현재 변화형을 주의해서 기억해야 합니다. 한편 과거형은 규칙대로 변합니다.

주어	ждать 불완료상 현재	подожда́ть 완료상 미래
я	жду	подожду́
ты	ждёшь	подождёшь
они́	ждут	подожду́т

- Я пойду́ куплю́ биле́ты и там **бу́ду ждать** тебя́.   나는 표를 사러 갈 거고 거기서 너를 **기다릴게**.
- Я до́лго **ждал** свою́ подру́гу.   나는 내 여자 친구를 오랫동안 **기다렸습니다**.

Обрати́те внима́ние! 주목하세요!

опа́здывать는 '지각하다, 늦다'라는 의미의 불완료상입니다. 불완료상은 과정, 행위의 의미로도 쓸 수 있습니다. 그래서 불완료상 опа́здывать를 현재형으로 쓰면 반복의 의미뿐만 아니라 '지금 늦는다, 늦게 가는 중이다'라는 의미로도 활용할 수 있습니다. 반면 완료상인 опозда́ть는 이미 늦었거나 앞으로 미래에 늦을 것이라는 의미가 됩니다.

> **예** Я чуть-чу́ть **опа́здываю**.   나 조금 **늦어**. (지금 가는 중인데, 늦을 거라는 의미)
> За́втра я то́чно **опозда́ю** на у́жин, потому́ что у меня́ экза́мены.
> 내일 나는 저녁 식사에 반드시 **늦을 거야**. 왜냐하면 내일 시험이 있어.

🎧 Track 20-02

💬 **Диало́г 2**

유민과 율리야는 토요일에 함께 축구장에 가기로 했습니다.

Ю́лия	Юми́н, куда́ вы собира́етесь в э́ту суббо́ту?
Юми́н	Я собира́юсь пойти́ на стадио́н, что́бы посмотре́ть футбо́льный матч.
Ю́лия	О, я не зна́ла, что вы лю́бите футбо́л.
Юми́н	Я о́чень люблю́ футбо́л и ча́сто разгова́риваю с друзья́ми о футбо́льных новостя́х.
Ю́лия	А вы ча́сто хо́дите на стадио́н?
Юми́н	Коне́чно. В моско́вской кома́нде игра́ет оди́н тала́нтливый футболи́ст, кото́рого я о́чень люблю́. Поэ́тому я всегда́ хожу́ на стадио́н, когда́ он игра́ет.
Ю́лия	Интере́сно. Дава́йте вме́сте пойдём смотре́ть футбо́льный матч! Я то́же хочу́ боле́ть за футболи́стов на стадио́не.
Юми́н	Дава́йте!

율리야 유민, 당신은 이번 토요일에 어디로 가려고 하나요?

유민 나는 축구 경기를 보기 위해 경기장으로 가려고 해요.

율리야 오, 나는 당신이 축구를 좋아하는지 몰랐네요.

유민 나는 축구를 엄청 좋아해요. 그래서 친구들과 축구 뉴스에 대해 얘기를 자주 나눠요.

율리야 그러면 당신은 경기장에 자주 가나요?

유민 물론이죠. 내가 엄청 좋아하는 재능 있는 축구 선수 하나가 모스크바 팀에서 경기를 하고 있어요. 그래서 나는 그가 경기를 할 때마다 항상 경기장에 가요.

율리야 흥미롭네요. 축구 경기 보러 함께 가요! 나도 경기장에서 축구 선수들을 응원하고 싶어요.

유민 그럽시다!

Слова́ что́бы 접 ~하기 위해서 но́вость 명 소식, 뉴스 кома́нда 명 팀 тала́нтливый 형 재능 있는 футболи́ст 명 축구 선수 матч 명 경기 боле́ть 동 아프다, 응원하다

🎯 **포인트 잡GO!**

❶ собира́ться는 куда́ 형태의 장소나 동사 원형과 함께 '~하려고 하다, ~할 예정이다'로도 활용됩니다.

❷ 관계대명사 кото́рый는 앞에 오는 선행사를 수식하며, 형용사처럼 형태 변화가 일어납니다.

❸ дава́йте는 'дава́ть 주다' 동사의 명령문 형태이지만, '주세요'라는 의미보단 '함께 ~합시다'라는 청유 명령문으로 더 자주 쓰입니다.

　예　Дава́йте вме́сте **пойдём смотре́ть** футбо́льный матч! 축구 경기 **보러** 함께 가요!

핵심 배우GO!

учи́тесь

1 'боле́ть + за 대격'으로 응원의 의미 말하기

боле́ть는 원래 '아프다'는 의미지만, 'за +대격'과 함께 쓰인다면 '응원하다'라는 의미가 됩니다.

- Я то́же хочу́ **боле́ть за футболи́стов** на стадио́не.
  나도 경기장에서 축구 선수들을 **응원하**고 싶어요.

  > **Tip** 질문을 할 땐 'за кого́?' 또는 'за + 명사 대격' 구조로 물을 수 있습니다.

- **За кого́** боле́ют студе́нты? 학생들이 **누구를** 응원하나요?
- **За каку́ю кома́нду** вы боле́ете? 당신은 **어떤 팀을** 응원하나요?

2 접속사 что́бы 활용하기

что́бы는 목적의 의미를 가진 접속사입니다. 주의할 점은 주어, 동사가 함께 쓰이는 다른 접속사와 달리 что́бы는 동사 원형과 함께 써서 '~하기 위해서'로 활용할 수 있습니다.

- Я собира́юсь пойти́ на стадио́н, **что́бы посмотре́ть** футбо́льный матч.
  나는 축구 경기를 **보기 위해** 경기장으로 가려고 해요.

  > **Tip** 운동 동사와 동사 원형을 함께 써도 '~하기 위해서 간다'라는 의미로 활용할 수 있어요. 이때 что́бы는 생략해도 됩니다.
  >
  > **예** Дава́йте вме́сте **пойдём смотре́ть** футбо́льный матч. 축구 경기 **보러** 함께 가요!

접속사 что́бы는 '~하기 위해서'라는 목적의 의미 뿐만 아니라 다양한 역할로 쓰입니다. что́бы 관련 자세한 내용은 문법 다지GO! 코너에서 살펴보겠습니다.

🎯 Обрати́те внима́ние! 주목하세요!

수사 1 (оди́н)은 말할 때 주로 생략해서 쓰지만, '하나의, 한 명의'라는 의미를 강조할 땐 1 (оди́н)을 쓰기도 합니다. 주의할 점은, 수사 1 (оди́н)은 함께 쓰는 명사의 성, 수에 따라 형태가 달라집니다.

оди́н + 남성	оди́н студе́нт 학생 한 명	одно́ + 중성	одно́ пальто́ 코트 한 벌
одна́ + 여성	одна́ кни́га 책 한 권	одни́ + 상시 복수 명사	одни́ очки́ 안경 한 개

> **예** В моско́вской кома́нде игра́ет **оди́н тала́нтливый футболи́ст.**
> 모스크바 팀에서 재능 있는 **축구 선수 하나가** 경기를 하고 있어요. (남성 명사 - оди́н)
>
> Сейча́с 2 (два) часа́ **1 (одна́) мину́та.** 지금 2시 **1분입니다.** (여성 명사 - одна́)
>
> Я уви́дела **одно́ си́нее пальто́**, и оно́ мне о́чень понра́вилось.
> 나는 **파란색 코트 한 벌을** 봤는데, 너무 마음에 들었어요. (중성 명사 - одно́)
>
> Я купи́ла то́лько **одни́ брю́ки.** 나는 **바지 한 벌만** 샀어요. (상시 복수 명사 - одни́)

문법 다지GO!

граммáтика

1 명사의 복수 전치격

이번 과에서는 복수 전치격 어미 변화를 알아봅시다. 우선 명사가 복수 전치격 형태로 바뀔 땐 남성, 여성, 중성 명사가 동일한 어미(-ах / -ях)로 바뀝니다.

-ах	① 자음으로 끝나는 남성 명사	**예** журнáл → в журнáл**ах** 잡지(들)에 университéт → в университéт**ах** 대학교(들)에서
	② а로 끝나는 여성 명사	**예** газéта → в газéт**ах** 신문(들)에 подрýга → о подрýг**ах** 여자 친구들에 대해
	③ о로 끝나는 중성 명사	**예** письмó → в пи́сьм**ах** 편지(들)에 слóво → о слов**áх** 단어(들)에 대해
-ях	① й로 끝나는 남성 명사	**예** музéй → в музé**ях** 박물관(들)에서 герóй → о герó**ях** 주인공들에 대해
	② ь로 끝나는 남성, 여성 명사	**예** словáрь → в словар**я́х** 사전(들)에 плóщадь → на площад**я́х** 광장(들)에서
	③ я로 끝나는 여성 명사	**예** пéсня → о пéсн**ях** 노래(들)에 대해 статья́ → о статья́х 기사(들)에 대해
	④ е로 끝나는 중성 명사	**예** здáние → в здáни**ях** 건물(들)에서 заня́тие → на заня́ти**ях** 수업(들)에서

Tip 불규칙 복수 명사나 강세 변화가 일어나는 복수 명사는 바뀐 형태를 기준으로 복수 격 변화를 합니다.

예 Я чáсто дýмаю **о брáтьях и сёстрах.** 나는 자주 **형제 자매들에 대해** 생각해요.
(брат → брáтья / 불규칙, сестрá → сёстры / 강세 변화)

Я расскáзываю друзья́м о свои́х **дéтях**. 나는 친구들에게 **내 아이들에 대해** 이야기합니다.
(ребёнок → дéти / 불규칙)

Я иногдá разговáриваю с роди́телями **о новостя́х.** 나는 부모님과 가끔 **뉴스에 대해** 대화를 나눕니다.
(нóвость 소식, нóвости 뉴스→ новостя́х 복수 전치격에서 강세 변화)

2 형용사의 복수 전치격

형용사 복수 전치격은 복수 생격(-ых / -их)과 어미가 동일합니다.

-ых	대부분의 남성, 여성, 중성 형용사	예 краси́вый → краси́вых 아름다운, 예쁜 но́вый → но́вых 새로운 интере́сный → интере́сных 재미있는
-их	① ний로 끝나는 연변화 형용사	예 си́ний → си́них 파란
	② 철자규칙 к / г / х / ж / ш / щ / ч + ы 대신 и를 쓰는 경우	예 хоро́ший → хоро́ших 좋은

· Бори́с расска́зывает о свои́х но́вых друзья́х.
  보리스는 **자신의 새로운 친구들에 대해** 이야기합니다.

· Москвичи́ ча́сто отдыха́ют на краси́вых площадя́х Москвы́.
  모스크바 사람들은 모스크바의 **예쁜 광장에서** 자주 휴식을 취합니다.

· Я иногда́ разгова́риваю с роди́телями о после́дних новостя́х.
  나는 부모님과 가끔 **최신 뉴스에 대해** 대화를 나눕니다. (после́дний 마지막의, 최신의 / 연변화 형용사)

3 접속사

접속사는 두 문장을 연결하는 역할의 품사입니다. 앞뒤 문장의 흐름에 따라 알맞은 접속사로 말해야 합니다.
접속사의 종류와 쓰임을 배워 보겠습니다.

1) 등위 접속사

등위 접속사는 앞뒤로 같은 문장 성분을 연결할 때 쓰는 접속사입니다. '명사 + 접속사 + 명사 / 동사 + 접속사
+ 동사 / 문장 + 접속사 + 문장'처럼 같은 성분의 문장이 앞뒤로 놓이게 됩니다.

и	① 그리고	- Я куплю́ молоко́ **и** сыр. 나는 우유**와** 치즈를 살 거예요.
	② 그래서	- Идёт дождь, **и** мы не пошли́ в парк. 비가 옵니다. **그래서** 우리는 공원에 안 갔어요.
а	반면에 (대칭)	- Юна́ у́чится в университе́те, **а** Юми́н рабо́тает. 유나는 대학에 다니지만, **반면에** 유민은 일을 합니다.
но	그러나 (모순)	- Идёт дождь, **но** мы пошли́ в парк. 비가 옵니다. **하지만** 우리는 공원에 갔어요.
и́ли	혹은	- Я хочу́ купи́ть чёрную **и́ли** кра́сную су́мку. 나는 검정색 **혹은** 빨간색 가방을 사고 싶어요.

2) 종속 접속사

종속 접속사는 등위 접속사와는 달리 단순히 두 문장을 연결할 때 쓰는 접속사입니다. 즉, 앞뒤로 같은 문장 성분이 올 필요가 없습니다. 종속 접속사는 항상 종속절에서의 의미와 역할에 따라 형태가 결정됩니다. 우선 종속 접속사 중, 격 변화가 일어나는 접속사를 살펴보겠습니다.

кто	누구	- Я не зна́ю, **кто** э́то. 나는 이 사람이 누구인지 몰라요. (кто / 주격) - Я не зна́ю, **у кого́** есть кни́га. 나는 **누구한테** 책이 있는지 몰라요. (у кого́ / у + 생격) - Я не зна́ю, **кому́** ты дала́ слова́рь. 나는 네가 **누구에게** 사전을 줬는지 몰라. (кому́ / 여격) - Я не зна́ю, **кого́** ты лю́бишь. 나는 네가 **누구를** 좋아하는지 몰라. (кого́ / 대격) - Я не зна́ю, **с кем** ты познако́милась. 나는 네가 **누구와** 알게 됐는지 몰라. (с кем / с + 조격) - Я не зна́ю, **о ком** ты говори́шь. 나는 네가 **누구에 대해** 말하는지 몰라. (о ком / о + 전치격)
что	무엇	- Я не зна́ю, **что** э́то. 나는 이것이 **무엇인지** 몰라요. (что / 주격) - Я не зна́ю, **с чем** ты ешь сала́т. 나는 네가 샐러드에 **무엇을 곁들여** 먹는지 몰라. (с чем / с + 조격) - Я не зна́ю, **о чём** ты мечта́ешь. 나는 네가 **무엇에 대해** 바라는지 몰라. (о чём / о + 전치격)
како́й	어떤	- Я не зна́ю, **како́й фильм** идёт в кино́ сейча́с. 나는 **어떤 영화가** 지금 영화관에서 하는지 몰라요. (како́й / 주격 남성 단수) - Я не зна́ю, **каки́м студе́нтам** ты дала́ уче́бники. 나는 네가 **어떤 학생들에게** 교과서를 줬는지 몰라. (каки́м / 여격 복수) - Я не зна́ю, **в каки́х** рестора́нах ты лю́бишь обе́дать. 나는 네가 **어떤 레스토랑에서** 점심 먹는 것을 좋아하는지 몰라. (в каки́х / в + 전치격 복수)

чей	누구의	- Я не зна́ю, **чей** это **брат**. 나는 이 사람이 **누구의 남자 형제인지** 몰라. (чей / 주격 남성 단수) - Я не зна́ю, **у чьего́ бра́та** есть маши́на. 나는 **누구의 남자 형제에게** 자동차가 있는지 몰라. (у чьего́ / у + 생격 남성 단수) - Я не зна́ю, **о чьей сестре́** ты ду́маешь. 나는 네가 **누구의 여동생에 대해** 생각하는지 몰라. (о чьей / о + 전치격 여성 단수)

기타 격 변화가 일어나지 않는 종속 접속사는 꿀팁 더하GO! 코너에서 이어서 배우겠습니다.

 Запо́мните! 기억하세요!

위에서 살펴보았듯이, 격 변화가 일어나는 접속사가 있습니다. 'кто 누구 / что 무엇 / како́й 어떤 / чей 누구의'라는 의문사를 접속사로 활용할 때 접속사의 형태는 종속절에서의 역할과 위치에 따라 격이 결정된다는 점을 꼭 기억하세요.

> 예   Бори́с спроси́л меня́, **с каки́ми детьми́** я обы́чно игра́ю в футбо́л.
 보리스는 내가 보통 **어떤 아이들과** 축구를 하는지 나에게 물어봤어요.

 (с каки́ми / с + 조격 복수)

① **기타 종속 접속사**

앞서 배운 접속사들과 달리 이제부터 살펴볼 접속사들은 격 변화가 일어나지 않습니다. 종속절에서 어떤 의미로 쓰이는지에 따라 접속사를 다르게 활용할 수 있습니다.

1) 의문사를 활용한 접속사

что ~라고, ~라는 것을	Я сказа́ла, **что** я хочу́ рабо́тать учи́телем. 나는 선생님으로 일하고 싶**다고** 말했어요.
где 어디에서	Я не зна́ю, **где** ты у́чишься. 나는 네가 **어디에** 재학 중인지 / 어디에서 공부 중인지 몰라. (учи́ться + где ~에 재학, 유학하다)
куда́ 어디로	Я не зна́ю, **куда́** идёт Бори́с. 나는 보리스가 **어디로** 가는지 몰라요. (идти́ + куда́ ~로 걸어 가다)
отку́да 어디서부터	Я не зна́ю, **отку́да** вы прие́хали. 나는 당신이 **어디에서** 왔는지 몰라요. (прие́хать + отку́да ~에서 도착하다, 오다)
когда́ 언제	Я не зна́ю, **когда́** у тебя́ день рожде́ния. 나는 네 생일이 **언제인지** 몰라. (день рожде́ния + когда́ 언제 생일이다)
ско́лько 얼마나	Я не зна́ю, **ско́лько** э́то сто́ит. 나는 이것이 **얼마인지** 몰라요. (сто́ить + ско́лько 얼마의 가격이다)
как 어떻게	Я не зна́ю, **как** ты чу́вствуешь себя́. 나는 네가 컨디션이 **어떤지** 몰라. (чу́вствовать + как 컨디션이 어떠하다)

2) 인과 접속사

потому́ что 왜냐하면	Джулиа́н опозда́л на свида́ние, **потому́ что** он просну́лся по́здно. 줄리안이 데이트에 늦었습니다. **왜냐하면** 그는 늦게 일어났기 때문이에요.
поэ́тому 그래서	Джулиа́н опозда́л на свида́ние, **поэ́тому** Юна́ оби́делась. 줄리안이 데이트에 늦었습니다. **그래서** 유나가 기분이 상했어요.
почему́ 왜	Юна́ спроси́ла, **почему́** Джулиа́н опозда́л на свида́ние. 유나는 줄리안이 **왜** 데이트에 늦었는지 물어봤어요.

3) 조건 접속사

	실현 가능성이 있는 가정 / 앞으로의 미래에 대한 가정 (주로 미래 시제와 함께 활용)
éсли ~한다면 ~할 것이다	**Éсли** у меня́ бу́дет вре́мя, я пойду́ на стадио́н смотре́ть футбо́льный матч. 만일 나에게 시간이 있으면, 나는 경기장에 축구 경기를 보러 갈 거예요.
	실현 불가능한 가정 / 과거에 대한 후회를 나타내는 가정 (반드시 주절, 종속절 모두 과거 동사만 활용)
éсли бы 과거 동사, 과거 동사 бы ~했다면 ~했을 텐데	**Éсли бы** у меня́ **бы́ло** вре́мя, **я пошёл бы** на стадио́н смотре́ть футбо́льный матч. (동사 뒤에 бы 위치) 나에게 시간이 있었더라면, 나는 경기장에 축구 경기를 보러 갔을 거예요. (시간이 없어서 못 갔다는 의미) **Tip** 종속 접속사 éсли бы는 항상 붙여서 쓰지만, 주절에서 бы의 위치는 동사 앞 또는 뒤에 모두 놓일 수 있습니다. **Éсли бы** у меня́ бы́ло вре́мя, я **бы пошёл** на стадио́н смотре́ть футбо́льный матч. (동사 앞에 бы 위치)

4) 목적 접속사

	주절과 종속절의 주어가 같은 경우(что́бы 다음에 주어 생략하고 동사 원형 활용)
что́бы + **동사 원형** ~하기 위해서 (목적)	Я иду́ в кино́, **что́бы посмотре́ть** но́вый фильм. 나는 신작 영화를 **보기 위해서** 영화관으로 갑니다.
	주절과 종속절의 주어가 다른 경우: что́бы 다음에 또 다른 주어를 써 주고 반드시 과거 동사 활용
что́бы + **또다른 주어** **+ 과거 동사** 주어가 ~하도록 ~하기를 (바람, 요청)	Я хочу́, **что́бы ты** то́же **посмотре́л** но́вый фильм. 나는 너 또한 신작 영화를 **보기를 바란다.**

5) 양보 접속사

хотя́ 비록 ~라도	Я не помню́ но́мера Бори́са, **хотя́** он мно́го раз его́ мне говори́л. **비록** 그가 수 차례 나에게 얘기했**을지라도** 나는 보리스의 번호를 기억하지 못해요.

2 관계 대명사 кото́рый

관계 대명사 кото́рый는 앞에 오는 선행사를 꾸며 줄 때 쓰는 표현입니다. 단순히 두 문장을 연결하는 접속사와는 다르게 중복되는 단어가 있는 두 문장을 한 문장으로 연결할 때 쓰는 표현입니다.

- Э́то мой друг **Бори́с**.　　　　　이 사람은 내 친구 보리스입니다.
- **Бори́с** живёт во Владивосто́ке.　　보리스는 블라디보스토크에 살고 있습니다.

위의 두 문장에서는 Бори́с가 중복되는 단어죠? '이 사람이 블라디보스토크에 살고 있는 내 친구 보리스입니다.'라는 한 문장으로 연결할 때 바로 중복되는 단어 대신 관계 대명사 кото́рый를 활용합니다.

- Э́то мой друг **Бори́с**, кото́рый живёт во Владивосто́ке.

  이 사람은 블라디보스토크에 살고 있는 내 친구 보리스입니다.

여기서 주의할 점이 하나 있습니다. 관계 대명사 кото́рый의 어미가 마치 형용사처럼 생겼죠? кото́рый는 형용사처럼 어미 변화가 일어나고 선행사를 수식하는 역할을 합니다. кото́рый의 어미는 마찬가지로 종속절에서의 역할 및 위치에 따라 형태 변화가 일어납니다. 즉, кото́рый로 바뀌기 전 단어가 원래 어떤 위치에 있었는지에 따라 형태가 결정된다고 볼 수 있습니다. 위의 예문에서도 Бори́с가 주격 남성 단수 명사이기 때문에 кото́рый도 마찬가지로 주격 남성 단수가 쓰인 형태입니다.

- Э́то моя́ подру́га **Танта́н**.　　이 사람은 내 여자 친구 딴딴입니다.
- **Танта́н** хорошо́ у́чится.　　딴딴은 공부를 잘합니다.

Танта́н은 여성이므로 주격 여성 단수 형태인 кото́рая가 됩니다.

- Э́то моя́ подру́га Танта́н, кото́рая хорошо́ у́чится.

  이 사람은 공부를 잘하는 내 여자 친구 딴딴입니다.

주격이 아닌 다른 격 위치에 놓였을 때는 어떻게 활용되는지 예문을 통해 살펴봅시다. кото́рый는 선행사의 격과는 전혀 상관이 없고, 종속절에서의 위치와 역할에 따라 변한다는 점을 꼭 기억해 주세요.

종속절에서 кото́рый가 생격 위치에 놓일 경우 (у + 생격: 소유, 생일의 표현을 나타낼 때)	
кото́рого (남성, 중성 단수 생격)	Я зна́ю студе́нта, **у кото́рого** ско́ро день рожде́ния. 나는 곧 생일인 대학생을 알고 있습니다.
кото́рой (여성 단수 생격)	Я зна́ю студе́нтку, **у кото́рой** ско́ро день рожде́ния. 나는 곧 생일인 대학생을 알고 있습니다.

종속절에서 кото́рый가 여격 위치에 놓일 경우 (дать + 사람 여격: ~에게 주다)	
кото́рому (남성, 중성 단수 여격)	Я зна́ю студе́нта, **кото́рому** Танта́н дала́ письмо́. 나는 딴딴이 편지를 준 대학생을 알고 있습니다.
кото́рой (여성 단수 여격)	Я зна́ю студе́нтку, **кото́рой** Танта́н дала́ письмо́. 나는 딴딴이 편지를 준 대학생을 알고 있습니다.

종속절에서 кото́рый가 대격 위치에 놓일 경우 (посла́ть + 대격: ~을 보내다 / ви́деть + 대격: ~을 보다)	
кото́рый, кото́рое (남성, 중성 단수 대격 / 비활동체일 경우)	Я чита́ю письмо́, **кото́рое** посла́ла моя́ ма́ма. 나는 나의 엄마가 보내준 편지를 읽고 있습니다.
кото́рого (남성 단수 대격 / 활동체일 경우)	Я зна́ю студе́нта, **кото́рого** ты ви́дела на у́лице. 나는 네가 길에서 봤었던 대학생을 알고 있어.
кото́рую (여성 단수 대격)	Я зна́ю студе́нтку, **кото́рую** ты ви́дела на у́лице. 나는 네가 길에서 봤었던 대학생을 알고 있어.

종속절에서 кото́рый가 조격 위치에 놓일 경우 (познако́миться + с 조격: ~와 알고 지내다, 자기소개 하다)	
кото́рым (남성, 중성 단수 조격)	Я зна́ю студе́нта, **с кото́рым** Ю́лия познако́милась вчера́. 나는 율리야가 어제 알게 된 대학생을 알고 있어.
кото́рой (여성 단수 조격)	Я зна́ю студе́нтку, **с кото́рой** Ю́лия познако́милась вчера́. 나는 율리야가 어제 알게 된 대학생을 알고 있어.

종속절에서 кото́рый가 전치격 위치에 놓일 경우 (говори́ть + о 전치격: ~에 대해 말하다, 이야기하다)	
кото́ром (남성, 중성 단수 전치격)	Я зна́ю студе́нта, **о кото́ром** Бори́с ча́сто говори́т. 나는 보리스가 자주 이야기하는 대학생을 알고 있어.
кото́рой (여성 단수 전치격)	Я зна́ю студе́нтку, **о кото́рой** Бори́с ча́сто говори́т. 나는 보리스가 자주 이야기하는 대학생을 알고 있어.

 Запо́мните! 기억하세요!

кото́рый의 6격 어미 변화를 함께 알아봅시다. 격 변화에 익숙해진 후 활용해 보세요.

성/격	주격	생격	여격	대격	조격	전치격
남성	кото́рый	кото́рого	кото́рому	주격 (비활동체) / 생격 (활동체)	кото́рым	кото́ром
중성	кото́рое					
여성	кото́рая	кото́рой	кото́рой	кото́рую	кото́рой	кото́рой
복수	кото́рые	кото́рых	кото́рым	주격 (비활동체) / 생격 (활동체)	кото́рыми	кото́рых

1 주어진 문장을 의미에 맞게 순서대로 나열하세요.

> ❶ Потому́ что я просну́лся по́здно.
> ❷ Извини́! Я чуть-чу́ть опа́здываю.
> ❸ Что? Я уже́ на ме́сте.
> ❹ Почему́ ты опа́здываешь?

// 1 _____

// 2 _____

// 3 _____

// 4 _____

2 괄호 안에 주어진 단어를 복수 전치격 형태로 바꿔 쓰세요.

// 1 나는 이 새로운 학생들에 대해 알고 싶어요.

   Я хочу́ узна́ть об _____. (э́ти но́вые студе́нты)

// 2 내 친구들은 다양한 도시에 살고 있어요.

   Мои́ друзья́ живу́т в _____. (ра́зные города́)

// 3 엄마는 항상 아이들에 대해 생각해요.

   Ма́ма всегда́ ду́мает о _____. (де́ти)

// 4 보리스는 새 체스에 대해 꿈꾸고 있습니다. (새 체스를 받고 싶어합니다)

   Бори́с мечта́ет о _____. (но́вые ша́хматы)

3 괄호 안에 주어진 접속사를 알맞은 형태로 쓰세요.

// 1 Я спроси́л ма́му, _____ у́чится в э́том университе́те . (кто)

//2 Бори́с не знал, _____ я де́лал вчера́. (что)

//3 Де́душка зна́ет, _____ кни́га са́мая интере́сная. (какой)

//4 Друг спроси́л, _____ де́ти сидя́т в саду́. (чей)

4 보기에 주어진 접속사 중 의미에 알맞은 것을 선택하여 쓰세요

보기

где 어디에 / куда́ 어디로 / отку́да 어디서부터

потому́ что 왜냐하면 / поэ́тому 그래서 / е́сли 만일 ~한다면

е́сли бы 만일 ~했다면 / хотя́ 비록 ~라도 / что́бы ~하기 위해서, ~하기를

//1 Я опозда́л, _____ просну́лся по́здно.

//2 Я пое́ду на мо́ре, _____ за́втра бу́дет хоро́шая пого́да.

//3 Ю́лия всегда́ чита́ет газе́ты, _____ знать о новостя́х.

//4 Бори́с спроси́л меня́, _____ я прие́хала.

//5 _____ ты не опозда́л, я не оби́делась бы на тебя́.

//6 Я о́чень хорошо́ говорю́ по-ру́сски, _____ я изуча́ю его́ то́лько год.

//7 Танта́н сказа́ла, _____ я то́же посмотре́ла э́тот фильм.

정답

❶ ② Извини́! Я чуть-чу́ть опа́здываю. 미안해. 나 조금 늦을 것 같아. ③ Что? Я уже́ на ме́сте. 뭐라고? 나 벌써 약속 장소야. ④ Почему́ ты опа́здываешь? 왜 너는 늦니? ① Потому́ что я просну́лся по́здно. 왜 냐하면 나는 늦게 일어났어.

❷ ① э́тих но́вых студе́нтах ② ра́зных города́х ③ де́тях ④ но́вых ша́хматах

❸ ① кто 나는 엄마한테 이 대학교에 누가 다니는지 물어봤어요. (주격) ② что 보리스는 내가 어제 무엇을 했는지 몰랐어요. (대격) ③ кака́я 할아버지는 어떤 책이 가장 재미있는지 알고 있어요. (주격 여성 단수) ④ чьи 친구 가 누구의 아이들이 정원에 앉아 있는지 물어봤어요. (주격 복수)

❹ ① потому́ что 나는 늦게 일어났기 때문에 지각했어요. ② е́сли 내일 날씨가 좋으면 나는 바다에 갈 거예요. ③ что́бы 율리야는 뉴스에 대해 알기 위해서 신문을 항상 읽어요. ④ отку́да 보리스는 내가 어디에서 왔는지 물 어봤어요. ⑤ Е́сли бы 네가 늦지만 않았더라도 나는 너에게 기분이 안 상했을 거야. ⑥ хотя́ 비록 나는 러시아어 를 배운지 1년밖에 안 됐지만 러시아어로 말을 엄청 잘해요. ⑦ что́бы 딴딴이 나도 이 영화를 보라고 말했어요.

🎧 Track 20-03

 이번 과에서 배운 접속사 외에, 좀 더 폭넓게 어떤 접속사들이 있는지 알아보겠습니다.

등위 접속사	не тóлько А, но и Б А뿐만 아니라 Б도	- Я люблю **не тóлько** рýсский язы́к, **но и** францýзский. 나는 러시아어**뿐만 아니라** 프랑스어도 좋아합니다.

인과 접속사	так как 왜냐하면	- Джулиáн опоздáл на свидáние, **так как** он проснýлся пóздно. 줄리안이 데이트에 늦었습니다. **왜냐하면** 그는 늦게 일어났기 때문이에요. (потомý что와 동일한 의미)
	из-за тогó, что ~때문에 (부정)	- Джулиáн не писáл тест **из-за тогó, что** он опоздáл на лéкцию. 줄리안이 강의에 늦었기 **때문에** 시험을 못 봤어요.
	благодаря́ тому, что ~덕분에 (긍정)	- Юнá хорошó сдалá экзáмены **благодаря́ тому, что** Борúс помóг ей занимáться. 유나는 보리스가 공부하는 것을 도와준 **덕분에** 시험을 잘 봤어요.

목적 접속사	зачéм 무엇 때문에	- Я не знáю, **зачéм** Борúс купúл э́ту кнúгу. 나는 보리스가 **무엇 때문에** 이 책을 샀는지 몰라요.
	для тогó, чтóбы ~하기 위해	- Я поступúл в консерватóрию **для тогó, чтóбы** стать музыкáнтом. 나는 뮤지션이 되**기 위해서** 음악원에 입학했어요. (чтóбы와 의미 동일)

의문 접속사	단어 + ЛИ ~인지 아닌지	- Я хочý узнáть, **придёт ли** Тантáн ко мне. 나는 딴딴이 나에게 **올지 안 올지** 알고 싶어요. **Tip** ли는 단독으로 쓸 수 없는 '의문 소사'입니다. 반드시 '묻고자 하는 단어'와 함께 써야 하고, '~인지 아닌지'의 의미로 쓰입니다.

러시아 만나GO!

о Росси́и

러시아어 시험 도전!

총 20과에 걸쳐 러시아어 회화와 문법을 함께 공부했습니다. 여러분들의 학습 목표에 따라 앞으로 러시아어 인증 시험 합격까지 도전해 볼 수도 있겠죠? 우리나라에서 볼 수 있는 러시아어 인증 시험들을 간단히 소개할게요.

1. ТРКИ 토르플

가장 대표적인 러시아어 인증 시험이 바로 'ТРКИ 토르플'입니다. 토르플은 러시아에서 만들어진 시험이며, 'Те́сты по ру́сскому языку́ как иностра́нному 외국인들을 위한 러시아어 시험'으로 볼 수 있습니다. 출제 기관은 러시아 교육부나 정부 산하 기관이 아닌, 러시아의 국립 대학들이라는 점이 특이합니다. 러시아에 체류중이라면 토르플 부서가 있는 국립 대학에서 시험을 응시할 수 있고, 우리나라에서는 러시아 대학을 대행하는 기관에서 토르플을 응시할 수 있습니다.

토르플은 기초, 기본, 1, 2, 3, 4단계까지 총 6가지 단계로 나뉘고, 4단계가 가장 난이도가 높습니다. 현재 국내에서는 기초부터 3단계까지만 시행하고 있으며 4단계는 러시아 현지에서만 응시할 수 있습니다. 과목은 문법, 읽기, 듣기, 쓰기, 말하기 총 5영역입니다. 합격하기 위해서는 각 영역별로 66% 이상의 점수를 취득해야 합니다.

2. FLEX 플렉스

플렉스는 우리나라의 한국외국어대학교에서 시행하는 외국어 능력시험입니다. 듣기-읽기, 쓰기, 말하기 3과목으로 구성된 인증 시험이며, 객관식인 듣기-읽기 과목을 주로 평가합니다. 듣기 - 읽기는 총 1,000점 만점이며, 쓰기와 말하기는 각 250점 만점입니다. 등급은 1 **a**, **b**, **c** 부터 3 **a**, **b**, **c**까지 나뉩니다. 각종 정부 고시나 공기업 승진 시 대체 시험이기도 하여 점점 영향력이 커지고 있습니다.

3. SNULT 스널트

스널트는 우리나라의 서울대학교에서 시행하는 외국어 능력 시험입니다. 듣기와 문법, 독해 3개 영역으로 이루어져 있는 객관식 시험이며, 총점은 100점 만점입니다. 점수에 따라 1급에서 4급까지 급수가 나뉩니다. 서울대학교 대학원에 입학하려는 수험생이나 공기업 종사자들이 주로 응시합니다.

자신의 목적에 맞는 시험을 선택해서 열심히 준비해 보세요. 시험에서 좋은 결과가 있기를 바라겠습니다!

Больши́х успе́хов на экза́мене! 시험 잘 보세요! (시험에서 큰 성공이 따르길 바랍니다!)
발쉬ㅎ 우스뻬하fㅍ 나이그z자미녜

러시아어 학습 전문가

Arisha 선생님

강좌

- Привет! 러시아어 회화 첫걸음
- Удачи! 실전 러시아어 회화
- 토르플 (어휘·문법, 읽기, 듣기)
- FLEX 러시아어
- 영화로 배우는 러시아어

기초 러시아어 No. 1

Masha 선생님

강좌

- 러시아어 왕초보탈출 1, 2, 3탄
- 러시아어 왕초보문법, 핵심문법,
  중고급문법, 동사 마스터
- 토르플 (쓰기, 말하기)
- GO! 독학 러시아어 문법
- 러시아어 진짜학습지

러시아어 발음 마스터

Victoria 선생님

강좌

- 러시아인처럼 말하기_억양편
- 러시아인처럼 말하기_발음편
- 러시아어 꿀! 패턴
- 하루 25분 러시아어 원어민 표현

러시아어 인강 선택의 기준

Yena 선생님

강좌

- 러시아어 기초 어휘 1탄
- 러시아어 기초 어휘 2탄
- 예나와 떠나는 여행 러시아어
- 동화로 배우는 러시아어

시원스쿨 러시아어 도서 소개

퍼펙트 러시아어 필수 단어

왕초보부터 토르플 기초·기본까지 한번에!

러시아어 단어 암기, 이제 귀여운 그림책 보듯 자연스럽게 익혀 보자. 연상 암기에 가장 효과적인 이미지를 통해 활용도 높은 예문으로 접근함으로써, 효율적으로 러시아어 실력을 다질 수 있다. 러시아어 발음 규칙과 기초 문법, 토르플 기초·기본 단계 필수 어휘도 수록되어 있다.

시원스쿨러시아어연구소 저 | 값 12,000원

12시간으로 무조건 합격하는 OPIc 러시아어 모의고사 IM

12시간으로 무조건 합격하는 OPIc 러시아어 필수 도서!

OPIc 러시아어에 응시하고자 하는 모든 분들을 위한 교재이다. 빈출 주제와 출제 유형을 철저하게 분석한 문제를 제공하고, 한번 훑어보기만 해도 금세 파악이 되는 3단 콤보 분석과 답변 전략을 제시한다. 도서와 <OPIc 러시아어 IM> 강의 구매자에게 제공되는 실전 모의고사 영상 (1세트)도 놓치지 말자!

최수진 저, Svetlana Shchetinina 감수 | 값 12,800원

GO! 독학 러시아어 문법

이 책 한 권이면 입문에서 TORFL 1단계 문법까지 끝!

러시아어를 처음 접하는 왕초보 학습자들도 보다 쉽게 러시아어에 접근하고 문법을 이해할 수 있도록 구성하였다. 한눈에 들어오는 도표와 각 문법에 대한 상세한 설명, 꼼꼼한 문제 풀이를 제공하며 작문과 회화에 바로 바로 적용해 볼 수 있다. 문법 지식을 실제로 활용해 보며 러시아어 실력 UP!

최수진 저, Kaplan Tamara 감수 | 값 18,900원

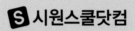